四川省哲学社会科学研究“十二五”规划项目

四川社会科学数据开放与共享机制研究

Sichuan Shehui Kexue Shuju Kaifang yu Gongxiang Jizhi Yanjiu

朱庆华 著

中国·成都

图书在版编目(CIP)数据

四川社会科学数据开放与共享机制研究/朱庆华著．—成都：西南财经大学出版社，2017.10
ISBN 978-7-5504-3204-8

Ⅰ.①四…　Ⅱ.①朱…　Ⅲ.①社会科学—数据处理—研究—四川②社会科学—数据共享—研究—四川　Ⅳ.①C37

中国版本图书馆 CIP 数据核字(2017)第 219566 号

四川社会科学数据开放与共享机制研究

朱庆华　著

责任编辑：李晓嵩
助理编辑：王琳
责任校对：田园
封面设计：张姗姗
责任印制：朱曼丽

出版发行	西南财经大学出版社(四川省成都市光华村街 55 号)
网　　址	http://www.bookcj.com
电子邮件	bookcj@foxmail.com
邮政编码	610074
电　　话	028-87353785　87352368
照　　排	四川胜翔数码印务设计有限公司
印　　刷	郫县犀浦印刷厂
成品尺寸	148mm×210mm
印　　张	9.25
字　　数	233 千字
版　　次	2018 年 8 月第 1 版
印　　次	2018 年 8 月第 1 次印刷
书　　号	ISBN 978-7-5504-3204-8
定　　价	58.00 元

前　言

数据（Data），自古就有，它是描述世界、改造世界的一种重要工具，也是人类开展生产活动、创新生产活动的一种基础性资源。在大数据时代，世界的本质是数据，而数据是一种资源，是一种财富，更是一种竞争力。数据已经成为当今社会中一种特殊的重要的生产要素。数据无处不在，几乎渗透到了每个行业、每个产业和每个领域。大数据（Big Data）之所以“大”，不仅在于容量大，更在于其价值大，可将各种分散的数据彼此联系，由点而线，由线而面，由面而层次，以瞻见更完整的覆盖面，也更清楚地理解事物的本质和未来的取向。虽然数据的大容量并不一定意味着其经济方面或者社会方面的大价值，但是人们通过对海量数据进行开放、整合、融汇和相关性分析，可以从中发现人类社会执着探寻的新知识，创造人类社会渴望需求的新价值，为人类社会带来大利润、大科技、大智能、大知识等一系列的发展机遇。大数据之所以称为一个时代，从其发展特点来看，是因为这一个社会各界都可以广泛参与，可以人人受益的社会大运动。大数据承载历史、反映现实、创造未来，是一种“取之不尽，用之不竭”的信息资源，更是人类生存发展的平台、资产和财富。人们通过云计算①（Cloud Computing）对数据集（Dataset）进行相关性分析和预测，可以激发出更多新产品和新服务，可以使得决策更加精准，可以释放出隐藏的潜在价值，从而带来更多更新的创业方向、商业模式和投资机会。

大数据是指信息爆炸时代产生的无法在可承受的时间范围内用常规软件工具进行捕捉、管理和处理的数据集合，是需要新处理模式才能具有更强的决策力、洞察发现力和流程优化能力的海量、高增长率和多样化的信息资产。人们通过对大数据进行整合共享、交叉复用和提取分析，可以获得新知识，可以创造新价值。大数据具有数据数量巨大、数据种类繁杂、获取速度迅疾、来源渠道多元、处理方式多种、数据价值多样的特点。我们通常把大数据分析与云计算联系在一起，因为大数据分析在实际应用中往往需要数十数百甚至数千台电脑对海量数据进行计算任务，以提高加工能力，以缩短分析时间，以提升工作效率，从而实现数据“增值”。随着海量存储和云计算等技术的出现与发展以及开放政治（Open Politics）、开放政府（Open Government）的推行和深化，大数据分析成为可能。在2012年3月，美国奥巴马政府“大数据研究和开发计划”的宣布与实施，标志着人类社会生产生活的大数据时代正式开启。在大数据时代，数据可以描述和反映世界的本来面貌。数据是一种“取之不尽，用之不竭”的可循环使用的资源，就像一座永不耗竭的神奇的宝藏，处处掩藏着璀璨闪耀的“钻石”和“黄金”，人们通过云计算对数据集进行相关分析和趋势预测，

---

① 云计算是指通过互联网动态弹性提供计算能力、存储空间、软件服务等信息技术资源的数据计算模式，是分布式计算、并行计算、效用计算、网络存储、虚拟化、负载均衡、热备份冗余等传统计算机和网络技术发展融合的产物。

可以激发出更多更新的产品和服务，就可以获得更加精准的决策，探寻到更多的隐藏价值。大数据分析使得人类的思维方式发生了巨大变革，不再追求精确度和因果关系，更加注重相关关系，从而给社会带来全新的创业方向、商业模式和投资机会。在大数据时代，人类使用数据的能力取得了重大突破和进展。这种突破，集中表现在数据挖掘上。数据挖掘是指通过特定的算法对数据库的大量数据进行自动分析，从而揭示数据中隐藏的规律和趋势，即在大量的数据当中发现新的知识，为决策者提供参考。数据挖掘是一种决策支持过程，主要基于数据库、统计学、人工智能、机器学习、模式识别、可视化技术等手段，高度自动化分析数据，做出归纳推理，从中挖掘出隐含的、先前未知的、有潜在价值的信息，从而帮助决策人员做出正确判断，调整策略，减少风险。在大数据时代，数据挖掘不仅是各大商家点“数”成金的重要源泉，更是中国产业升级、效率提高的重要途径。但是在一定程度上，数据挖掘已经不是大数据的最前沿，目前最新的进展是机器学习，其算法并不固定，随着计算、挖掘次数的增多机器自动调整算法参数，使得分析结果更为准确、决策参考更加科学。由此可见，大数据分析能做到人们之前不敢想象和无法完成的事情，是人们摒弃旧观念、获得新认识、甩掉旧包袱、发掘新价值的不竭源泉，也是改变市场关系，调整组织结构的重要途径。中国人口众多，市场庞大，充满复杂与变化，是世界上最复杂的大数据国家。中国可以通过大数据的创新方式突破现代化建设瓶颈，创建新的主导产业，摘掉“中国制造”帽子，实现“中国创造”转变的目的。

社会科学数据（Social Scientific Data）是数据资源的重要组成部分，也是社会科学研究的基础，更是社会科学发展的驱动力。社会科学数据作为现代社会的一种战略资源，具有公共物品特性，人们对其进行开放与共享，具备法理基础，符合经济规律。在大数据时代，经济学、管理学、政治学、教育学、心理学、社会学等学科将会发生巨大的变化和发展，进而影响人类的知识体系、价值体系甚至生活方式，促使人们更多地关注事物和现象间相关关系，从而创造巨大的经济效益或者社会效益。社会科学数据的开放与共享不仅能让社会科学研究的过程与结果得以再现或者验证，进而提升研究成果的质量，让其他研究者获得启发，利用现有数据提出新的研究问题，推动研究创新，还能使社会科学研究成果为政府、企业和公众所用，充分发挥出研究成果的潜在价值。社会科学数据的开放与共享已经受到国外政府、科学研究基金会、高等院校、研究院所、学术期刊、出版社、信息咨询与服务中心等组织和机构的高度重视，并在政府数据网站、数据中心、数据引文库、数据出版等方面取得了一些成就。国内社会科学数据的开放与共享已经起步，一些政府部门、高等院校和科研院所等已经开始着手探索社会科学数据的开放与共享的方式方法和平台建设，发展情况令人振奋。

大数据在发展过程中面临的最大困难是数据较难获取，这在很大程度上影响和限制了大数据的发展。为了突破这些障碍和限制，获取更多的数据红利，以美国政府为代表的西方发达国家纷纷创建政府数据开放的门户网站，开展大数据应用的项目活动，这种政府数据开放行动为开放政府建设和大数据应用研究开启了方便之门，为全世界其他国家和地区起到了带头示范作用，并引领着一场深刻的变革，这场声势浩大的变革必将推动人类社会更好更快地发展。中国要赶上这场大数据变革，促使产业转型升级，实现由制造向创造的伟大转变，首要的事情就是应开始尝试开放政府数据。四川是我国重要的经济发展大省，也是我国社会科学发展与研究的大省，经长期积累已经拥有巨量的社会科学数据。但是受到多种条件和因素的制约，四川没有形成政府数据全面开放与共享的局面，四川需要探索开放与共享的制度、方式及方法，形成社会科学数据开放与共享的长效机制，才能更好地为社会治理、技术创新和经济发展提供广阔的机会和空间。

政府数据开放在国际上是热点问题，并已在开放政府联盟①（Open Government Partnership，OGP）各国中广泛实施。政府数据开放的数据内容大多属于社会科学领域，涉及天气、就业、教育、食品、物价、安全、住房、健康、交通、经济等公众比较关注的民生数据。虽然政府数据开放的说法于2015年9月在国务院《促进大数据发展行动纲要》的官方文件中才首次提及，但是政府数据开放早已是国际社会的讨论热点，受到了社会公众极大的关注，大量发达国家和部分发展中国家已开始施行，他们也因此获得了政府数据开放带来的“红利”。在未来，政府数据开放必将是各国发展的普遍趋势。这也引起了我国政府、学者和公众的高度关注，引发了大量讨论和研究，上海、青岛等已进行了相关探索与尝试。现在，社会公众已经不满足于笼统的信息公开，强烈需求更全面的政府数据开放。这既源于社会经济的繁荣，公民素质的提高，又是社会公众对知情权理解的不断加深与进步。因而人们对公开信息的范围、主体、途径、内容的需求越来越多，对公开数据的原始性、客观性、全面性、精细化的要求越来越高。随着信息技术的发展，大数据分析可

---

① 美国、英国、巴西、墨西哥、挪威、印度尼西亚、菲律宾和南非8个国家于2011年9月20日在纽约开展会议，宣布成立“开放政府联盟”，并发布《开放政府宣言》，宣称“政府代表人民收集并保存了各种各样的信息，人民有权利获取关于政府活动的各种信息。我们承诺：用可以重复使用的格式，及时主动地向社会开放高质量的信息，包括原始的数据”。截至2014年2月10日已有63个国家加入开放政府合作伙伴。

以激发更多的创业方向、商业模式和投资机会，因而人们更加迫切需要政府数据开放来完成关联分析，探寻到更多的隐藏的数据价值。在此背景条件下，政府部门应建立有利于数据开放共享的体制和机制，制定统一的数据口径、发布格式、质量标准和相关原则，满足社会公众对各类数据进行重复使用、关联分析、自由加工的需求，为促进产业结构调整和社会经济发展转型构建坚实的制度基础。特别是我国经济发展经历了要素驱动和投资驱动两个发展阶段，经济增长率取得了世界瞩目的持续增长的成绩之后，在当前遭遇经济发展瓶颈，多数企业出现不景气甚至倒闭的情况下，中国更应加快政府数据开放的步伐，促进大数据的发展，进而激发更多更好的创新与创业，通过发展规模经济和科技创新形成更多更好的新的主导产业和支柱产业，从而促使我国经济发展及时顺利转型进入创新驱动的发展阶段。

本研究总共分为11章，每章的主要内容分别如下：

第1章为社会科学数据开放与共享概述。一是本章阐述了研究的内容和意义，强调了社会科学数据在大数据时代的重要作用，说明了构建四川社会科学数据开放与共享机制的必要性。二是本章明晰了社会科学数据开放与共享相关的概念，总结了社会科学数据的特性，辨析了政府数据开放与政府信息公开的异同，并特别强调社会科学数据在大数据时代的主要来源渠道在于政府数据开放。三是本章阐述了社会科学数据开放与共享对于新的生产力创造、社会运行效率提高、商业价值激发、大数据发展和民众生活便利等方面的意义，特别强调数据开放与共享既关乎国家科技创新和产业发展，也关乎社会进步和民众生活。

第2章为社会科学数据开放与共享研究述评。本章从政府数据视角、科学数据视角和社会科学数据视角三个方面进行了梳理。从政府数据视角来看，国外相关研究主要集中在政府数据开放的发展情况、原则与标准、意义与价值、制约因素及政策建议等方面。国外相关研究具有较强的针对性和可操作性，现实应用价值较大，部分成果转化为了政府数据开放共享的具体举措，促进了政府数据的开放与共享。国内相关研究主要集中在政府数据开放共享的相关概念界定、价值意义、实践探索、国外经验与平台建设等方面，相关成果的积累促进了政府态度的转化，大大推动了我国政府数据开放共享的进程，但在政府部门领导干部的数据认识、社会公众的权利意识、政府数据开放共享的生态圈构建以及政府数据开放共享的整体性和系统性等方面还需要深入探讨和研究。从科学数据视角来看，欧美发达国家中最先开始进行实践探索，目前已在政策法规制定、基础设施建设以及实施操作规程等方面基本形成比较完善的科学数据开放共享体系，取得了较好的科学数据开放共享成效；我国近年已经意识到科学数据开放共享在科技创新中的战略性地位，不断加大了科学数据开放共享研究和投入的力度，但在法规政策制定、平台搭建、方案落实和机制构建等方面仍然需要继续努力。从社会科学数据视角来看，相关研究主要集中在政府部门和社会组织两大方面，政府部门的社会科学数据开放共享是社会科学数据来源的主体和重点。其中，政策法规制定是政府部门社会科学数据开放共享的决定性因素，平台搭建是政府部门社会科学数据开放共享的关键性因素，促进机制构建是政府部门社会科学数据开放共享的激励性因素；科学研究基金会、高等院校、研究院所、学术期刊、出版社、信息咨询与服务中心等社会组织是社会科学数据来源的先驱和重要力量，为社会科学数据开放共享的实践和发展注入了新动能。四川作为经济发展大省和社会科学研究大省，拥有大量社会科学数据资源，但当前还没有形成社会科学数据全面开放与共享的局面，应探索开放与共享的制度、方式和方法，形成有利于社会科学数据开放与共享的长效机制。

第3章为社会科学数据开放与共享的依据。社会科学数据资源具有稀缺性和公共性，人们对其进行开放与共享，具备法理基础，符合经济学基本规律。一是资源稀缺性理论。社会科学数据资源具有多重价值，社会公众具有多样需求，社会公众需要数据资源支撑创业创新，但缺少数据资源来源；政府拥有大量优质的社会科学数据，但数据使用效率往往很低。因此数据开放与共享可以促进数据资源内在价值的发掘，能更好地满足社会公众的多种需求。二是价值度量理论。在大数据时代，社会科学数据作为一种特殊的非常规资源，其价值和用途是巨大的和多方面的，不仅具有科学、经济和社会三重价值，数据资源在使用方面还没有排他性，可被多次重复使用。因此数据开放与共享可以充分发现数据资源的直接价值、潜在价值和隐藏价值，从而有效避免数据资源的闲置与浪费。三是投入产出理论。数据资源的采集、存储、累积与开发所耗费的时间、人力、物力和财力无疑巨大的，其费用无疑是昂贵的，但是共享数据的复制与利用既省时省力，不受时空限制，费用非常低廉。数据可以被多次多样重复利用，数据资源很少利用或者不利用是一种无谓浪费，而数据资源被多次多样重复利用所产生的效益可呈几何级数增长。因此数据开放与共享可以提高数据的使用效率，发掘数据的潜在价值，推动科学技术和社会经济的创新发展。四是主权在民理论。政府机关的公共管理权力是人民赋予的，政府部门收集掌控的数据资源具有公共物品属性，属于全体人民所有。因此数据开放与共享可以提高政府部门决策的透明度，提升民众对公权的信任度，促进社会资源的合理配置。五是知情权理论。知情权是一个国家的宪法赋予公众获取信息的一项基本权利，是人类社会发展的必然要求，是人类社会进步的必然结果，也是一个国家政治民主化的具体表现。这种权利在大数据时代又有进一步发展，只要没有明文规定不予公开的数据，政府部门都应及时、真实、完整地面向社会公众公开。因此数据开放与共享鼓励民众高效获取政府公开信息和开放数据，帮助民众形成自己的理解和发现，从而推动整个社会发展和经济增长。六是法理基础。虽然我国目前对于社会科学数据资源的开放与共享没有形成法规，但是具有面向社会公众开放与共享的法理基础。除危害国家安全或他人隐私权之外的数据，数据均应面向全社会公开。因此政府应采取适当的行政办法，调配不同的经济手段，提供有力的技术支撑，更大范围开放数据资源，充分发挥出政府开放数据应有的价值和作用。

第 4 章为国际社会科学数据开放与共享的经验。美国启动“开放政府”计划的目的在于使公众利用政府数据产生更多的增值与创新，增加政府部门公权行使的透明度，目前已有 60 多个国家积极响应并开展政府数据开放，其中美国、英国、加拿大、澳大利亚和新加坡等国的开展情况较好。在美国，政府数据的开放不仅促进了大数据技术的研发与应用，带动了数据服务业的发展，改善了民生服务的水平，创造了巨大的商业价值，还提升了国家的核心竞争力。在英国，有各种各样的法律来规范政府部门的数据管理、保存和展示行为，但政府部门没有数据开放的明文规定，更多是民间的科研资助者、研究机构、研究理事会和大学等对科学数据管理、存储和共享有明确的要求。这对于提升政府治理能力，提高大众服务水平具有巨大推进作用。在加拿大，政府数据开放促进了政府数据的非商业和商业使用，增加了民众对政府事务的了解与参与，有利于科学研究与创新，提升了经济发展水平。在澳大利亚，政府把大数据发展提升到国家战略高度，并配套相关立法，由政府牵头组建多部门协作的大数据工作小组，促进了数据开放，推动了技术创新，推进了产业发展。在新加坡，政府采用政府主导型的牵引发展模式，实施“智慧国计划”，政府对数据开放和大数据发展起到关键性推进作用，把数据的潜在价值转化为了实实在在的商业利润，值得我国的“智慧城市”建设借鉴。这些政府数据开放发展较好国家的经验对于我国和四川的社会科学数据开放与共享具有启示和借鉴作用。

第5章为国内社会科学数据开放与共享的实践。近年来，我国开始关注和重视科学数据共享工作，不论国家层面还是地方各省市区，政策文件制定还是法律法规出台，政务信息公开还是科技基础条件平台建设，均取得了较大进步。在政策法规制定方面，国家层面先后出台多项数据开放与共享相关的宏观政策和法规，打破了数据资源封闭局面，大大启发和引领了数据开放共享的建设工作。在创新环境塑造方面，国务院办公厅下发国家科技基础条件平台建设纲要，搭建科技创新需要的多个支撑平台，对数据开放共享起到了先导和示范作用，大大推动了我国数据开放共享的进程。在政府信息公开方面，我国相关部门颁布了政府信息公开条例和实施意见，提高了信息的透明度，提升了政府的治理能力，推动了数据的开放共享。在数据开放共享探索方面，东部地区的省市无论地方法规出台、政策文件制定、科技基础条件平台建设，还是信息资源公开方面都走在了前面，促进了政府部门间的数据共享交换，加速了城市产业转型升级，提升了政府的管理能力和服务水平。

第6章为四川社会科学数据开放与共享的现状。虽然四川地处中国的西部地区，但数据资源开放共享相关的尝试和探索并不落后。在政策文件制定方面，对于科技发展来说，四川的举措在于全面贯彻执行党中央和国务院的文件精神，具体的实施办法具有针对性，对于建立科学数据网络、共享社会科学数据、沟通科技情报信息、创造多形式服务方式以及推动地方经济发展具有重要的支撑和保障作用；对于政府信息公开来说，系列文件的出台加快了政府信息公开的进程，提高了政务工作的透明度，促进了教育、统计、金融等社会科学数据的开放；对于科技基础条件平台建设来说，建设纲要和实施意见的出台推动了区域科技基础条件支撑体系的切实构建，促进了全省科技资源的战略重组、系统优化和有效利用。在地方法规出台方面，虽然科学数据开放与共享相关的法规较少，但《四川省科学技术进步条例》的修订和《四川省信息化条例》的立法准备正在有序开展，相关的法规体系正在逐步完善中。在科技基础条件平台建设方面，四川省重视科技创新培育，先后构建了七大科技基础平台和多个支撑产业发展的专业平台，初步建成了适应四川科技创新与产业发展需要的区域性科技基础条件支撑体系，实现了整合科技资源、共享科技信息、提升创新能力的功能，为政府数据开放共享打下了良好基础；四川省重视政府信息公开工作，着力打造政府门户网站，有连续五年在全国信息公开专项评估中取得第一名的好成绩，提升了政府部门的服务能力，扩大了政府信息的影响力；四川省重视地方和民间数据资源共享，一些地区、高校、企业、科研院所和民间组织等单位或联动或协同，开启了共同合作构建小型数据库的尝试，无疑是丰富和完善社会科学数据开放与共享服务网络的重要补充。这些探索和努力，对于促进科技资源的高效配置和综合利用，提高全省的科技创新能力和水平，培育区域战略性新兴产业具有重要促进作用。

第7章为四川社会科学数据开放与共享存在的问题。四川的社会科学数据开放与共享受到认识、观念和思想的束缚，整个工作总体上还处于碎片化管理状态和分散独立的发展阶段。四川社会科学数据开放与共享的具体的状况有数据资源分散、更新滞后、联系纵向、服务内向、共享平台缺乏、沟通渠道不畅等六个表现。四川社会科学数据开放与共享的主要问题有四个方面：一是顶层设计缺乏，数据价值发掘不充分；二是数据资源分散，数据获取渠道不通畅；三是维护资金不足，公开数据更新不及时；四是部门职能不清，开放共享动力不强盛。这些表现和问题严重限制了数据资源的综合利用，制约了数据资源潜在价值的充分发挥，阻碍了大众创业万众创新的进程。

第 8 章为四川社会科学数据开放与共享的制约因素。四川的社会科学数据大部分各归其主，分散割据，基本没有开放共享，其结果是大量数据资源的隐藏价值得不到充分发掘。这既是一种巨大的资源浪费，也在一定程度上制约了四川社会科学的研究水平，影响了四川社会经济的发展效率。制约四川社会科学数据开放与共享程度的因素主要有传统观念、政策法规、管理制度、资金投入、共享平台、数据质量、人才队伍等，这些因素相互影响共同作用，使得四川的社会科学数据开放与共享机制支离破碎，不能形成合力。

第 9 章为建立健全四川社会科学数据开放与共享机制的建议。该机制由一系列制度和各种运行方式构成，是事物运行各要素之间的协调关系，是使系统整体良性循环、健康发展的规则和程序的总和。社会科学数据的开放与共享是一个系统工程，需要有相关政策法规和运行机制等规则和程序来促使各个要素之间相互作用、合理制约才能保障实现。四川社会科学数据开放与共享机制的构建需要从政策法规支持、管理制度保障、共享平台互联、共享技术支撑、运行资金投入、资源协同建设和资源利用服务七大体系着手，同时还应做好开放法律制定、开放主体选择、开放范围确定、开放平台建设、开放模式构建、文化环境培育和数据利用激励七项工作，从而形成各要素相互促进、良性循环的开放与共享机制，不断推进四川社会科学数据开放共享的进程，不断驱动四川社会经济持续健康发展。

第10章为实践案例，即四川省哲学社会科学评奖获奖成果数据开放探索。四川省社科规划办对获奖成果数据开放的探索主要开启了三方面的工作：一是获奖成果目录数据开放，二是获奖成果纸质档案开放，三是启用评奖管理系统。本章主要阐述了获奖成果纸质档案的开放实践，其主要工作是四川省哲学社会科学优秀成果评奖获奖成果的档案管理，以档案整理为核心内容，以档案保管、档案利用为基本内容。其中档案整理是获奖成果档案管理最关键、最重要的环节，需要明确整理内容、确定整理原则、制订整理方案、优化整理流程，才能有序清理档案材料，有效保护档案材料；档案保管是获奖成果档案系统存放和安全保护的重要内容，应建立完善的管理制度，配备必要的防护设施，保持获奖成果档案整洁有序，维护获奖成果档案的完整与安全；档案利用是获奖成果档案管理的最终目的，需要做好档案的开放利用和开发转化工作，为科学研究提供丰富的参考资料，为成果转化搭建有效的桥梁中介，充分实现获奖成果档案信息资源的潜在价值。从四川省哲学社会科学优秀成果评奖第一至第十七届获奖成果的特点来看，主要有六个特点：一是获奖成果形式以著作和论文为主调，二是获奖单位以高校党校和科研院所为主导，三是获奖人员构成以个人为主角，四是获奖合作研究单位以两个为主体，五是获奖学校以四川大学为主领，六是获奖科研院所以四川省社会科学院为主领。为有效提升四川省哲学社会科学研究的水平，进一步发挥四川省哲学社会科学优秀成果评奖的激励作用与导向作用，促使产生更多更好的哲学社会科学优秀成果，相关部门应着力做好四方面的工作，一是进一步重视哲学社会科学的繁荣与发展，二是进一步加大哲学社会科学优秀成果评奖的奖励力度，三是进一步加大哲学社会科学优秀成果评奖的宣传力度，四是进一步完善哲学社会科学优秀获奖成果的转化机制。这样才能更好培育经济增长新动能和新优势，加快驱动四川社会经济的发展。

第11章为专题研究，即大数据背景下档案数据开放探讨。在大数据背景下，虽然档案工作需要面临基础设施配置较差、档案人才配备较低、信息安全风险较高、档案生存空间较小等挑战，但同时也带来了一些机遇：档案观念不断更新，管理方式更加高效；资源渠道不断拓宽，档案内容更加丰富；技术手段不断升级，档案服务更加便捷。因此，档案工作应树立档案大数据意识，革新档案管理技术，重塑档案业务环节，构建信息安全体系，紧紧抓住大数据发展的机遇，促使档案工作取得新发展、新突破。在档案存储方式选择方面，云存储技术应用于档案信息化工作具有较多的优势，既可以节约运行成本，提高安全性能，增大存储容量，利于信息管控，便于异地备份，又可以拓宽档案智能终端的应用，增加档案用户利用信息的途径，从而大大提高档案服务的工作效率，并且通过建立档案系统的私有云存储、构建档案云备份的基本架构、实行“云存储+智能终端”的管理模式，可以大大提高档案数据存储、备份与利用的容灾能力。在档案服务流程重构方面，本书主要涉及制度重构、环节重构、时序重构、结构重构四个层面，其目标在于体现以用户为中心，以需求为导向的服务理念，把档案服务做得更加贴近用户的需求。这既切实提高档案服务的针对性和时效性，又充分实现档案数据价值的深层开发与挖掘。在档案服务方式转变方面，档案服务方式存在服务手续繁杂、服务内容简单、服务模式落后等问题，需要通过更新档案管理规章、增进档案业务水平、加大数据挖掘力度、搭建数据应用平台、做好档案安全保障等途径的转变，才能不断促使档案服务方式与时俱进，紧跟大数据发展的步伐。我们也只有不断完善档案服务的功能和方式，加大档案数据的开放力度，进一步提高档案工作的管理水平和服务能力，努力把档案服务发展成为业界和学界进行数据查询与信息交流的重要平台，才能有效提高档案工作的社会认可度，才能体现出档案工作的社会价值。

随着信息技术的迅速发展，大数据对社会、经济、文化等行业和领域的作用日趋重要，这对于档案管理来说，既是一种发展机遇，也是一种发展方向，同时还将面临许多困难和挑战。在大数据时代，档案管理回避不了信息化的浪潮，更应顺应、追逐、融入潮流，勇做时代的弄潮儿，特别应当注重档案信息化建设，不断推进档案数字化的工作。档案存在最重要的价值是为了利用，而利用要求便捷、高效、经济。因此，存量档案数字化、增量档案电子化的工作十分重要，这项工作既是大势所趋，更是急需开展的事项。档案数字化是指利用计算机技术、扫描仪技术、OCR 技术、数字摄影技术（录音、录像）、数据库技术、多媒体技术、存储技术等高新技术把各种载体的档案资源转化为数字信息，通过数据存储、网络连接、系统管理形成资源开放共享的档案信息库的过程。虽然档案作为一种原生信息资源，仅仅是大数据构成中极其微小的部分，但是档案是官方机构、半官方机构、非官方机构以及一定的个人、家庭和家族在各项社会活动中直接形成的各种形式的具有保存、查考和研究价值的原始记录，其特有的历史再现性、知识性、信息性、政治性、文化性、社会性、教育性等特点决定了其特殊的价值。传统的点对点或点对面的档案管理与传播方式，覆盖面小，很难充分实现信息社会化，更难以有效发掘出档案信息资源的经济价值和社会价值。因此，只有实现档案全面数字化，才能冲破档案利用的种种局限，才能从封闭走向开放共享，才能实现档案信息资源的合理配置与科学管理，才能为社会提供优质高效的服务。

总体来说，本书在总结社会科学数据开放与共享相关理论、借鉴发达国家政府数据开放经验的基础上，以四川社会科学数据为研究对象，从机制创设角度全面总结分析了四川社会科学数据开放现状、存在问题和制约因素，提出了促进四川社会科学数据开放与共享发展的对策和建议，并对四川省哲学社会科学优秀成果评奖获奖成果数据开放探索案例以及档案数据开放专题进行了详细研究。研究表明，在大数据背景下，要促进数据重复利用与增值创新，就必须全面开放政府数据，必须加大政府数据开放的透明度，确保社会公众自由获取和使用开放数据，为产业升级、社会转型和改革创新打下坚实基础。四川社会科学数据开放与共享工作应在贯彻落实中央的政策文件精神的基础上，积极借鉴国外的先进经验，从政策法规支持、管理制度保障、共享平台互联、共享技术支撑、运行资金投入、资源协同建设、资源利用服务七大体系着手，形成各要素相互促进、良性循环的开放与共享机制，并在开放主体、开放范围、开放模式、开放平台、开放法律、文化环境、数据利用等方面形成四川的特色，不断驱动四川的社会经济创新发展。

需要特别说明的是，由于研究者水平和视野的局限，掌握资料和信息不全以及研究深度和广度不够，本书难免存在一些不足之处，恳请专家和同行批评指正。

目　录

1 社会科学数据开放与共享概述

1.1 研究内容

随着互联网技术的发展、应用与普及，大数据作为自然资源、劳动力和资本之后的第四种生产要素①，对现代经济社会发展的影响巨大，甚至会颠覆传统的社会生活、媒介生态和商业模式，变革人类现行生活、工作和思维的方式，同时也给社会科学研究带来了机遇与挑战。哈佛大学的加里·金指出，随着大数据的出现和使用，整个社会科学研究的实证基础将会出现重大变化，甚至会加速定性与定量研究的大融合②。大数据的分析和应用离不开数据的开放与共享，美国政府于2009年率先出台“开放政府指令”；英国政府于2010年投入使用公共数据开放的统一门户平台网站；我国于2015年提出“实施国家大数据

① 沈浩，黄晓兰. 大数据助力社会科学研究：挑战与创新［J］. 现代传播，2013（8）：13-18.

② KING GARY. Restructuring the social sciences：reflections from harvard's institute for quantitative social science［J］. Political Science & Politics，2014，47（1）：165-172.

战略，推进数据资源开放共享”。这些国家战略和举措都是为促进数据开放、鼓励数据创新、推动数据利用、推进产业发展而实施的。可见，在大数据时代，有效整合集成数据资源，积极实施数据资源开放与共享具有十分重要的意义。本书基于大数据的背景，立足于四川社会科学数据的开放与共享，目标在于构建四川社会科学数据开放与共享的机制，研究内容主要分为三方面：

一是国内外社会科学数据开放与共享现状研究。据汤森路透（Thomson Reuters）公司（2012）在Web of Knowledge平台上推出的Data Citation Index中收录的社会科学数据情况的调研结果，国外具有高质量、高影响力的社会科学数据主要来自政府部门、研究与咨询机构、新闻传媒机构、高等院校、国际组织等；国内主要是高等院校和社会科学研究院所。本书拟通过网站调研与文献阅读，摸清国内外政府部门、研究咨询机构、新闻传媒机构、高等院校、国际组织等开放和共享社会科学数据的制度、方式和方法。其研究重点是政府部门，目的在于摸清国内外高质量、高影响力的社会科学数据来源，并了解其做法，为本课题的后续研究奠定基础。

二是四川社会科学数据开放与共享面临的问题研究。本书拟以四川省哲学社会科学优秀成果评奖获奖成果数据开放为案例，在对四川哲学社会科学评奖获奖成果进行档案整理及数据库建设的基础上，摸清获奖成果数据的特点及开放与共享面临的问题，并对四川政府部门、研究咨询机构、新闻传媒机构、高等院校、社会组织及研究者个人开放与共享社会科学数据的开放与共享现状进行调研，为发现问题和分析问题提供便利，为解决问题奠定坚实基础。

三是四川社会科学数据开放与共享机制研究。科学数据共享“潘顿原则”（Panton Principles）指出，开放科学数据应该能够通过互联网允许任何人以任何目的免费获取，包括下载、复制、分析、重新处理、导入软件，而没有资金、法律、技术的障碍。但限于社会科学数据的特殊性与敏感性，四川哪些社会科学数据应该或必须纳入开放范围？各社会科学数据开放主体（主要是政府部门、高等院校、科研机构、学会协会、新闻媒体、学术期刊、出版社及社会科学研究者等）应如何共同推动社会科学数据开放？大数据背景下建立四川社会科学数据开放与共享体系，需要哪些技术与平台保障？如何建立推动四川省数据开放与共享的法律体系与文化环境？如何进一步推进四川省社会科学数据的应用？这些基本问题的解决是建立四川社会科学数据开放与共享长效机制的前提，也是本书努力探索的重要内容。本书拟在调研四川社会科学数据开放与共享存在问题的基础上，借鉴国外发展经验和已有成果，形成关于四川社会科学数据开放范围、开放模式、开放平台、开放法律、文化环境、数据利用等方面的政策建议。

1.2 研究意义

社会科学数据是描述社会科学研究对象、方法、条件、状态和其他因素的事实、数字、文字和符号，主要类型有调查数据、统计数据、记录数据、实验及模拟数据等。在大数据背景下，社会科学数据的类型多样，价值多种，在当今世界已经被当作一种非常重要的非常规战略资源加以开发和利用。

1.2.1 推进四川社会科学大数据建设的进程

在大数据时代，社会科学数据是社会科学研究强有力的重要支撑，既能增强社会科学研究的科学性，又能更好促进社会科学的发展。而社会科学数据的开放与共享，不仅可以再现和验证社会科学研究过程与结果，提升研究成果的质量，也可以启发其他研究者利用现有数据提出新的研究问题，推动研究创新，还可以促进社会科学研究成果为公众、企业、政府所用，充分发挥研究成果潜值。

数据是新知识、新价值发现与创造的重要基石。在自然科学和社会科学的各个研究领域中，大量问题分析都离不开数据的利用。也可以这么说，利用数据对自然科学和社会科学产生现象进行辩证分析与综合，是大数据分析的科学本质。中国工程院院士、原副院长邬贺铨指出，大数据与社会科学发展相辅相成，互为促进。他认为，大数据是信息资产，大数据系统是产业，大数据分析是认识世界的方法；大数据挖掘提升了决策智能化水平，支撑了社会管理和城市建设及产业升级，改进了民生服务；“互联网+”是以互联网为基础设施和创新要素的经济社会发展新形态，是经济社会发展的新引擎；大数据是“互联网+”的重要抓手；“互联网+”对处于经济发展新常态的中国来说既是挑战更是机遇；“互联网+”的实践需要社会科学支撑，社会科学的发展需要善用大数据方法。大数据、经济发展与社会科学研究三者有机结合，不仅是推进社会科学研究方法发展的动力，更是推动社会科学服务模式创新的源泉。大数据分析不仅可以弥补社会科学传统研究陈旧的不足，也可以开启社会科学定量研究的崭新入口。而社会科学研究要增强科学性，需要面对新的形势突出转型与创新，也需要社会科学数据开放共享的支撑，更需要有利于社会科学数据开放共享的公共服务体系、综合管理体系、协同创新体系和技术支撑体系来助推，这样社会科学的发展才会更快更好。

数据是再现、验证研究过程与结果的重要依据。众所周知，重复性研究和验证性研究是实证科学中最主要的原则。重复性研究与再现性研究十分相似，都需要作者对研究的相关过程、研究对象和统计分析方法提供详细描述和数据。如《自然》和《科学》等学术期刊要求论文作者以清单方式规范地将重要实验数据上传到公开数据库中，并与发表论文双向链接，鼓励同行进行重复实验。虽然数据分享并不能保证达到可重复性和独立验证的要求，但能让重复性研究变得更加容易。这是一种科学的方法，可让研究陈述更具重现性、严谨性、透明性和独立验证；这也是一种加深理解的方法，可为希望进行重复研究的同行提供帮助；这更是一种数据价值再开发的方法，可使数据潜在价值发挥更多更好的作用。验证性研究是通过科学理论、方法和数据对某一结论性陈述进行推演，从而检验这一陈述是否正确。这是一种从事科学研究的基本方法，也是一种对科学研究能力的培养。上述重复性研究和验证性研究中的数据虽然还称不上大数据，但它是大数据的构成部分，侧面反映了数据的作用和重要性，更是说明了大数据在社会科学研究中的重要作用和价值。

党的十八届五中全会提出，“实施国家大数据战略，推进数据资源开放共享”。这毫无疑问为社会科学研究开启崭新的窗户，会对我国社会科学事业的发展起到重大的推动作用。2016年7月，为贯彻落实“十三五”国家大数据发展战略，重庆市社科联与重庆工商大学合作建立了重庆市社会科学大数据中心，这是全国首家社会科学大数据中心。该中心的建立旨在推动重庆市大数据建设和社会科学研究的融合发展，促进重庆市全面实施大数据发展行动，加快重庆市数据资源共享开放和开发应用，助推重庆市产业转型升级和社会治理创新。山东省社会科学界联合会为加强哲学社会科学图书文献、网络、数据库等基础设施和信息化建设，构建方便快捷、资源共享的哲学社会科学研究信息化平台，于2017年7月正式建设启用了山东省社会科学数据中心，这是全国社科联系统首批建设的社会科学数据中心，该中心的建立有利于助推山东省哲学社会科学研究由“单兵作战”向“协同作战”转变①。对于四川社会科学来说，其研究同样离不开数据的支撑，离不开定性与定量研究方法的综合应用。因此，大力推进四川社会科学大数据建设进程十分重要，这样才能更好促进四川社会科学的发展，才能更有力提升四川社会科学研究的水平，更有效服务经济社会的发展，进而推动四川社会经济快速发展。

1.2.2 推动四川社会科学数据资源开放共享

过去，社会科学研究的数据来源主要来自年鉴、统计公报、专业数据库和问卷调查。受样本范围、调查成本、获取费用和可操作性等因素的限制，社会科学研究取得数据的数量和质量十分有限，研究成果存在较多的短板。当前，社会科学研究的数据环境发生了很大变化，除可用第一手调查数据外，还可借助政府、企业和研究机构对社会开放的数据库，这些数据原始、量大、多样，极大降低了数据的获取成本，并且随着充裕数据带来的量变与质变，使得之前不可或缺不能研究的问题成为可能。虽然这些数据零散、复杂、多变，存在碎片化现象，其准确性、真实性和全面性也不尽如人意，但是大数据技术的发展和运用可以弥补社会科学研究在数据运用方面的短处，给社会科学研究带来一些新变化②。

---

① 魏圣曜，陈灏. 山东省社会科学数据中心正式启用［EB/OL］.（2017-07-09）［2017-09-30］. http://news.xinhuanet.com/2017-07/09/c_1121289618.htm.

② 李文，邓淑娜. 大数据带来社科研究新变化［N］. 人民日报，2015-08-24（15）.

一是大数据的应用能够全面展现人类社会的新面貌。在互联网环境中，网络化和数据化是最大的特点，民众、企业和政府的一切行为、每天收发的资料以及相关联的信息都会被记录和存储，从而构成人类社会生活各个领域数据增长的重要来源。据统计，全球约有30亿人使用互联网，我国的网民规模近7亿，他们每天都在产生数据。这些无时不刻在产生、开放、流动的海量数据就是社会科学分析社会行为关系和知识的重要帮手。因而可以说，大数据为社会科学研究提供了数量巨大和质量较高的数据、资料与信息，而大数据分析工具能够快速处理海量数据，高度整合信息资源，从而使得社会科学研究能够更加深入探讨和全面分析人类社会复杂的行为模式。

二是大数据的应用能够提供探索未知世界的新方法。在传统实证研究中，研究者一般先在理论分析基础上提出假设，然后通过问卷调查和数据分析对假设进行验证。这样的方法会受到研究人员视野、认知、经验、见识和判断以及调查方法、问卷设计、样本范围、访谈回答等的束缚与制约，存在一些不足或缺陷，直接影响研究成果的方向与深度。而大数据的应用能够有效扩展研究者的视野、经验、见识甚至想象，有效弥补传统抽样调查在时空、广度和深度等方面的局限，有效避免主观臆断的负面影响。这既有利于研究人员从海量数据中搜索并发现新的信息和知识，有利于找出并总结数据中潜在的关联和规则，也有利于提高并增强研究结论的客观性和科学性，从而更好地发现规律，展示规律，提出理论，揭示事物的本来面目。如基于谷歌图书大数据的语言学研究、基于维基百科大数据的经济学研究以及计算社会科学的兴起等，既是大数据深入分析与有效利用的结果，也是自然科学、思维科学、社会科学等不同学科领域的交叉与融合，同时也说明大数据的应用为社会科学提供了全新的研究对象、工具和方法。又如大数据应用在互联网、金融、教育、医疗、交通和零售等行业创造的巨大经济价值，缩短了社会科学研究与生产经营者、社会治理者之间的距离，也正由于大数据的分析结果更加可靠，使得现代经营与治理越来越依靠大数据分析。这给社会分工形态带来了新的变化，更加速了人类认识世界和改造世界的进程。

三是大数据的应用能够有效增加解决现实问题的新知识。第一，随着大数据思维与分析技术的深入发展，社会科学研究能够通过碎片数据、片段数据、海量数据、非结构化数据的采集、重组、梳理与分析，从而轻松化解以往难以处理的难题，深度揭示之前无法预知的关系。例如，警方可以通过数据挖掘技术将已发现诈骗犯的电话号码、行踪路线、网站注册账号、银行开户以及被骗用户言行、转款等片段信息一块一块地拼接起来，从而形成比较完整的踪迹路线图。这既有利于帮助警方精准侦查和破案，也有利于警方、银行、运营商等阻止其他用户继续受骗。第二，通过大数据和数据挖掘技术，研究人员可以挖掘信息、发现知识、揭示规律，发现诸多隐藏在数据之中的颠覆直觉和常识的信息与联系，为预测未来趋势提供更加可靠的依据。例如，通过公众言语表达的大数据分析来预估选举结果。这是大数据方法在社会科学研究方面的有效应用，使得预测结论更加具有科学性、可靠性和实用性。第三，通过大数据技术，研究人员可以对恐怖行为进行事前预警和事后排查，从而精准打击恐怖主义。例如，警方对恐怖分子的人脸、声纹、通话、交通、电子邮件、聊天记录、监控视频等信息进行综合分析，可以明确甄别恐怖行为，最终锁定犯罪嫌疑人并及时防范和破案。第四，通过大数据方法，分析一方与另一方的关系、意图、利益等，研究人员可以更加明晰人际关系、经营关系或者国际关系。例如，关于人际关系的大数据分析，一方对另一方的了解和认识可以更加全面、准确、客观、深刻，从而有效减少误判或误会；关于经营关系的大数据分析，研究人员可以准确判断相互间的竞争点、利益点、互补点与合作点，从而正确处理相互关系，各自取得需要的利益；关于国际关系的大数据分析，研究人员可以明确对方的意图、战略与策略，也可以清晰本国的利益、得失和诉求，从而引领双方加强合作，实现互利共赢。可见，大数据的应用的确能够为人类社会开启更多的新思想、新智慧、新理念和新视野，从而促使整个社会经济运行体系更加有活力和效率。

当前，四川的大数据分析仍然处于“初创期”，需要加快推动四川社会科学数据资源开放共享的进程，这样大数据分析才会有坚实的数据来源基础。在大数据时代，如何在海量数据中通过数据分析获取有价值的信息内容并生成指向性明确的决策指导是自然科学和社会科学研究共同面临的重要课题，而其中的关键便是数据来源应当权威、全面和可靠。从大数据构成来看，数据来源主要有两个：一是政府部门，他们几乎掌握着社会经济运行全方位的数据；二是大型公司，他们在某一领域拥有强大的数据采集能力。因而只有这些高品质数据来源机构面向社会全面开放共享数据资源，才能有效提升全社会的大数据处理能力，才能充分发掘大数据的价值。从大数据技术来看，数据真实可靠是首要条件，全方位立体式分析是重要特点，而单个部门或者企业所掌握的数据往往类别单一、数量有限，其分析结论难免陷于片面单一。因而同样需要政府部门和大型公司全面开放共享数据资源，这样才能对不同数据集进行全面、立体式的关联分析，才能得出全面精确的结论，才能发挥出大数据更大的作用。因此，加快推动四川社会科学数据资源开放共享十分必要，既可促使数据转化为了解世界、市场、人类自身的知识与智慧，也能促进四川社会科学研究水平的提升，进而推动四川社会经济健康发展。

1.2.3 促使四川社会科学研究不断转型创新

大数据具有资源容量大、类型格式多、速度增长快、应用价值高等特征，是一个国家综合竞争力提升的关键资源之一，其价值堪比石油和黄金，甚至更多更广更高。石油和黄金是不可再生资源，总有一天会被开采消耗完毕，而大数据是无限循环的绿色资源，永远不会被消耗殆尽，其应用将会颠覆未来很多产业的竞争模式。利用大数据进行社会科学研究有利于从数据集中抽取知识并发现规律，是一种新的叙事方式和诠释手法，为定性与定量的综合研究提供一种可行途径，可以更好运用数据描绘抽象概念和知识本体，可以更好传承社会科学研究本身的实证主义与自然主义相互结合的研究范式，可以更好形成社会科学研究内含的定性研究与定量研究多重融合的研究体系。可以这样认为，大数据在社会科学领域未来的应用前景十分广阔，不仅能提高社会科学的研究能力，提升社会科学的研究水平，还能开启社会科学新的研究局面。

一是提高社会科学的研究能力。社会科学研究的目标在于为社会发展服务，而现代社会科学在形成发展过程中有机融入了结构、功能、规律等自然科学研究的范畴，是近代西方自然科学复兴和科技革命推动的产物。其研究的数据环境随着政府部门、大型企业和研究机构等对数字化资料、素材和信息的大量开放与共享，数据源越来越多，数据量越来越大，数据获取成本越来越低，加之大数据挖掘技术越来越精，大数据分析技术越来越高。这使得社会科学研究的大数据发展与运用越来越容易，很好弥补了社会科学研究在数据运用方面的短板，大大提高了社会科学的研究能力。

二是提升社会科学的研究水平。在大数据环境下，数据是社会科学研究价值发掘的源头，也是社会科学研究模式创新的基石。虽然海量数据在一定程度上造成了信息冗余，使得社会科学研究受到一些制约与束缚，但是大数据技术的发展与完善，使得信息组织集成化，可以带来全面精准的信息资源，使得信息处理数据化，可以把握实时最新的科研动态，使得信息管理智能化，可以获取高效运转的成果管理，使得信息传播社交化，可以促进即时互动的学术交流。因此，推动社会科学研究模式创新十分必要。在服务内容重构方面，研究人员可以通过知识资源抽取技术，更加精准地捕捉用户需求。在服务分析挑选方面，研究人员可以通过梳理、概括与整合的处理，形成直观完整的评价体系或分析报告等。在服务管理优化方面，研究人员可以通过海量数据的抓取和挖掘，全面定量反映研究成果体系。因此，社会科学数据开放共享与大数据技术的有机结合，既能提升社会科学的研究水平，又可盘活研究成果的应用，充分发挥出研究成果的社会价值，不断扩大社会科学的话语权和影响力。

三是开启社会科学新的研究局面。大数据的运用有助于形成社会科学研究的新思维，有助于推动社会科学研究数据开放共享，有助于促进学科深度协作与融合，从而开启社会科学新的研究局面。大数据技术可以促使研究数据转化为资源，让研究全程的文献、资料、原始数据和加工数据等得到全部有效的评价和利用，进而衍生出新的数据资源利用机制；大数据技术可以促使研究资料按需重组，让碎片化的研究数据得以快捷有效利用，大大提升研究效果与效率；大数据技术可以促使计算化分析与可视化表现相结合，让分析结果得以简明呈现，有效增强社会科学研究的可阅读性和可理解性；大数据技术可以促使学科融合与数据服务发展，让学科纵深交叉、紧密协作、协同创新，进而推动学科知识体系网络化。大数据的运用不仅能打破学科壁垒，促进学科融合，为社会科学研究拓展更广阔的发展空间，还能带来以注重数据、探求事实为先的研究方式，进而促使社会科学平衡、健康、全面发展。

四川实施大数据发展战略目前处于落后状态，四川的社会科学研究也需要转型创新。四川要有效推进社会科学研究发展创新，需要大力加快构建四川社会科学数据开放与共享的机制，为四川社会科学学术研究搭建起数据开放的新平台，为四川社会科学研究人员创造研讨自由的新空间，为四川社会科学创新发展提供客观有力的数据支持，进而推动四川社会经济持续发展。

目前，社会科学数据的开放及共享已经引起国内外政府部门、社会科学研究与服务机构、高等院校、学术期刊、出版社、信息咨询与服务中心等社会组织的高度重视，着力进行探索和实践，并且已经取得良好的成果。本书拟借鉴国内外社会科学数据开放与共享的经验，在分析国内外社会科学数据开放与共享现状基础上，调研四川社会科学数据开放与共享面临的问题，提出建立大数据背景下四川社会科学数据开放与共享机制的对策，以期充分发挥四川社会科学数据的价值，促进四川哲学社会科学进一步繁荣；本书以四川省哲学社会科学优秀成果评奖获奖成果数据开放实践为案例，介绍获奖成果档案整理、保管、建库、开放利用的方式方法和实践经验，以期对探索大数据背景下四川社会科学数据开放与共享提供借鉴；同时本书对大数据背景下的档案数据开放进行了专题探讨，本书希望能促进档案存储方式、服务流程、服务方式的改变和发展。本书研究成果可供政府决策及科研管理参考，对推进四川社会科学大数据建设的进程、推动四川社会科学数据资源开放共享、促使四川社会科学研究不断转型创新等具有较好的借鉴作用。

1.3 相关概念

1.3.1 数据

数据即数值，是人类在认识和改造世界的过程中借助数字、文字或其他符号记录和描述事物状态的表达，其形式多种多样，包括文字、图像、声音等符号，其最简单的表达形式是数字。数据是信息的基础，也是知识的源泉，广泛应用于科学研究、设计、查证、决策等活动。在大数据时代，数据是一种特别重要的资源，因而人们对数据资源特别是优质的政府开放数据资源的需求越来越迫切。开放数据是指人们可以免费自由获取的，按照自己意愿使用的，没有版权、专利或其他限制的公开数据。数据、大数据与开放数据的关系比较复杂，数据包括大数据、开放数据、政府开放数据和个人数据；大数据从属于数据，包括开放数据、政府开放数据和个人数据的一部分；开放数据包括全部政府开放数据和部分个人数据；政府开放数据包括部分个人数据（见图 1-1）。开放数据是大数据最重要的基础，其中政府开放数据是关键。只有政府部门开放数据，才能更好促进行业数据的开放和个人数据的开放。

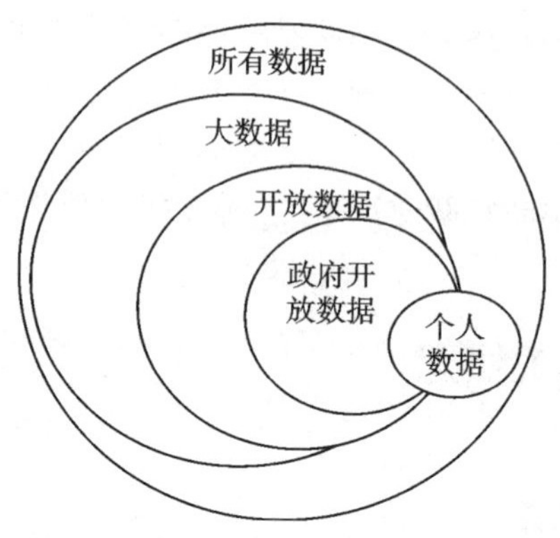

图 1-1 数据、大数据与开放数据的关系

资料来源：麦肯锡全球研究所 2013 年研究报告《开放数据——以流动信息释放创新力和效率》。

1.3.2 信息

信息（Information）是对客观世界中各种事物的运动状态和变化的反映，是客观事物之间相互联系和相互作用的表征，表现的是客观事物运动状态和变化的实质内容。信息与数据既相互联系，又存在区别。二者的联系在于，数据与信息都是表达客观事物属性的记录，数据是反映客观事物属性的记录，是信息的具体表现形式，数据经过加工处理之后浓缩成为简明扼要的信息，信息经过数字化转变之后成为可以存储和传输的数据。二者的区别在于，数据是信息和数据冗余之和，即：数据=信息+数据冗余。也就是说，数据是信息的载体，信息是具有一定含义的数据，知识是经过人类归纳整理最终呈现规律的信息，即数据是信息的源泉，信息是知识的基石，知识反映信息的本质（见图 1-2）。信息可以消除人们对客观物质的不确定性认识，是继物质、能量之后的第三大资源，是一种无形资源和财富，并将日益成为科技进步和社会发展的首要支柱。信息公开是把原始数据加工处理后把有意义的信息发布给社会公众。从信息公开到数据开放，这是开放政府的一个发展过程。

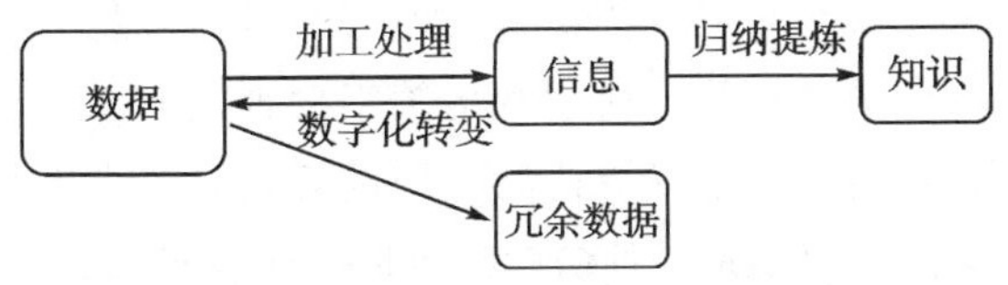

图 1-2　数据、信息与知识的联系与区别

1.3.3　科学

科学的本意是分科而学，形成于近现代[①]，准确说是“现代科学”的简称，因为科学的定义是近代和现代才真正产生的[②]。达尔文（1888）认为，科学就是整理事实，从中发现规律，做出结论。法国《百科全书》（1751—1772 年）中关于科学的定义为：科学首先不同于常识，科学通过分类，以寻求事物之中的条理，此外，科学通过揭示支配事物的规律，以求说明事物。《苏联大百科全书》（1926—1947 年）中关于科学的定义为：科学是人类活动的一个范畴，它的职能是总结关于客观世界的知识，并使之系统化，既包括获得新知识的活动，也包括活动的结果。《辞海》（1999）中关于科学的定义为：科学是运用范畴、定理、定律等思维形式反映现实世界各种现象的本质的规律的知识体系。赵祖华（1999）在《现代科学技术概论》中关于科学的定义为：科学是如实反映客观事物固有规律的系统知识。时东陆（2007）认为，科学是思维的基础，也是探索真理的方法。李喜先（2014）认为，科学是由相互联系和相互作用的认

---

① 李喜先. 科学：定义、特及科学系统观 [J]. 科学，2014，66 (4)：11-15.

② 时东陆. 关于科学的定义 [J]. 科学，2007，59 (3)：4-9.

识子系统、知识子系统和社会子系统有机地结合成特定结构的整体，它具有不同于各要素独自具有功能的新功能，并向新的有序结构进化。概言之，科学是人类探索研究事物规律的知识系统与方法体系的总称。科学既指关于发现发明创造实践所获得的学问，也指探寻事物规律所运用的方法。科学不是认识世界的唯一渠道，也不是一种信仰，而是一种态度、观点、方法。

科学按照研究对象可以分为自然科学、社会科学、思维科学以及贯穿其中的哲学和数学，按照实践情况可以分为理论科学、技术科学和应用科学等。一般来说，科学方法主要有实验方法和理性方法两大类，具体有归纳法、演绎法和抽象法等。

1.3.4 社会科学

社会科学是指用科学方法研究人类社会事物和现象的学科总称。杨永华（1988）认为社会科学就是对社会现象进行研究的科学①。陈其荣和曹志平（2004）认为社会科学是多视角、多侧面研究人与社会相互作用的科学②。实际上，所有社会规律的本原都是自然规律，因而可以说社会科学是一种特殊的自然科学。马克思对此曾经这样说过："科学只有从自然科学出发，才是现实的科学。历史本身是自然史的，即自然界成为人这一过程的现实部分。自然科学往后将包括关于人的科学，正像人的科学包括自然科学一样：这将是一门统一的科学。"③ 现在来看，在自然科学和社会科学发展过程中，二者确实相互渗透、

---

① 杨永华. 马克思主义，马克思主义社会科学、社会科学辨［J］. 社会科学，1988（12）：8-9.

② 陈其荣，曹志平. "广义科学划界"探究［J］. 华南理工大学学报（社会科学版），2004，6（5）：10-16.

③ 中央编译局. 马克思恩格斯全集：第 42 卷［M］. 北京：人民出版社，1979：128.

相互整合，特别是社会科学越来越多地受到自然科学的影响，越来越多地采用自然科学的研究方法，这也大大推动了社会科学的发展。狭义的社会科学包括经济学、人类学、政治学、法学、社会学、心理学、教育学、行为学、军事学、管理学、传播学等学科。广义的社会科学则包含了人文科学（文学、历史、哲学、艺术）。我国通常将人文科学和社会科学统称为人文社会科学或者哲学社会科学。

1.3.5 科学数据

科学数据是指人类在认识世界、改造世界的科学技术活动中产生的原始的、基础的数据资料以及根据不同用户需求系统加工产生的数据产品和相关信息。科学数据既包括社会公益性事业部门所开展的大规模观测、探测、调查、实验和综合分析所获得的长期积累与整编的海量数据，也包括国家科技计划项目实施与科技工作者长年累月科学实践所产生的大量数据。科学数据具有科学价值、社会价值和经济价值，是人类社会科技创新的重要基础，也是经济社会发展决策的科学依据，更是国家创新体系中最活跃的要素之一。科学数据资源蕴藏在人类一切客观过程之中，是大量科学数据的集合，是人类认识世界和改造世界的源泉，是人类经济社会发展中极为重要的资源。

1.3.6 社会科学数据

社会科学数据是科学数据的重要组成部分，是描述社会科学研究对象、方法、条件、状态和其他因素的事实、数字、文字和符号，主要类型有调查数据、统计数据、记录数据、实验数据、模拟数据等，包括科学技术数据、政策法规、市场数据、金融数据、经济统计数据等，与之息息相关的是社会科学数据平台的建设。社会科学数据平台需要收集、整理、存储和开放社会经济发展方面的数据，为学者和社会公众提供研究条件和数据服务，促进社会科学学科的发展。2014 年 12 月，复旦大学正式启用社会科学数据平台，该平台具有数据存储、发布、交换、共享与在线分析等功能，可为高等院校、研究机构和政府部门提供研究服务，是中国高校中首家提供社会科学研究数据的平台。

1.3.7 数据开放

数据开放一般是指政府数据开放，即国家机关及经法律授权行使公共管理职能的各类社会组织依照法律规定向公众主动或依申请公开其所掌握的、用于记录与公共利益密切相关的各类事实的物理符号，公民可凭借制度化的合法途径，便利顺畅知悉、获取和使用其中所需要的数据。数据开放最明显的特征是数据状态处于公开，没有被封锁或者禁闭，可以被任何人免费自由获取、重复使用甚至重新发布，没有来自版权、专利以及其他机制的限制，多数仅要求注明数据来源。数据开放最早出现在美国的民间，现在已经成为发达国家政府民主改革的一种流行趋势。政府数据开放与政府信息公开有所不同，二者既有联系又有区别（见图 1-3）。政府信息公开是指政府机关将其履职过程中制作或者获取的信息，通过法定形式和程序，及时、准确地主动向社会公众或依申请向特定个人或组织公开的法律制度。政府信息公开在形式上一般是政府部门单向静态流出，并且公开的不是原始数据，是政府部门通过对原始数据加工后形成的政府信息。而政府数据开放不仅在范围上更广泛，在内容上更全面，而且在形式上是双向动态互动的，公开的是原始、客观、全面、精细的数据，允许公众自主借助各类工具重复使用、关联分析、自由加工各类数据，分析出自己需要的有用信息，并且可以向政府部门索要数据、质疑信息或者问责不作为行为。

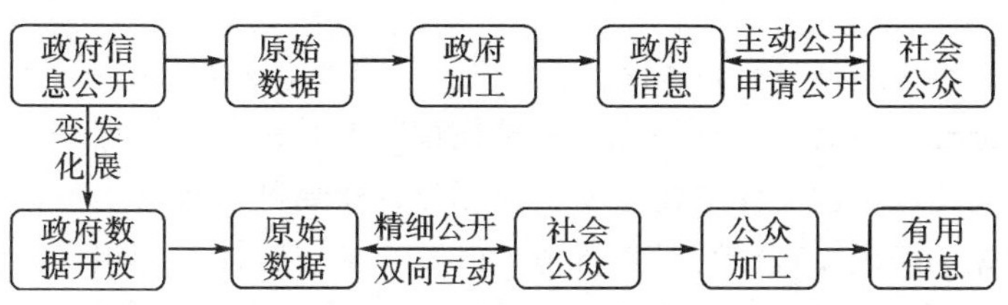

图 1-3　政府信息公开与政府数据开放的联系与区别

1.3.8　数据共享

数据共享是指将群体（单位、部门、组织、项目、课题等）以及个人采集、加工整理、存贮所建立的数据资源提供给数据持有者以外的人群使用的行为。共享即共有、同享，大家共同参与、共同出力、共同分享、互不封闭，既付出，也获得，但并不是全部免费或无条件，数据使用者必须遵守有关约定。数据共享可以通过建立由若干分布式数据库组成的数据中心，实现数据基于计算机网络的资源化管理，为科技发展和国民经济发展提供服务。数据共享可以让科学家和社会公众能便捷获取最低廉成本的数据，同时还能促使科研结果得到最广泛的传播和利用。数据共享机制可以促进新的研究项目充分利用他人已有的研究成果，避免不必要的重复，使科研资源得到有效利用。根据科学数据共享的“潘顿原则”，任何人均可以通过互联网免费取用共享数据而不受到任何限制，包括数据的下载、复制、分析、重新处理或导入软件等，并且没有资金、法律或技术方面的障碍和担忧。

1.4 社会科学数据的特性

科学数据具有客观性、长效性、积累性、公益性、共享性、增值性、传递性、资源性、非排他性、不对称性等特点。社会科学是国家创新体系的重要组成部分，社会科学数据具备科学数据的普遍特性，同时具备情报的三个基本特性（知识性、传递性、效用性）和自身的三大特性（多源性、动态性、混杂性）。

1.4.1 知识性

知识是人的主观世界对于客观世界的概括和反映。知识无处不在，并且每时每刻都在产生、变化和发展，人们可以通过读书、看报、上网、听广播、看电视、参加会议、参观访问等活动和形式浏览、吸收、理解、学习相关的知识，还会发现新的知识，从而不断促进人类社会的发展和进步。这里所说的知识就是人们广泛需要的广义情报。情报的本质是知识。如果一种信息没有一定的知识内容和内涵，那么其本身根本就不能成为情报。社会科学数据中蕴藏着大量反映客观事物本质和相关关系的信息，能给人们带来知识，具有情报知识性最主要的特点。因此，社会科学数据具有知识性的特性。

1.4.2 传递性

传递性是指数据可通过各种传播工具实现传递。社会科学数据之所以成为知识和情报的构成部分，是因为数据经过传递后可以被人们重复使用、关联分析、自由加工，分析出人们所需要或对社会经济发展有用的信息，再经过传递交流形成人们共享的知识。数据传递的目的在于最大化实现数据资源的效用与价值，数据在传递、分析、加工过程中不会消失，也不会被耗竭，可长期保留、海量储存和重复使用，转化为推动社会进步的信息。

1.4.3 效用性

情报具有启迪思想的作用，其效用不仅能改变知识结构，提高认知能力，还能改造世界。社会科学数据是情报的一种形式，具有情报效用性的特点。研究人员通过数据加工、处理可以分析出人们时刻需要的信息，设计符合实际的决策方案，形成针对解决某些方面问题的知识，从而提高工作效率，提升业务管理水平，获得良好的社会经济效益。

1.4.4 多源性

多源性是指数据的数量巨大、来源多种、类型多样、结构复杂、时空分布广泛。多源数据为数据分析带来严峻挑战，也为搜索、混搭、组织、处理和使用海量数据带来巨大机遇，使得新型信息服务和科学研究的海量数据处理成为可能，通过对多源异构海量数据进行提炼、排疑、融合、重组等动态聚合处理与分析，可以获取更多非线性的演化规律和突变机理，为更多行业和领域的决策与应用提供有力支持。

1.4.5 动态性

动态性又称时变性，是指数据随时间变化而变化，不同的时间有不同的数据，一系列的数据集合形成数据资源，进而成为知识创新的思想库和社会持续进步的发动机。社会科学数据的动态性极强，可以帮助人们摆脱事物实体和小数据困境，利用表征事物实体的海量数据把事物的过去、现在、未来以及其他相关事物联系在一起，从而提高数据分析的准确性。

1.4.6 混杂性

情报具有开阔眼界、增进知识、启迪思想的作用，其效用不仅能改变人们原有的知识结构，提高人们对事物的认知能力，还能帮助人们更好地认识世界和改造世界。在大数据时代，社会科学数据急剧膨胀，越来越多的数据格式混乱、正误混杂，表现为非框架、不精确和不标准，使得人们不再执迷追求精确性，更多注重相关关系。虽然数据量的大幅增加可能混进一些没有关联的甚至错误的数据，增添了数据计算的总量，可能造成分析结果不精准，但是大数据分析技术的突飞猛进并不惧怕海量数据，并且大数据的简单算法比小数据的复杂算法更有效，其创造的相关性结果不仅能抵消错误数据的影响，还能提供更多的额外价值，为人类打开一扇又一扇从未涉足世界的窗户。人类要想取得大数据带来的多种益处，就应该接受混杂性，因为数据混杂是数据资源的本来状态，也是一种利用数据的最简易、最有效的途径，只是需要人们找到便利的使用方法，否则便是浪费数据资源。就如金矿中掺和了许多杂质一样，人们不会因为杂质而放弃开发金矿，而是不断寻找更好的利用办法。因此，要想获得大数据带来的更多好处，我们就不应竭力避免和排除混杂，因为混杂是大数据最简易、最有效的一种利用途径。

1.5 开放与共享的意义

自美国政府在2009年宣布实施开放政府政策以来，世界各国政府纷纷效仿和跟进，数据开放已经成为人们的重要议题，并逐渐成为众多政府部门的习惯行为。各国政府是有用数据的最大持有者，他们也希望能善用所持有的数据，通过社会组织与公众的应用来产生更多的增值创新服务和政府信息再利用。随着政府数据开放的不断深入，各国政府极力整合各方面的力量去完成大数据与新技术的有机结合，从而创造更多新的专业和领域，占领科技的制高点，赢得国家发展的核心竞争力。这既推动了透明政府、开放政府的进程，也开启了新一轮的信息技术革命——大数据时代，极大地推动了社会经济的发展与创新。

政府开放数据是大数据最重要的构成部分，数据内容大多属于社会科学范畴，其开放与共享的意义主要有以下几方面：

一是能创造新的生产力。美国等发达国家之所以争先制定并实施政府数据开放战略，这与大数据在社会经济发展中的重要地位和作用有直接关系，因为数据已成为促进现代社会经济发展的关键因素。据麦肯锡全球研究所 2011 年的研究报告，大数据对于不同地域的医疗保健、公共部门管理、零售、制造业和个人定位数据的五个领域均具有明显杠杆作用，可以提高效率减少投入，同时保持相同的产出水平。大数据与有形资产、人力资源、金融资本一样，都是现代社会经济活动的重要生产要素之一，它既可以提高生产效率，形成核心竞争力，也可以转化为实际生产力，创造大量经济价值。大数据不仅创新经济结构，创造增长方式，更会产生强大引擎作用，大幅提高生产力水平，形成智能经济社会。大数据能提高生产力，创新生产力，也能转变为生产力。因此可以说开放数据是世界发展趋势，没有开放数据就没有创新，也就失去了国家发展的机遇。

二是提高社会运行效率。政府数据开放是大数据概念产生的基础，这使得数据使用者获取大量跨部门、跨行业的数据集用于数据分析和应用创新成为可能，各方公开数据的整合与分析可以大大提高社会的运行效率。例如，美国华盛顿在政府数据开放之前，每年都要投入大笔财政经费用于缓解城市交通和社会治安问题，但其结果没有明显好转；而在政府数据开放之后，政府机关的开放数据被大量用于城市规划，使得城市建设和改造更加科学合理，并且随着公安部门关于详尽犯罪记录数据的开放，不仅有助于数据使用者开发出了相关的手机应用，提示人们提高警惕和避免进入犯罪高发区域，从而降低了犯罪发生概率，而且还能将犯罪记录信息和动态交通数据结合起来，起到指导调配警力的作用，这些改变完全得益于公安部门和交通部门数据的开放共享。我国的一些地方政府也意识到政府数据资源面向社会开放和利用已经成为政府在互联网时代构建新型管理和服务模式的基础性支撑，是实现政府治理透明化、社会管理扁平化、公共服务多元化的创新型手段。

三是激发巨大商业价值。在政府数据开放之后，任何机构和个人都可以根据自己的需要有效利用这些开放数据进行创新创业，提高管理效率，降低经营成本。据麦肯锡全球研究所2011年的研究报告，在充分利用大数据情况下，零售业的经营利润率可能会增加60%，医疗保健业每年创造的价值超过3 000亿美元，发达经济体的政府公共部门改进管理运作效率可以节省的资金超过1 000亿欧元。欧盟通信委员会2011年12月的研究报告预计，欧盟公共机构产生、收集或承担的地理信息、统计数据、气象数据、公共资金资助研究项目、数字图书馆等数据资源全面开放的总经济效益将每年增长400亿欧元。英国经济与商业研究中心2012年4月的研究报告进一步证实了大数据的商业价值，预计2012年至2017年大数据将为英国增加的创新与就业机会价值为240亿英镑，贡献的小企业发展价值为420亿英镑，创造的新业务就业机会为5.8万个。另外一个典型例子是美国军用卫星定位系统GPS向社会公众开放使用后，带动了汽车导航、精准农业、通信等一系列生产和生活服务的创新，仅美国国内就创造了约 300 万个就业岗位。由此可见，数据开放对于政府管理、产业发展、电子商务、医疗服务和社交网络等领域的发展具有重要意义。

四是为大数据发展打牢基础。从人类社会的发展历史和过程看，人类拥有的知识无不来源于对所掌握数据和信息的分析。随着人类社会步入大数据时代，政府决策、科学研究、产业布局和商业发展更是越来越依赖数据分析。在大数据应用日益重要的今天，人类社会比以前更加迫切需要数据资源的开放与共享。因此，政府数据开放是打牢大数据基础的最重要途径。政府要做好数据开放工作，需要做到以下几点：第一，需要完善政策法规，既推进数据开放工作，又规范数据使用行为，这样才能在保护个人隐私、维护国家安全的基础上，保障数据开放与共享的合法性，保持大数据的社会经济价值，保证数据开放工作稳步推进，才能为大数据发展应用打好根基。第二，需要政府打造统一的数据资源开放平台，把分散在不同部门的数据放在统一的平台上，这样才能既有效降低数据使用者的搜寻成本，大力促进政府数据的创新应用，又能充分发掘出政府数据的附加价值。第三，在数据开放过程中，政府机关各级层各部门之间要注意协调性和整体性，确保不涉及个人隐私和国家安全的所有数据资源都能及时得到开放，这样才能形成各方协同推进、信息广域共享的活跃局面，从而盘活整个大数据世界。

五是给民众生活带来便利。政府数据开放不仅能促进产业快速发展，还会给民众生活带来多重便利，特别是商业数据和个人数据的开放与共享能产生巨大的社会经济价值。如在网购书籍时，很多电商网站推荐的书籍刚好是我们喜欢的，其原因就是电商网站根据大量的个人数据进行统计分析得出的，这便是大数据强大分析能力的一种体现，更是数据资源潜在价值的一种发掘。美国联邦政府正是基于这种缘由，于2009年开始启用“一站式”政府数据门户网站，各政府机关通过统一的门户网站向社会公开公布各类非保密的数据库，供民众免费自由下载，数据内容涵盖农业、气象、金融、就业、人口等近五十个门类，并于2012年5月发布数字政府战略。其中的关键性要求就是政府必须保证美国民众可以随时随地通过任何平台或设备获取政府信息和公共服务，这种数据的集中、开放、共享及对数据应用的支持，极大地方便了美国各界对政府数据的获取与利用。

综上所述，数据开放与共享的意义是多方面的，既关乎国家科技创新和产业发展，也关乎社会进步和民众生活。孙九林院士认为数据的科学、社会、经济价值只有在数据流动和共享中才能充分体现，郭华东院士指出数据与信息的共享是实现不同学科、领域间合作的核心。也就是说，只有数据资源被充分共享和广泛使用，才能最大化实现数据资源的价值。因此，政府数据开放有利于进一步打破信息壁垒，有利于消除信息孤岛，有利于激活数据价值，从而实现数据资源的自助查询、拓展利用和广泛应用，发挥出最大限度地潜在价值，获得最大限度的社会效益，提升整个国家的创新能力。

2 社会科学数据开放与共享研究述评

社会科学数据是数据资源的重要组成部分。社会科学数据开放共享与数据开放共享紧密联系，二者不可分离。数据开放共享不仅能让人们免费自由获取信息，避免信息重复采集、存贮和管理的浪费，提高信息资源的利用效率，还能实现优化资源配置、节约社会成本、创造更多财富、提高社会运行效率的目的。数据开放共享已经成为当今世界的一种时尚。社会科学数据开放共享有着数据开放共享同样重要的作用和价值。目前，国内外关于数据开放共享相关的研究领域较多，本书仅从政府数据视角、科学数据视角和社会科学数据视角三个方面进行梳理。

2.1 政府数据视角

在经济全球化和信息化时代，信息和知识扮演主角，并且瞬息万变，是影响社会经济发展的决定因素，而最重要的信息资源有80%来源于政府信息。因此，政府应该公开信息。政府信息公开分为政务公开和信息公开两种，既是公众了解政府行为的直接沟通途径，也是社会经济发展的重要推动力量。随着信息通信技术的不断发展，互动式的信息沟通变得越来越容易和便捷，人们对政府信息和数据的需求也越来越多。在2009年之前，政府部门大多通过政府公报、政府网站等形式主动公开的政府信息，在2009年之后，随着美国奥巴马政府《开放政府指令》的出台，国际上兴起了政府数据开放共享的热潮，相关研究和探索如喷泉一样涌现。

2.1.1 国外政府数据的开放共享

关于国外政府数据开放共享的研究，主要集中在政府数据开放共享的发展情况、原则与标准、意义与价值、制约因素及政策建议等方面。

第一，关于政府数据开放共享发展情况的研究。在大数据背景下，政府数据开放共享已经成为社会发展与进步的必备要素。国外最早意识到政府数据开放共享的必要性并且进行了大量探索，他们已经从开始的摸索阶段一步步走向现在的成熟阶段。其中美国作为政府数据开放的先锋，进行了多方面的努力与尝试，取得了较多的经验和成果。陆建英等（2013）指出美国是政府数据开放的先驱者，在法规建设方面，美国早期便建立了与之相配套的法律法规，并且逐步进行了修订与完善，如《信息自由法》《隐私权法》《阳光下的政府法》和《开放政府指令》等。在《开放政府指令》中，美国明确要求政府数据开放必须遵循透明、参与和协同三个原则；在平台搭建方面，美国政府数据开放最主要的渠道就是网站，早在2009年便启动建设网站，该网站具有四大特点：一是数据量大、主题丰富；二是提供统一集中的数据来源；三是提供针对不同用户的数据格式与工具；四是建有大量的数据群。但该网站也存在缺乏元数据、数据质量参差不齐、数据保管薄弱、对初级用户缺乏支持等不足。金琇（2013）认为奥巴马总统在就职第一天签发的《透明和开放政府备忘录》，是为了呼吁建立一个更加透明、容易参与的协作型政府以及解决美国当时面临的政治、经济、社会文化等方面的诸多问题。2009 年 12 月 8 日美国管理与预算办公室发布的《开放政府指令》，改变了《信息自由法》以依申请公开为主的运行范式，旨在建立以主动公开为基本范式的开放政府体系，通过公布信息、邀请公众参与、开展合作、跟踪与问责等方式，要求创造一种开放政府文化并使其制度化的社会环境。美国的透明开放政府实践体现了四个转变：从政府信息向全民信息转变，从被动公开向主动公开转变，从部分参与向全程全民参与转变，从行政政府向社会政府转变。谭健（2011）指出在政府数据开放开启阶段，加拿大政府就走在了世界的前列，先后颁布了《信息获取法案》《开放政府协议》《自由开放政府计划》等一系列法律，同时建立了政府数据开放的门户网站，为公众提供在线的政府数据目录或报告。另外，加拿大政府在“数字经济战略”中宣称“政府应协助获公共资金支持的研究数据更好地被加拿大商业和研究者获取”，其目的也是在政府数据开放方面更好地赶超美国。岳丽欣和刘文云（2016）根据“数据开放晴雨表”的显示，指出英国拥有完善的政府数据开放保障机制，其政府数据开放的筹备状况、施行状况以及影响力都位居世界第一，英国于 2000 年便颁布了《信息公开法》，构建了比较完善的法律体系，并且专门建立了“数据英国”网站和世界上首个开放数据研究所 ODI（Open Data Institute），同时实施自上而下的执行合作机制和问责监督机制。可见，国外政府数据开放共享起步较早，法律体系构建较好，开放共享平台搭建较多，行动计划实施有力，基本形成了有利于政府数据开放共享的保障机制。

第二，关于政府数据开放共享的原则与标准的研究。虽然政府数据开放共享的主旨是开放与共享，但也不是百分之百开放与共享，需要考虑国家安全和公民隐私等问题，需要制定政府数据开放共享相关的标准与原则，才能有秩序、有选择地进行开放共享工作。开放政府工作组（Open Government Working Group，2009）对于公共数据的获取与使用提出了推动公民对话、公共福利、公共资源有效利用的原则以及完整、一手、及时、可获得性、非歧视性、非私人性、可机器处理、无须授权八项标准。道斯（Dawes，2010）提出保管与使用两大原则必须同时运用。刘杰（2009）指出日本作为亚洲比较有代表性的国家，由于其特殊的历史背景，其政府数据开放与其他国家相比较为保守，相关法律对于政府数据的公开对象、公开文件、不宜公开内容、数据发布渠道、平台公告内容以及相关的法律诉讼等做了严格且详细的规定，避免了某些重要信息的泄露，也制约了政府数据开放，但有一定的先进性和可取性。李志新（2016）指出新西兰政府针对政府部门及其数据开放实践的需要，制定了“开放及透明政府宣言”“新西兰数据及信息管理准则”“新西兰政府开放获取特许框架”等文件，要求政府开放数据需要符合这三个文件的标准。其中“开放及透明政府宣言”宣称政府所掌握数据的所有权为全体公民所有，政府有责任向公众开放高质量的公共数据。“新西兰数据及信息管理准则”包含有开放原则、保护原则、方便获取原则、公信力和权威性原则、精细管理原则、合理收费原则、重复使用原则七项原则。“新西兰政府开放获取特许框架”则是指导政府如何开放知识产权数据的指引性文件。可见，政府数据开放共享需要相关的标准与原则进行规范才能取得良好绩效，但各国的情况不尽相同，不能照搬，应该制定符合国情的政府数据开放共享原则与标准。

第三，关于政府数据开放共享意义与价值的研究。在大数据背景下，政府数据开放共享是一项创造性的治理变革，能够产生巨大的生产力，具有政治、经济、社会等多重价值和重大意义。陆颖隽（2010）研究了日本政府信息公开与开发利用的立法、建制和推行情况，认为政府信息公开与开发利用不仅有助于经济社会的可持续发展和建设，也是健全的民主社会和市场经济最基本的基础设施和前提条件，对于保障公民的知情权和监督权，提高公民的参政议政意识，提升政府的公信度，具有非常重要的意义。赫尔比希等（2012）的报告指出，政府数据开放可以扩大信息公开，改善政府治理，提高数据使用效率；经济合作与发展组织（Organization for Economic Cooperation and Development，OECD）的报告把政府数据开放的价值分为经济价值、社会价值、政治价值三种；政府技术研究中心（Center for Technology in Government）的报告认为政府数据开放的价值有七种：经济价值、政治价值、社会价值、战略价值、生活价值、理想价值和管理价值；萨诺戈等（Sayogo et al.，2012）认为开放数据本身没有价值，只有当它创造了公共价值时才真正具有价值；霍夫曼（Hoffmann，2012）指出，数据开放能够为快速决策带来便利；徐慧娜等（2013）认为美国的地方政府和州政府正致力于通过政府数据开放降低成本，提高透明度和效率，回应公民需求。经济合作与发展组织（Organization for Economic Cooperation and Development，OECD）2013 年的报告指出，政府数据开放的价值主要体现在三个方面：一是经济价值，免费开放数据会对经济产生推动力，同时数据免费所产生的额外收入要超过出售信息所能获得的收入；二是社会价值，政府数据开放所产生的社会价值有些虽然难以用经济数字体现，但是它改善了公民的生活质量，将被动沟通模式转变为更为积极的公民参与；三是政治价值，政府数据开放提高了政府的参与度、透明度、开放和责任。朱莉弗里曼（Julie Freeman，2014）认为，数据作为一种特殊的文化，适合每一个人，大众使用数据可以逐渐让人们意识到数据是什么东西，怎么创造性地使用数据，数据是怎么样激发灵感，怎么样帮助人们分享故事和经验。美国住宅与都市发展部（Department of Housing and Urban Development，HUD）在2014年建立了一种新的在线服务模式，允许用户对政府机构的绩效和服务效果进行实时反馈，并及时收集公众态度等信息，这种服务模式促进了用户友好的使用体验，并与用户建立起有效联系，还能通过社交媒体和文本的分析，判断网民对不同领域政府工作的情感倾向性，发现公民参与政策制定的重要话题信息，识别最有影响力的公民或社会群体以及判断社交媒体中公众情绪影响公民参与或支持政府机构的程度，从而指导政府在互联网方面改进治理举措。迪莉娅（2014）研究了国外政府数据开放情况，指出政府数据开放主要具有政治价值、经济价值、文化价值三方面的价值。在政治上，政府数据促使政府更加透明，提高了政府效用，增加和提高了公民参与公共事务的兴趣和能力；在经济上，政府数据为大数据产业的发展创造了良好的氛围，保证政府数据的再利用和创新性利用；在文化上，政府数据促进了决策文化的形成，普遍使用数据分析，能够提高生产效率，降低风险，帮助人们做出更好的决策。李燕等（2016）从数据资源、授权模式、数据管理、运行模式等方面研究英国政府数据开放的实践与经验，认为开放政府数据是提升政府公信力，带动经济增长的重要途径。在政治方面，政府数据将政府行为置于阳光之下，置于公众监督之下，有利于政府提升公共服务能力，同时公众也可以通过政府公开的数据了解政府在做什么事情，有利于政府地位和公信力的提高；在经济方面，一是政府数据开放为国家、政府和企业节省了很多开支，二是政府数据开放带来了新的就业机会和新的利润空间，三是政府数据开放促进了新企业的诞生；在文化方面，数据开放能促成文化革新，形成数据文化，并随着提问和应答的参与者持续增多，每个人都会从中受益，群体组织的整体效率也将得到不断提升。可见，政府数据开放共享主要有经济、社会、政治和文化四个方面的价值，对于政府的治理、社会的进步、企业的发展、个人的帮助甚至群体文化的形成均有重要影响。

第四，关于政府数据开放共享面临的种种制约因素的研究。政府数据开放共享是时代的必然趋势，但是在实施过程中并不畅通，由于每个国家的国情各有不同，会面临各种各样的阻碍与限制。道斯（Dawes）等（2004）认为，描述性元数据、专家参考框架和具体分析技能的缺乏会引起错误解读政府数据。班尼斯特（Bannister，2007）指出，政府数据开放面临的一个问题是公开的数据不能有效准确地测量其所代表的事务，如“计分卡”和“标杆排名”将复杂的环境简化成了简单的数字或字母评级，从而忽略了规模、环境与数据质量问题。卡尔（Karr，2008）认为政府数据开放面临数据复杂性、理解性、保密性和分散性的矛盾。荷兰学者努尔等（Noor Huijboom，et al.，2011）调查发现，虽然越来越多的西方国家已将开放数据提到政治和行政议事日程，并确定了开放政府数据战略，但个别政府机构仍然不愿意去实施这一战略。詹森（Janssen，2011）认为，政府数据开放面临政府部门对数据价值的认识、数据公开的兴趣、政府部门的文化的制约。赫尔比希（Helbig，2012）的报告认为，政府数据开放面临不同参与者、信息流、技术和利益间的多重挑战。萨诺戈等（Sayogo et al.，2012）认为，信息公开本身并不是目的，通过信息公开为用户创造公共价值才是根本目的，分析大量数据后发现，数据分享意愿是影响信息公开实践的重要决定因素。霍夫曼（Hoffmann，2012）认为，政府文化是政府数据开放面临的重要挑战，因为其本能是保护数据，但是数据开放能够为快速决策带来便利。政府数据开放，可以把数据转换为信息，信息可以再转变成知识，而公民就可以便捷使用这些知识做出决策并采取行动。康拉德等（Conradie et al., 2012）认为，荷兰的地方政府数据开放受到错误解读、财政收入、数据所有权和公务职能的限制。杨东谋等（2013）指出欧盟目前十分重视开放政府数据，并且鼓励各会员国开展政府数据开放的行动。但是欧盟在推动过程中遇到了重重困难，成员国或地区的法律规范、数据概念、数据标准、开放规章、人权意识等因素限制了政府数据的开放。杨东谋（Yang Tung-Mou）等（2015）认为政府数据开放已经成为世界各国政府间的重要活动，技术、组织、立法、政策和环境是影响政府数据开放的重要因素，其中立法和政策因素的影响最大，而规章和政策是重要的制约因素，组织和环境是次要的制约因素。可见，影响政府数据开放共享的制约因素是多种多样的，各国政府数据开放共享面临的挑战也是多向多重的，但最根本的问题还是相关法律的制定和管理机制的构建。

第五，关于政府数据开放共享的政策建议的研究。政府数据开放共享涉及国家政策法律的制定、政府部门的实施和公众用户的使用等层面，其核心是国家政策法律的制定，主体是政府部门的实施。卡特中心（2008）的报告主要提出了七条建议：一是把信息获取权作为基本人权落实；二是在信息获取权实践与应用方面对政府工作人员进行培训；三是通过公共教育培养公众合理行使信息获取权；四是合理配置资源，有效管理信息获取权；五是加强信息管理，保证信息便捷获取；六是定期监测和汇报；七是监管运行和服从管理。赫尔比希等（2012）的报告主要有四方面的建议：一是公开体现政府绩效，满足公众兴趣的政府数据；二是评估不同利益主体对数据的不同使用方式；三是设计具有前瞻性的数据管理方式；四是考虑政府数据公开的可持续性。哈里森等（2013）认为，政府应采用战略性的系统思维，促使政府部门培养开放意识，实行相互依赖的系统模式，实现职能转型。克雷斯韦尔（Cresswell，2013）认为，政府信息公开应做好八方面的工作：一是主动公开，政府不应被动回应信息资源的需求，更应主动通过资源互动、使用各种方式管理或改变信息流向；二是积极合作，政府应积极与用户合作，与数据提供方合作，与其他资源库合作，与整个社区合作；三是注意保密，政府应建立不同层级的安全和机密程度等级；四是转变管理方式，政府应通过改变信息资源结构和组织管理方式来提升信息发布水平，维护和更新资源库内容，信息管理模式从中央集权式转为分散式；五是交互信息，政府应既允许用户获取和下载资料，又向用户提供处理信息的机会；六是提供元数据，元数据的质量和完整程度是信息获取的重要因素，直接影响信息交互和价值挖掘的实现程度；七是移动和保存，信息资源依赖于各种格式和存储媒体；八是用户支持和服务，政府应提供资源用于支持和帮助用户。可见，现有研究大多指出了政府数据开放共享发展的现状和面临的问题，提出了相应的政策建议和解决问题的措施，目标均是促使政府数据开放共享能够更加顺通、更加开放和更加透明，取得更好的开放共享绩效。

总体来看，对于国外政府数据开放共享方面的研究较多，既有美、英、法、德、日等发达国家，也有印度、巴西、阿根廷、加纳、肯尼亚等发展中国家，但以发达国家为主。这些研究大部分采用经验方法定性分析，也有很多通过数据采集进行定性分析，研究内容基本集中在政府数据开放的发展情况、原则与标准、意义与价值、制约因素及政策建议等方面，研究成果的针对性和可操作性较强，具有较大现实应用价值，并且部分研究成果已直接转化为政府数据开放共享的具体举措，在实际应用中具有较大指导作用。国外的实践与研究对于我国政府数据开放共享的发展具有较多的借鉴和启示作用。

2.1.2 国内政府数据的开放共享

关于国内政府数据开放共享的研究，总体起步较晚，但近年的研究成果逐渐增多，主要集中在政府数据开放共享的相关概念界定、价值意义、实践探索、国外经验与平台建设等方面。

关于政府数据开放共享的相关概念，主要有政府信息公开、政府信息资源增值利用和政府数据开放三个。

第一，对于政府信息的定义，国务院于2007年1月17日通过自2008年5月1日起施行的《中华人民共和国政府信息公开条例》，其中明确界定“政府信息是指行政机关在履行职责过程中制作或者获取的，以一定形式记录、保存的信息”，而对于政府信息公开的定义存在不同的表述，典型的观点有四个：一是周健和赖茂生（2001）认为，政府信息公开是指行政机关通过公众便于接受的方式和途径公开其政务运作过程，公开有利于公众实现其权利的信息资源，允许用户通过查询、阅览、复制、下载、摘录、收听、观看等形式，依法享用各级政府部门所掌握的信息。二是刘恒（2004）认为，政府信息公开是指国家行政机关和法律、法规以及规章授权和委托的组织在行使国家行政管理职权的过程中，通过法定形式和程序，主动将政府信息向社会公众或依申请而向特定的个人或组织公开的制度。三是周晓英（2008）认为，政府信息公开应公开三方面的信息，政府存在状态的信息，政务运作过程的信息，政府运营和实施管理过程中采集、生成或转换而来的信息。这既有利于提高政府办事的透明度，强化社会监督机制，也有利于提高政府信息的再利用能力，充分发掘政府信息资源的价值。四是陈运雄和蔡梅娥（2008）认为，政府信息公开是行政机关和法律、法规授权的具有管理公共事务职能的组织将其在履行行政管理职能过程中制作或者获取的，以一定形式记录、保存的信息，通过法定形式和程序，主动向社会公众或依申请而向特定的个人或组织公开的法律制度。虽然上述政府信息公开的定义有所不同，但其内涵基本相似，笔者认为陈运雄和蔡梅娥给出的定义更加准确一些。

第二，对于政府信息资源增值利用的定义，相关的概念主要有三个：原光和王艺（2009）指出，政府信息资源增值利用是指政府机构从促进社会公益出发，运用某种手段使信息资源在运动过程中出现效用与价值的增长，使政府信息能够得到普遍和有效的利用。陈传夫和冉从敬（2010）认为，公共部门信息资源增值利用是指公共部门信息资源在履行公共服务的基本功能外，通过授权或者许可由公共部门以外的力量进行深度开发，产生增值效应，提供给社会使用。这种增值利用既可以是商业性开发，也可以是公益性开发。胡小明（2015）指出，政府数据增值服务是提高政府数据开放效益的可行之道，是政府数据开放的催化剂。在提高政府数据增值服务的效益时，政府一要降低公众利用政府数据的高门槛，二要开展信息服务企业的增值服务，三要建立支持自动化数据处理的数据网站，四要制定支持增值服务业繁荣的政策。三个概念对于信息资源的指向有不同的角度，陈传夫和冉从敬对涉及范围进行了扩展，胡小明对信息资源进行了集中，强调开放“数据”，特别是开放“原始数据”。三个概念对于增值利用的认识是一致的。笔者认为原光和王艺给出的定义更加符合政府信息资源增值利用的本义。

第三，对于政府数据开放的定义，相关的界定主要有四个：吴旻（2012）认为，数据开放是按照用户特定的需求和一定的互联网协议、规则、框架，对 Web 数据进行存储和组织，所利用的数据或来自不同的数据源，或是不同的数据类型，最终目标是实现信息在网络空间的开放、共享与重用，以寻求信息数据最大可能的无限获取与重用。周志峰和黄如花（2013）进一步指出，政府开放数据对于用户来说不具有私有性、免费并可再次使用，具有数据公开合法性、数据格式多样性、数据机器可读性的特征，数据服务为政府专门的一站式网站。迪莉娅（2014）认为政府数据开放的含义包含三方面的内容：一是对数据链开放，包含所有事实、数据、信息、知识、智慧所组成的数据，不是单一数据链上的某种元素，是整个集合数据；二是对所有数据和信息开放，包括政府和政府控制实体生产或委托产生的数据和信息；三是对原始数据开放，按照一定协议、规则、框架组织数据源。周军杰（2014）认为，政府数据开放是利用现代信息技术手段，主动将政府本身所拥有的不牵扯个人隐私和公共安全的数据免费开放给公众，政府数据开放应符合无使用限制、原始数据、可被机器或程序直接读取等要求。笔者认为，政府数据开放是指政府部门通过门户网站主动免费向社会公众提供所拥有的不涉及个人隐私、商业秘密和公共安全的无使用限制的机器可读的原始数据集，让社会公众各取所需，自行组合挖掘潜在价值的行为与状态。

综上可见，政府信息公开、政府信息资源增值利用、政府数据开放三者既存在承接与递进关系，也具有量和质的差异。政府信息公开是后两者的前提和基础，政府数据开放是前两者的发展和跃进，并在开放广度和深度上达到新的高度。

对于政府数据开放共享价值意义的研究，相关论述较多，涉及方面较广。过言之（2007）认为，政府数据开放有利于节约政府信息服务成本，提高政府工作效率，扩大政府信息服务范围，提高政府公众影响力，促进信息产业发展，促进信息增值。陈传夫和黄璇（2008）认为，政府等公共部门的信息资源蕴涵巨大的社会与经济价值，其增值开发可以促进国民经济发展，符合中国信息资源产业发展的需要。曹凌（2013）进一步指出，开放数据已是世界改革创新的发展趋势，并呼吁加快中国开放数据的步伐。顾磊和王艺（2014）认为，政府数据开放是一个新兴领域，是智慧城市建设的重要组成部分。政府数据开放与智慧城市建设的有机结合，既可以实现政府信息的高效公开和深层开发，又可以实现数据资源的便捷获取和对公众需求的有效引导，不仅能提高政府运转的效率和城市发展的智能化水平，还能大大提升政府对市民的服务水平。迪莉娅（2014）认为数据开放不仅能够保证公民的知情权，而且能让生产资料、生活数据自由地流动和全面应用起来，推动知识和网络经济的发展，促进我国经济增长由粗放型向精细型转型升级，还能提高政府工作的透明度和效率，促进社会创新。胡小明（2015）认为，从政府信息公开到政府数据开放符合信息化发展规律，也是历史发展的必然，窄带互联网推动了政府信息公开，而宽带互联网、云计算、物联网与大数据应用等催生了政府数据开放，特别是宽带互联网提供了更多的数据资源应用机会，使得政府数据能够得到及时更新和丰富。杜振华和茶洪旺（2016）认为，数据产业已经成为众多国家的战略产业，政府数据开放可以增加高质量数据的供给，降低应用创新成本，加速社会创新，提高政府社会治理的科学性，从而增加整个社会的福利。总之，政府数据开放共享的价值与意义十分宽泛，既有政治发展、政府治理、社会进步、经济增长等方面的推动作用，也有资源利用、产业升级、城市建设和科技创新等方面的促进效能，对于全面推进大众创业万众创新和实现创新发展战略有着十分重要的影响，能够催生更多的新产业、新业态和新模式，增添更多的经济发展新动能。

对于政府数据开放共享实践探索的研究，主要有法规建设、管理设计和机制构建三个方面。

在法规建设方面，谭必勇（2007）认为，信息公开是政府信息资源再利用的前提，中国需要完善政府信息公开制度，并制定政府信息资源再利用规章。原光和王艺（2009）指出，2008 年 5 月 1 日开始实施的《中华人民共和国政府信息公开条例》为政府信息资源再利用提供了法律支撑，但缺乏一个整体的信息资源归属、收集、管理、使用和费用预算的法律机制，缺少针对政府信息资源增值利用的具体政策或法规，应当尽快颁布《政府信息公开法》，并加大宣传和实施力度。邵熠星和王薇（2010）认为，虽然我国已颁布实施《中华人民共和国政府信息公开条例》，但没有信息公开申请、获取和救济等相关行为的配套法规予以保证。陈传夫等（2011）借鉴国际先进经验，建议中国制定《信息资源增值利用法》，并对规范信息资源增值利用的程序、保障、监督、救济、法律责任等方面提出了构想。刘莉（2011）认为，健全的政府信息资源法规应包括政府信息公开、知识产权保护、资源开发监督与问责等。岳丽欣和刘文云（2016）指出，2004 年颁布《关于加强信息资源开发利用工作的若干意见》为加快信息化建设提供了法律保障，2013 年国务院发布《当前政府信息公开重点工作安排》进一步加快政府信息公开的推进，2015 年国务院颁布《促进大数据发展行动纲要》为在 2018 年年底建成国家政府数据开放统一平台制定了明确的行动指南。可见，我国政府数据开放共享的法规建设处于起步和完善过程中，未来一定会形成一套完整的法律法规体系，为政府数据开放共享保驾护航。

在管理设计方面，丁光勋（2007）认为，政府信息受到政府工作透明度、安全保密和部门利益的影响，长期处于封闭或半封闭状态，造成大量政府信息资源闲置与浪费。牛琳琳和黄洁清（2007）认为，政府的自利性、信息保密、自然环境、公共政策等因素阻碍政府信息资源公共获取。陈能华和王晓敏

(2012) 提出，政府信息资源再利用在实际工作中遇到政府的自利性、官僚体制、保守文化等阻力。谢笑（2012）认为，应鼓励私营经济、非政府组织作为参与主体推动信息资源增值利用的发展。顾磊和王艺（2014）指出，政府数据开放的主要形式是“一站式”门户，应具有浏览、检索、定制、下载等功能，可采用元数据管理、关联数据技术、数据可视化技术、社交网络技术等技术拓展开放边界，从而减少管理和运维成本，方便数据获取，引发更多的革命性应用。沈亚平和许博雅（2014）认为，建立比较细致和方便公众互动的政府数据开放制度已经成为一种必然趋势，但是碎片化的管理和部门主义的蔓延严重影响了政府数据的开放。因此，首先政府要在管理体制方面改革机构设置，调整部门职能，包括设立管理机构、整合事业单位和建立首席信息官制度；其次，政府要在运行载体方面建立统一的政府数据开放平台，缩小公众与政府间的信息鸿沟，改善政府与公众之间信息不对称的状况，为公众行使知情权提供有力的技术支持和物质保障。霍娜（2014）认为，如何提高对数据利用的积极性，支持数据本身的敏感性、安全性和持续性以及最重要的政府数据公开的政策、立法、机制建立、孕育环境等是政府数据公开过程中的难点，政府应搭建数据开放平台，分级、分层、分类进行开放。高华丽和闫建（2015）认为，在推进政府大数据战略中受法律规范、体制保障、应用研究和干部认识等因素的制约，政府应大力弥补大数据立法空白，设立大数据常设机构，搭建大数据应用平台，培养和引进大数据人才，强化领导干部大数据思维。上述几项研究对政府数据开放管理设计层面做了深入的研究，而且相当全面，指出了我国目前面临的几项棘手的问题，如缺乏创新、相关法规缺失、领导干部意识薄弱、信息公开制度不完善等。因此，政府构建有利于政府数据开放共享的规范体系、实施体系、监督体系和保障体系十分重要。

在机制构建方面，魏吉华（2006）认为，政府信息资源开发利用应加强人才队伍建设，建立全国性的政府信息资源管理机构，包括信息资源委员会、信息资源管理专责机关、首席信息官等的设立。丁光勋（2007）认为，加强公务员信息意识和信息能力培养十分必要。原光和王艺（2009）建议指定相应机构负责受理投诉与复议请求，并对政府部门及其工作人员进行工作监督和绩效评估。陈传夫等（2011）建议通过建立许可证制度约束信息增值利用行为。陈能华和王晓敏（2012）对政府信息资源增值利用构想了保障、约束和激励三种机制。周大铭（2015）认为，我国政府数据开放保障机制的建立应从五个方面着手：第一，加强法律法规和标准规范建设；第二，推动政府数据资源开放共享；第三，提升政府数据开放管理水平；第四，提升数据安全保障能力；第五，加快协调推进数据应用。黄如花和李楠（2016）通过对国外政府数据开放许可协议的适用范围、许可条件和兼容性分析，发现知识共享许可协议与我国法律相适应，并且应用范围广、兼容性强，建议我国政府数据开放采用知识共享许可协议，从而促进政府数据开放。可见，我国构建政府数据开放共享的促进机制十分必要，能够有效解决政府数据不敢开放共享、不愿开放共享和开放共享不全面的问题。

对于国外经验与平台建设方面的研究，侯人华和徐少同（2011）从数据的特点、采集方式、管理策略、利用方式及优势五个方面，介绍了美国数据网站对开放数据资源进行管理与利用的方式、方法和水平。刘增明和贾一苇（2011）介绍了美国政府的一站式数据下载网站和一站式云计算服务门户，认为美国政府具有强化政府责任、以用户为中心、关注用户体验的理念。曹凌（2013）分析了在大数据背景下，欧盟开放数据战略的路线图、战略目标和保障框架，认为欧盟开放数据战略是借助大数据为动力支持社会创新、发展智能经济，以摆脱金融危机、增长就业、实现社会治理的战略。金琇（2013）认为，美国透明开放政府的实践的四个转变值得关注：从政府信息向全民信息转变，从被动公开向主动公开转变，从部分参与向全程全民参与转变，从行政政府向社会政府转变。周军杰（2014）指出，成功的数据开放平台具有三个明显特征：一是开放的数据集比较多，二是平台的功能设计比较完善，三是公众或商业机构积极参与。我国当前虽然开通了“中国政府公开信息整合服务平台”，但还算不上真正意义上的国家级政府数据开放平台，应建立统一的政府开放平台，并不断完善平台功能，提升用户体验，为民众提供高质量的数据。郑磊和高丰（2015）系统评估了我国各地政府数据开放实践，认为主要存在的问题是数据量少、价值低、可机读比例低、数据多为静态、数据授权协议条款含糊、缺乏便捷的数据获取渠道、缺乏高质量的数据应用、缺乏便捷及时有效公开的互动交流，应通过加强管理架构建设、制定相关政策与工作计划、提高领导支持力度、提升数据开放性与可机读比例、开放高价值数据、展现数据应用、规范数据更新周期、完善数据授权协议、降低数据获取与互动门槛等途径促进政府数据开放。陈涛和李明阳（2015）分析了武汉市政府数据开放平台建设的政策环境、建设目标、内容以及面临挑战，认为数据开放平台建设存在开放范围、数据质量、部门协调、公众接纳度等问题，建议分阶段、有选择、有层次地开放数据，同时注意数据规范与数据更新机制紧密结合，注意加强部门之间的协作，要紧抓用户需求，不断提升用户体验。可见，无论国外经验还是国内实践，平台建设均是政府数据开放共享的重要环节，需要多方努力切实实施才能取得良好绩效。

总体来看，国内政府数据开放方面的研究虽然在研究内容上还不够深入和全面，但研究主题已逐步形成，积累了较多的研究成果，并且政府的开放态度已经转化。正如李克强总理在2015年的全国两会上再次明确表态，政府掌握的数据要公开，除依法涉密的之外，数据要尽可能地公开，以便于云计算企业为社会服务，也为政府决策、监管服务。但是在政府部门领导干部的数据认识、社会公众的权利意识、政府数据开放共享的生态圈构建以及政府数据开放共享的整体性和系统性等方面还需要进行深入探讨和研究。

2.2 科学数据视角

科学数据是指科学研究过程中调查、计算、引用、计算的数据或结果，即人类社会在科技活动过程中所产生的基本数据以及按照不同的需求被加工成的数据产品或相关信息。科学数据开放共享是指国家通过规划和管理，通过法规政策的建设，将离散的数据整合集成，让政府部门、科研机构和社会民众能够便捷、广泛、有效地获取。在信息时代，科学数据作为人类社会最基本、影响最大的科技资源，具有重复利用的价值，具有巨大的科技发展推动能力、投资价值和增值潜力，能较好满足科技进步创新、社会发展、经济增长与国家安全等多方面的需求。在大数据背景下，科学数据被称为信息和知识的源泉，知识创新的发动机和思想库，推动社会发展的重要条件。随着信息技术的日益发展，科学数据的产生将会越来越多，其作用将会更加凸显，而国际科技竞争力将会越来越取决于数字化科学数据的规模，越来越取决于利用软件将科学数据转化为信息和知识的能力。因此，如何整理、开放、共享、管理和操作科学数据具有重要而深远的意义。

2.2.1 国外科学数据的开放共享

科学数据对科学研究和科技活动的影响巨大，因此受到国际组织和各国政府的高度重视。科学数据的开放共享最先在欧美的发达国家中进行实践探索，经过较长时间的发展后已经形成了比较完善的体系。美国是世界上对科学数据资源管理介入最早的国家，主要包括来自政府部门、商业部门以及大学与科研院所的科学数据，无论从数据库数目还是从数据量规模来看，美国的科学数据和数据库在世界上都占有绝对优势。

对于数据科学产生和发展的研究，随着科学数据的存储、管理和共享问题逐渐得到社会各界的关注，人们对数据科学的产生和发展也越来越关心。皮特（Peter Naur，1974）在其出版的《瑞典和美国计算机方法的简明调查》著作中指出，国际信息处理联合会在 1968 年召开了主题为“计算科学——数据和数据处理的科学以及它在教育中的地位”的年会，并在著作中大量使用“数据科学”的表述。此后，数据科学的相关会议、期刊和组织开始大量涌现，如 1996 年国际分类学会联合会在日本东京召开主题为“数据科学、分类和相关方法”的会议；2002 年 4 月《数据科学期刊》（Data Science Journal）创刊；2008 年 7 月，日本工业标准调查会发布题为《数据学家和数据管理者的技巧、角色和职业：当前实践与未来需求的评估》的报告。这些活动和探索使得科学数据与数据科学紧密结合在一起，相互促进，共同发展，既加快了科学数据保存、管理、共享、分析、再利用等方面的研究和实践，也加速了数据科学的产生与发展，并分化出一门新的学科——数据科学以及新的职业，如数据生产者、数据学家、数据管理者、数据馆员等。

对于科学数据开放共享动力的研究，开始于 20 世纪七八十年代，史蒂芬等（1985）分析了科学数据开放共享的益处，认为科学数据开放共享可以促进开放科学质询，增强对初始研究结果的证实、反驳或精炼，并且在现有研究结果基础上开展新研究，在政策的形成和发展中形成更合理的数据使用规定，改善测量和数据收集方法，发展理论知识和分析技术，鼓励多样化、多方位的观点，提供研究培训资源，防止错误数据以及营造科学研究与决策碰撞的氛围。史蒂芬（1994）认为科学数据开放共享有积极作用，能通过对文章相关的支撑数据或研究结果数据等进行验证，从而为证实科学研究是否存在错误和偏差提供验证途径。埃斯塔布鲁克斯和罗马（Estabrooks & Romyn，1995）认为，科学数据开放共享支持科学质询，方便证实研究结果的正确性和有效性，具有推动科学研究发展、避免重复浪费、促进科学研究合作等作用。罗克韦尔和埃伯利斯（Rockwell & Abeles，1998）认为，科学数据开放共享对研究机构来说，可以有效利用有限的资金，可以避免重复研究带来的资源浪费。希瑟等（2008）认为，通过科学数据的引用和对科学研究结果的证实，既可以提高与其他科学研究者和研究机构的合作概率，也可以提高作者和研究机构的知名度和声誉。人类基因项目（Human Genome Project，2009）的科学数据开放共享实践证明，快速的科学数据开放共享能为后续研究提供了便利。布林·纳尔逊（Bryn Nelson，2009）认为，科学数据开放共享可以使稀有数据得到长期有效保存，为孤立数据（Orphan Data）提供存储空间。

对于科学数据开放共享障碍的研究，史蒂芬（1994）对科学数据共享的耗费（Cost）进行了分析，认为科学数据开放共享的障碍包括技术难题、数据的描述和记录、对原始生产者的回报、后续研究者的花费、共享费用等方面。罗克韦尔和埃伯利斯（Rockwell & Abeles，1998）认为，科学数据开放共享可能对数据的错用、误用和错误诠释带来影响，甚至可能对数据原始调查者产生潜在危害。戴夫（Dave A Chokshi，2006）认为，科学数据在发布、共享和再利用等过程中涉及法律问题，可能会带来负面影响，并且涉及用户、调查对象和参与者的隐私以及其他的保密问题。古特马赫（Guttmacher，2009）认为，数据生产者的劳动回报，数据生产者的名誉保证，数据生产者的时间、人力和资金方面的花费以及科学数据的共享方式影响科学数据的开放共享，需要处理好的费用支出、提交时间、数据存储和数据管理等问题。

对于科学数据开放共享规范的研究和实践，经济合作与发展组织（1999）的全球科学论坛总结了大规模数据生产带来的营利性研发与公众要求的开放科学之间的关系以及科学数据共享的法律和政策框架，建议增强公共科学数据集的角色，提出在开放科学利用数据的同时允许商业研究再利用的弹性授权机制。澳大利亚政府在 2007 年便制定了《澳大利亚科学数据管理文件》，旨在规范本国研究所和科研机构的科研行为，与科学数据共享相关的内容分为科研责任和研究数据管理两部分，提供了学术界普遍可接受的全面框架，对科学数据共享提出明确要求。皮特·玛瑞等（Peter Murray Rust，et al.）4 位专家于 2009 年 7 月在英国剑桥潘顿街（Panton Street）共同起草了潘顿原则（Panton Principles），并于次年 2 月正式推出，旨在为科学数据的开放共享提供指导性原则。亨利·罗德里格兹等（Henry Rodriguez，et al.，2009）针对蛋白质组学数据共享的技术难题、基础设施难题以及政策挑战等障碍，提出了大规模科学数据共享的时间、综合、格式、存储于数据仓储、质量标准以及蛋白质组学数据的发布责任六条原则，从而形成了该领域内科学数据共享政策的基本框架。古特马赫（Guttmacher，2009）认为对科学数据提供共享时间限制是对数据生产者权力和利益的一种保护措施，通常应以 6～12 个月为时限。美国国立卫生研究院

NIH（2012）在资助政策声明的数据共享政策中规定：及时发布和共享被定义为数据集的发布不迟于主要研究发现所在的研究成果被期刊等接受的时间，每年直接开销在50万美元的调查研究需要在其应用中阐明数据共享问题。科学共享协会（Science Commons，2012）专门针对科学数据的开放获取问题发布了《实施科学数据开放存取协议》（Protocol for Implementing Open Access Data），从知识产权基础、范围、标记和元数据、数据开放存取原则、数据开放获取实施、数据库授权等方面对科学领域数据的共享进行规范。

可见，随着信息技术和科学科技的日益进步，国外对于科学数据开放与共享的重视程度日益增加，既对科学数据开放共享的动力和障碍进行了研究，又在政策法规制定、基础设施建设以及实施操作规程等方面进行了实践，取得了较好的科学数据开放共享成效。科学数据开放与共享在学科分布方面以大科学为主，主要分布在生物、医学、基因学、心理学、统计学、经济学等科学数据生产量较大并以数据作为科学研究基础和关键的学科领域。科学数据开放与共享在研究主题方面比较广泛，主要涵盖科学数据开放共享的动力和障碍、科学数据对科学研究的影响、参与主体的认知与实践之间的偏差、相关政策法规以及科学数据共享实现技术的研究与实践等方面。这些研究为研究人员、研究机构、研究合作提供了良好契机，有力促进了科学数据的开放共享。

2.2.2 国内科学数据的开放共享

我国对于科学数据开放共享相关的研究开展相对较晚，但近几年我国各领域已经意识到科学数据开放共享在科技创新中的战略性地位，不断加大了科学数据开放共享研究和投入的力度。

对于科学数据开放共享国际经验借鉴的研究，孙枢（2002）实地考察了美国相关政府部门、科研与教育单位、商业性数据公司的科学数据开发与共享管理，认为其基本经验主要有六方面：一是确立科学数据共享的战略地位，二是建立政府与私营科学数据共享的管理机制，三是建立国有数据共享管理的保障体系，四是加强科学数据共享的质量监管，五是建立科学数据共享的水平评价标准，六是科学家与政府紧密合作。傅小锋等（2007）认为，科学数据及其开放共享已经是21世纪科技发展的重要因素之一，同时也是国家保持科技竞争力的重要因素之一，在国际科学数据开放共享建设中，美国取得的成效最为显著，是世界上拥有科学数据最多的国家；日本政府从1992年开始大力加强科研数据库基础设施建设，并且构筑了全国统一的科研信息网络；英国瞄准大规模科学数据，是最早倡议E-Science工程的国家；德国联邦科学与研究部在2003年开始建设德国科学数据保存的专门网络和数据库；其他一些国家和研究机构也走在了前列，相继建立了自己的数据中心，这些探索均对我国科学数据开放共享有启迪作用。谢艳秋和钱鹏（2014）通过分析科学数据相关利益人（数据提供方、数据保管方、数据使用方）与科学数据共享领域的联系，认为随着科学数据开放与共享活动的持续进行，国际范围的科学数据开放共享局面已经基本形成，科学数据共享的氛围更加浓厚、科学数据共享的政策日臻完善、科学数据共享的汇聚质量更加高涨、数据共享的人才队伍更加强大。

对于科学数据开放共享国内实践问题的研究，黄鼎成（2003）从科技自身发展的特点、共享的逻辑起点、共享管理系统和法理基础等方面探讨了我国科学数据共享的理论基础，认为科学数据共享是由科技活动自身的特点决定的、资源属性是科学数据共享的逻辑起点、科学数据共享管理需要在法理基础上制定出一套完善的法律政策等。路鹏等（2007）通过基础调查和访问的方式对科学数据的现状、管理、共享、法规、政策等方面进行了考察，认为我国科学数据资源是我国长期投入所获得的社会财富，为科学研究和各项事业的发展提供了有力保障，虽然我国的科学数据产生的主体是国家财政性资金资助的科技活动，在科研工作中占有较大的比重，但从外系统获取数据的难度较大、科学数据的保管存在很大的隐患、部门中“用于生成数据”的重复投入较严重、科技计划项目费用多数用于获取原数据，其原因在于相关政策体制不完善、不重视科学数据收集储存等，使得跨行获取科学数据十分困难，因而建议国家对科学数据进行宏观管理与协调，并进一步建立完善相关政策与法规体系。杨兰（2014）认为，当今社会已经步入大数据时代，科学数据共享在科学研究、政府决策、产业发展上越来越重要。杨兰在分析科学数据共享的法规政策、数据资源、技术系统、理念意识、个人主观等制约因素的基础上，认为我国科学研究的投资力度虽然在不断加大，研究人员获取科学数据的能力在飞速发展，但是数据孤岛并未因此消退，仍然在急剧增长，数据共享问题十分突出，科学数据库大多仅仅局限于小群体使用，没有形成社会共享的局面。特别是国家项目产生的大量科学数据没有得到有效管理和利用，数据资源重复建设和巨大浪费现象十分严重。因此建议国家启动科学数据开放共享试点工程，全面建设科技条件平台，并创新“定、评、补”的机制。黄如花等（2014）认为，为了促进我国科学数据的共享与增值利用，可以从七个方面进行努力：一是要确立科学数据管理与共享的战略地位，二是要加大科学数据增值利用的力度，三是要加强科学数据管理的政策制度建设的力度，四是要出台科研项目的数据管理规定，五是要加大大学和科研院所科学数据管理的力度，六是要培养科学数据管理方面的相关人才，七是要转变图书馆在科研活动中担任的角色。白如江和冷伏海(2014)认为，随着信息与网络技术的发展，科学研究过程中产生出了大量的原生数字科学数据，其中整合集成科学数据、实现科学数据共享与互操作具有重要的意义，并详细论述了目前科学数据整合的主要理论与方法。

可见，我国科学数据的开放共享还处于探索发展阶段，需要在政策法规制定、平台搭建、方案落实和机制构建等方面继续努力。

2.3 社会科学数据视角

社会科学数据是科学数据的重要组成部分。在大数据背景下，社会科学数据是国家的一种战略资源，也是社会科学研究的基础，更是社会科学发展的驱动力。开放与共享社会科学数据，可以再现和验证社会科学研究过程与结果，提升研究成果质量；可以启发其他研究者利用现有数据提出新的研究问题，推动研究创新；可以促进社会科学研究成果为公众、企业、政府所用，充分发挥研究成果的潜在价值。目前，社会科学数据的开放与共享已引起国内外政府部门、社会科学研究与服务机构、高校及期刊出版社等的高度重视。相关研究主要集中在两大方面：一是政府部门的社会科学数据开放与共享，二是社会组织的社会科学数据开放与共享。

2.3.1 政府部门的开放共享

政府部门的社会科学数据开放共享是社会科学数据来源的主体和重点，相关的研究主要集中在政策法规制定、平台完善搭建和促进机制构建三个方面。

对于社会科学数据开放共享政策法规的制定，社会科学数据开放共享相关政策法规的制定与完善有利于保障科学数据共享的正常运行，从而在数据产生与交汇、数据保管与使用、数据开放共享监督、数据开放共享评估、数据开放共享保障等方面发挥重要作用。在国外，社会科学数据开放共享相关政策制定的参与主体广泛，公共资助机构的领导力很强，不同政策制定者之间基本能达成共识并相互合作，这使得相关政策的内容具体详尽，富有可操作性。欧盟委员会（2010）公布“2020战略”，认为要加强创新潜力，就应尽可能以最好方式使用资源，这些创新资源就是数据，开放数据将成为新的就业和经济增长的重要工具，法律和政策安排可以减少执行过程的障碍和不确定性，确保战略目标的实现。欧盟委员会（2013）发布《欧洲研究领域开放数据获取政策和策略》，发现开放数据相关法律和政策制定的作用显著。欧洲、巴西、加拿大、日本以及美国的政府、科研资助机构以及科研机构等均将科学数据作为开放存取的重要内容，并以政策形式保证公众可以自由获取数据资源。司莉和邢文明（2013）研究了美国、英国、澳大利亚三个国家的开放数据政策，认为相关政策主要由政府数据公开支持政策、科研机构数据公开指导政策和高校数据公开管理政策三部分组成，只有三者协调配合，才能更好加大社会科学数据开放共享的程度。谢艳秋和钱鹏（2014）分析了美国、英国、新西兰和澳大利亚等国的数据库建设问题，认为结合国家实际情况因地制宜构建数据开放与共享的法规政策体系十分重要。在国内，社会科学数据开放共享相关政策法规的制定处于探索阶段，主要在于学习借鉴国外的相关政策法规，专门的社会科学数据开放共享政策与法规很少。张英俊（2009）认为，我国科学数据应用与共享的立法滞后、科学数据管理的条块分割缺乏管理与协调、缺乏合适的科学技术共享平台、资金投入不足、缺乏国家的宏观管理与调控，造成这些问题的原因主要是科学数据共享观念淡薄、国家宏观管理与调控薄弱、经费支持较少、共享平台建设滞后以及共享服务相应的队伍和人才缺乏，我国应建立和完善科学数据共享的管理制度与法律政策，加强总体规划和组织管理，强化科学数据共享服务意识等，并以政策驱动为先导，健全政策保障机制、数据整合分级分类机制和技术保障机制。刘润达和彭洁（2010）认为，科学数据共享相关的政策法规是科学数据共享服务的基础，也是科学数据共享设施建设的依据，科学数据与公共信息有许多相似之处，许多的政策法规二者可以用的，应当借鉴《信息自由法》，围绕“开放”的主题，强调实施科学数据授权，做到保护与共享平衡。唐源和吴丹（2015）认为，医学科学数据也是一类典型的科学数据，我国政府应加快建立政府、医学机构等多层次数据共享政策，制定强制性汇交政策，加入科学数据知识产权保护的声明条款并建立科学数据共享激励政策。可见，政策法规制定是政府部门社会科学数据开放共享的决定性因素，但我国当前的政策法规建立还不够完善，存在许多需要明确的地方，应当充分发挥政府部门和公共资助机构的领导力，尽快制定并完善相关政策法规，构建多方共同参与相互协作的机制，确保社会科学数据开放共享的有效实施。

对于社会科学数据开放共享平台的搭建，完善的设施建设对于政府部门社会科学数据开放共享起着关键性作用，也是各国政府、社会和公众关注的焦点。在国外，社会组织的实践行动对于社会科学数据开放共享有领航作用。美国国立卫生研究院（NIH）于 2003 年 2 月发布《研究数据共享的最终声明》，其陈述目标便是推动数据访问和共享，并在此后出台的《数据共享政策和实施指南》中要求，一直将各项目类别中年度预算（直接成本）超过 50 万美元的各类项目在申请单中必须制订

“数据共享计划”，列出详细的公开共享项目数据。2007 年 3 月，英国科学与创新办公室（OSI）发布《发展英国科研与创新信息化基础设施》（Developing the UK's e-infrastructure for Science and Innovation）的研究报告，提出了科学数据资源的长期保存和共享规划，建议政府建立规模化的国家级科学数据中心，健全数据生产者、使用者和管理者的协调机制，形成强大的数据服务能力，让信息化基础设施能够鼓励公共部门和私营部门的合作以促进新技术的科研应用和知识转化，从而通过技术创新以获得最大化的投资回报。经济合作与发展组织（Organization for Economic Cooperation and Development）于 2007 年制定了《开放获取公共资助科学数据的原则和指南》，确定了开放、灵活、透明、遵守法律、知识产权保护、规范化职责、专业水准、互操作、质量、安全等开放科学数据的具体原则。国际科技数据委员会是全球最大的以数据为核心的跨学科综合性国际学术组织，在国际科学数据政策、数据科学前沿和数据科学家培养等方面最具影响力，该组织于 2010 年在南非举行的第 27 届国际科技数据委员会大会上倡导科技数据国际合作，并以共享为原则构建了国际交流的平台，以促进不同国家的合作，提高重要科技数据的质量、管理水平和共享程度。而政府对于社会科学数据开放共享的行动存在一定的滞后性，但政府在社会科学数据开放共享中起到的主体作用和产生的宏大效应是社会组织不可比拟的。美国政府在 2009 年建立了政府数据网站，提供原始数据集、地理空间数据集、数据集的元数据、数据集访问与数据集工具的指导说明、相关应用程序等，用户可以根据数据集建立应用、开展分析和研究。政府数据网站建立主要目标是改善美国公众访问联邦政府数据的条件，打破政府和公众之间的数据壁垒，拓展公众对政府数据的创造性使用。同年，英国政府建立了政府数据网站，提供中央政府部门、公共部门机构和地方当局的数据集，同时用户还可以在网站上申请获取未开放数据，开发应用程序接口 API。澳大利亚政府于 2010 年建立了政府数据网站，提供中央政府、州政府和区政府的公共数据集，公众可以下载开放数据，也可以使用开放数据入口网站的在线请求功能，或是通过实体书信申请获取未开放数据。澳大利亚政府数据网站的设立为公众查找、获取和再利用澳大利亚各级政府数据集提供一站式便捷服务。与之同时，对于社会科学数据开放共享平台的研究和评价也大量涌现。李娟等（2008）认为，科学数据的共享与开放已经受到外国政府与国际组织的高度重视，一些国家为此颁布了一系列法规以保障公众对社会科学数据的获取权利，同时还建立了研究机构、研究协会、基金会等科学数据的开放共享机制以补充和细化国家的政策法律。因此，李娟等建议我国应遵守国际共享原则、积极参与国际活动、合理借鉴各国管理经验、构建科学数据共享机制并制定完善的政策法规。王祎等（2013）研究了国际科学数据管理与共享的发展历程，比较了美国和欧洲科学数据管理与分享的优劣以及国际组织科学数据管理与共享的发展现状，认为科学数据的管理与共享是促进科技基础能力建设、提升科技创新、发挥科技资源整合的基础，是可持续发展的重要因素，作者在比较分析美国和欧洲在科学数据管理与共享优劣势的基础上，建议我国应制定切实可行的科学数据管理与共享政策法规保障体系，成立科学数据共享标准与技术规范委员会，建立科学数据管理的强制性运行机制，开展科学数据共享人才培训工作，开展平台市场化运行试点工作，这样才能促进我国科学数据的管理与共享。覃丹（2014）从管理方式、建设目标、经费来源、服务方式、管理政策、合作交流机构等方面分析了英国和美国一流高校构建的社会科学数据管理和共享平台，认为这些平台的建设能实现社会科学数据的管理和保存，实现社会科学数据的共享服务。

司莉和华小琴（2014）以国家科技基础条件平台为研究对象，从中选取8个涉及科学数据共享的平台，分别从科研效能、引用情况、服务统计等方面考察了各平台的服务效能及影响，认为各平台存在科研效能较低且差距较大、数据可获取性与引用率较低、平台注册用户较少、服务形式较单一等问题。汪俊（2015）从经济学基础和法理基础两方面分析了科学数据开放共享的内在逻辑机理，认为科学数据是大科学时代的重要战略性资源，加强科学数据共享是提升创新能力、提高科技投资效率的重要途径，并系统比较了美国NSF和NIH在科学数据共享的理念、内容和方式的差异，深度剖析了其在科学数据共享方面面临的困境。汪俊结合国家自然科学基金的科学数据共享实践对完善我国科学数据共享提出了对策建议：第一，应从制定政策和法律入手；第二，应保障投资者获得利益；第三，应对科学数据进行分类管理和系统集成；第四，应消除研究者对科学数据共享的担忧。张新兴（2016）认为，我国的科学数据开放共享平台已经建立了完善的管理机制，科学数据共享平台以数据源单位为主体，采取分布式系统构架整合海量科学数据，并利用元数据对科学数据进行全方位描述，向用户提供多种检索、资源组织、结果排序、数据获取等方式的数据服务、延伸服务与统计服务，用户数量逐年增加，为我国科技、经济、社会的发展做出了巨大贡献。但我国还应拓展和深化数据资源，加强服务能力建设，提高定制化服务水平。可见，建立完善有效的平台设施是推动社会科学数据开放共享必不可少的关键性因素，我国应借鉴国外先进平台设施的建设模式，建设适应国情发展的服务设施，特别应在政策法规制定、主导平台建设、行业标准规范、门户网站统一、关键技术提升、知识产权保护以及公益性与市场化服务结合等方面不断加强，从而构建起完善的社会科学数据资源开放共享体系。我国社会科学数据资源开放共享平台建设的起步并不晚。从 2006 年开始，国家自然科学基金会就先后开通和建设了“科学基金共享服务网”“南京大气中心”“西部数据中心”等科学数据开放共享平台，进行了多方面的探索与实践。国家统计局于 2013 年建立了国家数据网站，提供近 800 万笔月度、季度、年度数据以及地区数据、普查数据、国际数据，该库具备报表式快速查询、精准化查数、地图看数据、可视化图表体验等主要功能。同时，为更好地满足个性化需要，该网站还提供数据管理、报表管理、图表管理、便捷管理等功能，用户可以根据个人需要对数据进行管理甚至分享，建立属于自己的数据文件包。北京市经济和信息化委员会于 2012 年牵头建设了北京市政务数据资源网，旨在提供北京市政务部门可公开的各类数据的下载与服务，为企业和个人开展政务信息资源的社会化开发利用提供数据支撑，推动了信息资源增值服务业的发展以及相关数据分析与研究工作的开展。上海市人民政府办公厅、经济和信息化委员会于 2012 年牵头建设了上海市政府数据服务网，旨在向社会提供政府信息资源和公共社会资源的浏览、查询、下载等基本数据服务，同时汇聚发布基于政府信息资源开发的应用程序等增值服务。这些开放共享平台的建设和完善，有力推进了我国社会科学数据开放共享的进程。

对于社会科学数据开放共享促进机制的构建，相关研究持续取得进展。在制约因素研究方面，大多学者认为相关因素对于社会科学数据开放共享的模式与机制构建具有实质性的影响作用。陈军和王春卿（2003）认为，科学数据共享的基本要素主要是数据资源、共享技术、组织管理、共享规则与发展需求五个方面，他们之间相互关联、相互作用，在开放共享中会带来数据分类分级、密级评定、知识产权保护、违法处罚、共享部门补偿等一系列问题。李娟等（2009）认为，科学数据是一种国有数据，具有公益性和基础性的属性，其共享程度和使用效率目前在国内外所有数据中是最高的，一般分为事业性和商业化两种运行模式。科学数据共享活动已经成为一种普遍性的国际行动，在政策法规建设和共享实践两方面取得了实质性进展，形成了开放性、多样性和法律一致性的特点。但是我国的发展情况还不乐观，应积极主动开展共享活动，尽快建成自主创新的支撑体系。杨友清和陈雅（2014）认为，资源数据、知识产权、共享模式、共享管理机制、保密性管理机制是科学数据共享的五个基本要素，虽然中国创立的“国际科学数据服务平台”为获取科学数据提供了更为准确方便的方式，在数据资源、知识产权、数据申请、共享方式、浏览方式等方面具有特色，但是平台资源集中于少数领域，还有很大的发展空间。张静蓓等（2014）从制度因素、技术因素、个人因素三个方面分析了影响科研人员共享科学数据行为的因素以及这些因素与共享行为之间的关系，发现由于政策制定目的与内容的不唯一性、技术因素的复杂性以及个人因素的主观性，使得现有研究结果只能说明某一因素在特定条件下对研究人员数据共享行为所起到的作用，并不能明确总结出各个层面的因素到底是促进还是阻碍了科学数据的共享行为。张静蓓等认为，未来的研究方向应考虑用定性方法或者混合方法来调查研究人员的数据共享行为，通过更全面的理论基础构建数据共享行为影响因素模型，并将研究领域扩展到社会科学等其他学科或者跨学科的共享行为上。在开放模式与机制构建方面，大多学者认为基于开放目标的不同，采用的开放模式与机制不尽相同，但均为社会科学数据开放共享的发展提供了便捷高效的运行方式。刘闯（2004）认为，科学数据是信息时代中的一种特殊资源，科学数据的价值主要表现在其科学价值、经济价值以及社会价值三个方面上。其中，科学数据的经济学规律是科学数据共享的重要基础，我国科学数据共享工作中重要的环节是建立科学数据的强制性共享机制，科学数据队伍能够稳定存在的关键是建立科学数据共享鼓励机制，适度的奖励能够促进高质量科学数据共享成果的持续产生。王培正等（2010）认为，科学数据共享工程是一项长期工程，其主要解决的问题是如何有效地整合并且分享科研中产生的数据资源；基于完全开放数据库的共享方式、基于查询接口的共享方式、基于元数据的共享方式、基于 OGSA-DAI（开放网络服务架构数据访问与集成）数据集成的共享方式，能够有效解决科学数据共享中的问题，加快建设科学数据共享工程。左建安和陈雅（2013）认为，科学数据是科学研究中重要的成果，对于国家建设、民众生活和科学研究都具有重要意义，在大数据环境下，开放共享科学数据越来越重要。左建安和陈雅认为，政府应完善相关的法律政策并且协调好科学数据共享与知识产权保护的矛盾，采用国家政策驱动模式、企业发展带动模式、部门之间交换模式、国际组织参与模式，使得四种模式交叉渗透、相互影响、相互作用，从而驱动我国科学数据的开放共享。王晴（2014）认为，科学数据的开放与共享是实现知识增长的主要途径之一，我国的科学数据主要由政府部门负责产生和管理，并面向公益性目标开放与共享，应采用商业化和公益性相结合的运行模式，构建法规、政策、制度、技术、组织和服务的保障机制，并通过建立数据质量的控制和评估体系，设立数据管理教育和培训项目，完善科学数据共享法规的顶层设计并进行优化。可见，促进机制构建是政府部门社会科学数据开放共享的激励性因素，政府部门需要结合实情，采用科学有效的运行模式，构建多方协调的运行方式，才能更好地推动社会科学数据的开放共享。

2.3.2 社会组织的开放共享

在社会组织中，科学研究基金会、高等院校、研究院所、学术期刊、出版社、信息咨询与服务中心等社会机构也是社会科学数据的重要来源，这些机构是社会科学数据开放与共享的先行者和推动者。

科学研究基金会，特别是国家一级的科学研究基金会，在推动科学数据开放及共享方面具有引导作用。美国社会科学数据的开放与共享主要得益于两大基金会的直接努力和推动，美国国家人文基金会 NEH（National Endowment for the Humanities）于 2012 年提出了在大数据背景下的基于密集数据计算的人文社会科学研究，这需要来自图书期刊和报纸数据库以及来自网络搜索、传感器和手机记录交易的数据支撑，因而启动了“大数据的变化对人文社会科学的影响”项目；美国国家科学基金会 NSF（National Science Foundation）于 2012 年提出了“数据引用计划”（Data Citation），该计划的目标是为研究人员提供透明的、可持续使用和引用的科学（含部分人文社会科学）数据集，并在其《奖励和管理指南》（Award and Administration Guide）第四章就研究成果的传播和共享问题进行阐述，体现了美国联邦政府对基金资助研究数据的管理和可持续发展的重视。

高等院校是知识密集和人才聚集的地方，这里思想活跃，学术交流频繁，在科学数据开放与共享方面具有先驱作用。伦敦大学卫生与热带医学学院（London School of Hygiene and Tropical Medicine）为建立本校的科学数据管理与共享库，对包括英国癌症研究所、英国健康部、医学研究委员会等在内的 17 个机构提出了资助政策和要求，内容包括数据覆盖范围、数据管理计划要求、数据管理资金资助、数据滞留时间限制、数据共享要求、监督遵循等方面。张计龙（2013）对美国几所一流社会科学研究机构的社会科学数据开放共享从历史渊源、组织结构、运营模式、数据共享平台、在线分析软件、数据长期保存与监护、数据处理规范等方面进行了研究，认为美国已经拥有比较成熟的社会科学数据共享平台、在线分析软件和管理规范，加之研究机构十分重视科学数据的开放共享，几乎所有的科学数据经过保密隐私处理后都可从共享平台上获取，大大促进了美国社会科学研究的长期充分发展。完颜邓邓（2016）对澳大利亚多所高校的科学数据管理与共享政策进行了研究，认为相关政策制定是科学数据管理与共享的推动力量，因此建议我国各方推动力量应为政策制定创造有利条件。制定的政策内容应当完整全面，各项规定应具体明确，并且应当细化相关责任，明确各方职责。

研究院所、学术期刊、出版社是科学数据共享的先行者，大多要求提供原始科学数据或者规定将原始科学数据存入特定数据库进行共享。生物科学作者责任委员会（2003）发布题为《共享出版物相关数据和资料：生命科学的作者责任》的报告，认为学科领域的标准和规定是出版物相关资料、数据存储与共享的重要推动因素，出版物相关科学数据的共享是作者的责任。多伦多数据发布研讨会（2003）发布报告，认为出版前快速的数据共享能为后续研究提供更为便利的研究基础，同时从项目性质界定、资助机构、数据生产者、数据分析者和期刊编辑五个方面针对出版前快速的数据共享提出了建议。海瑟和温蒂（Heather & Wendy，2008）等对 70 种期刊的科学数据相关规定进行了统计分析，发现在作者指南中对出版物相关数据共享有要求的有 5 种，但要求有强弱之分，其中《细胞》《科学》《自然》等 23 种期刊对出版物相关数据共享有比较明确和严格的规定。Alsheikh-Ali 等（2011）对 2009 年发表原创研究成果的高引用率的 50 种期刊进行了分析，发现其中 44 种期刊在声明或指南中对作者有数据公共获取和共享方面的规定，有的要求共享全部数据，有的则只需提供相应数据。斯蒂芬妮和蒂姆（Stephanie OM Dyke & Tim JP Hubbard，2011）研究了惠康基金桑格研究所执行数据共享政策的过程及其遇到的挑战，认为研究机构数据共享方面存在数据管理、原则适用、促进系统建立、共享激励、研究合作等问题。

信息咨询与服务中心也是社会科学数据的重要来源，这些社会机构是社会科学数据开放与共享的重要推动者，其提供的开放交流平台对国家间科学数据的合作与共享起到了积极作用。目前，美国密西根大学 ICPSR、希腊社会数据银行（SDB）、澳大利亚国家数据服务中心（ANDS）以及我国的武汉大学社会科学数据平台、中国人民大学的中国调查与数据中心、复旦大学的社会科学数据研究中心、中国社会科学院的调查与数据信息中心等已在进行社会科学数据的收集、分析、共享及软件与平台开发等。其中，Thomson Reuters 公司（2012）在 Web of Knowledge 平台上推出的 Data Citation Index，收录了来自政府部门、研究与咨询机构、新闻传媒机构、高校、国际组织等的社会科据，也为科学及社会科学研究者发现与利用高质量数据提供了便利。目前，*Science*、*Nature* 等一批国际一流期刊现已要求投稿者在文章发表前首先将其原始数据在开放数据平台上公开。生物科学作者责任委员会 2003 年发布题为《共享出版物相关数据和资料：生命科学的作者责任》的报告，认为学科领域的标准和政策是出版物相关资料、数据存储和共享的重要推动因素，并指出与出版物相关的科学数据的共享是作者的责任。在出版物相关数据的共享实践方面，以 Dryad 数据仓储的实践较为典型，实行文章与科学数据的双重出版，作者在向期刊投稿的同时，向 Dryad 提交科学数据，通过元数据特定元素的规范，实现文章与科学数据的互联，其元数据工作被称为“最好实践”。数据图书馆（Data Library）源于20世纪60年代的美国，用以支持科研人员在科研活动中使用数据。除此以外，美国航空航天局（NASA）为目前正在实施的每个项目都制定了项目数据管理计划。美国农业部（USDA）的州际研究、教育和推广局（Cooperative State Research, Education and Extension Service, CSREES）要求所有受资助的研究数据必须没有限制地向公众开放。此外，其他一些规模相对较小的政府资助机构也有相应的数据管理政策，如美国疾病控制与预防中心（Centers for Disease Control and Prevention）制定了《CDC数据发布与共享政策》。

我国社会组织的社会科学数据开放共享相关研究近年逐渐开始增多。杜伟和张静（2013）分析认为，科学数据出版在我国还是一个崭新的领域，我国的科学数据出版和共享在实践中还存在重复生成、投入大、轻视科学数据出版和管理、科学数据流失严重、科学数据获取困难等问题，作者认为数据存储库是科学数据存储和获取的一种重要方式。袁曦临（2014）分析了E-science环境下学术规范的科学数据，认为科学数据共享对于学术研究具有夯实科学研究基础，驱动科学研究；促进学术规范，减少学术不端；减少科研成本，加快科学发现；完善科研活动流程，加强知识产权保护等作用，并且认为实现科学数据共享利用是可行的。因此，科研管理机构、科学出版机构和科研学术机构应从不同层面承担科学数据收集、存储归档以及共享利用的职能，为科研人员提供获取和利用数据的渠道。何琳和常颖聪（2014）认为，科研人员作为科学数据的生产者、使用者和管理者，是否积极倡导并参与数据共享将直接影响科学数据公开获取的进程和发展，作者通过建立科学数据共享意愿模型，研究了影响科研人员数据共享行为意愿的因素，结果显示态度、主观规范是直接影响因素，感知行为控制、感知风险、感知有用性为间接影响因素。因此何琳和常颖聪建议：相关部门应利用社群影响力，广泛宣传科学数据共享理念；科学数据共享应政策化，强调数据共享必要性；相关部门应建设科学数据共享管理方法法律体系，降低数据共享风险；相关部门应完善科学数据引用评价机制，提高数据共享增值效益。张计龙等（2015）通过对美洲、澳洲、欧洲的考察，认为欧美国家在社会科学数据开放与共享方面起步较早，主要有自建平台、开源软件和商业软件三种主流的科学数据共享平台，而国内开始重视并启动科学数据共享服务是在2000年之后，主要依靠国家科技基础条件平台设施的建设。邱春艳和黄如花（2016）通过追踪研究2013—2016年的世界重要政府机构、科学研究机构、出版社、图书馆、数据库商等在科学数据共享方面的重要战略决策、项目、报告和最新的动态消息，认为国际上不同领域的科学数据开放与共享已经开展了一系列共享项目，形成了跨界合作、多方参与、共同努力的局面。现在，越来越多的机构或组织投身于科学数据的开放与共享，积极推动本机构或领域的科学数据的存储、管理、共享和公共获取，无疑将为社会科学数据开放与共享的实践和发展注入更多更新的动力。

综上所述，虽然社会科学数据的开放与共享受到多种因素的制约，但是社会科学数据已经得到国外政府部门、科学研究基金会、高等院校、研究院所、学术期刊、出版社以及信息咨询与服务中心等社会机构的高度重视，并在政策法规制定、数据门户网站建设、数据中心成立、数据引文库建立、数据出版、开放共享模式与促进机制构建等方面取得了一些成就。国内社会科学数据的开放与共享已经起步，一些政府部门、高等院校及科研院所等已开始探索社会科学数据的开放与共享的方式方法与平台建设。四川省是我国重要的经济发展大省和社会科学研究大省，经长期积累，已经生成有数量巨大的社会科学数据资源，但还没有形成社会科学数据全面开放与共享的局面。为充分挖掘四川省社会科学数据资源的潜在价值，我们需要探索开放与共享的制度、方式和方法，形成有利于社会科学数据开放共享的长效机制，有力推进社会科学数据开放与共享的进程，充分发挥数据资源潜在的科学价值、经济价值与社会价值。

3 社会科学数据开放与共享的依据

数据是一种资源，它与石油、煤炭、矿产同等重要，甚至石油、煤炭、矿产的勘探、开采、运输、加工和销售等环节的进行无一不依赖数据资源。在信息时代，数据资源是的一种重要的非常规特殊资源，并且是现代社会十分重要的战略资源，对人类的社会、政治和经济发展有重要的驱动作用。社会科学数据作为数据资源的重要组成部分，具有资源的稀缺性和物品的公共性，对其进行开放与共享具备法理基础，符合经济学基本规律。

3.1 资源稀缺性理论

稀缺是经济物品的一个显著特征，是指经济物品有限可获得性的一种状态，不是指经济物品绝对数量的紧缺，而是同人们无限多样且不断增长需求之间进行比较而存在的相对不足。相对于人类无限的需求来说，任何资源都可能是稀缺的。资源的稀缺性被称为经济学第一定律，是所有经济学的出发点，目的就在于消耗最少的资源，取得最大的经济效果。如果资源不存在稀缺性，那人类面对的都是天堂，就不会有经济学问题。如果资源不存在选择或替代，那人类需要做的事情是不断改进和更新技术，也就不需要进行经济问题研究。之所以有“经济学四大恨”（东西不够用、生命太有限、人际不信任、社会不协调）的说法，更多的是在强调资源的稀缺性。

人类社会的发展离不开资源的支撑，但资源是稀缺的。资源的稀缺与其本身的绝对量大小无关，不是指某种资源不可再生或可以被耗尽，而是指在一定时期和空间范围内供给量相对于需求量存在不足。也就是说，稀缺资源有两个特性：一是数量少，稀有；二是需求多，珍贵。这可以从四个方面进行理解：第一，资源稀缺是相对的，相对于人类无限的需求和欲望来说，各种资源的数量都是有限的，并且还会有质量高低之分；第二，资源稀缺又是绝对的，资源在任何时期、任何社会、任何区域都是稀缺的，其供给量不论多么丰富，总是存在数量和质量限制，而人类的需求和欲望总是在不断增长，就连过去称为自由资源的阳光和空气在现在看来也已经不是“自由”取用的了；第三，资源稀缺存在区域差异，由于客观地理条件的不同，资源蕴藏量的分布总是不均衡的，稀缺程度相对于需求来说也是不一样的；第四，资源稀缺存在瞬变性，在特定的时期、区域或经济关系中，资源供给或需求强度的变化会使资源相对稀缺程度发生变化。总之，需求与供给的矛盾导致资源稀缺，并给人类生存和发展带来巨大压力，这就要求人类有效配置和利用资源，高效率地使用稀缺性资源。

科学技术是第一生产力，极大地推动了人类社会的进步。随着现代技术的发展和大数据时代的降临，科学技术研究对基础条件的要求越来越高，对科学数据资源的需求越来越多。但是资源是稀缺的，任何国家或团队都无法拥有和独享足够的科技资源，这就需要人们改变传统的思维方式和科研方式，通过共享资源的办法来减少科技资源的闲置，缓解科技资源供给的缺乏，提高科技资源利用的效率。社会科学数据是一种具有独特的直接价值、潜在价值和隐藏价值的资源。社会科学数据资源具有稀缺性，同样需要通过共享来充分挖掘它的科学价值、社会价值和经济价值。政府部门是大规模信息的原始采集者，收集、积累、掌控着大量社会科学数据。但是数据使用效率往往很低，应该通过社会科学数据资源的开放与共享，最大程度发挥出社会科学数据资源的内在价值，更好地满足人们的多样需求。

3.2 价值度量理论

价值度量理论从属于价值理论。价值理论是关于社会事物之间价值关系的运动与变化规律的科学，是人类科学理论体系的重要组成部分，也是社会科学的基础理论，决定社会科学的发展状况。价值规律是市场经济运行最基本最重要的规律，价值度量是价值规律的重要构成内容。人类的一切活动过程和所有社会关系在本质上都是一种价值关系。价值是效用和需求的乘积，是人类生存与发展的动力源泉。价值量是劳动价值、需求价值和效用价值的综合，通过价值度量工具衡量大小。

价值，泛指客体对于主体表现出来的积极意义和有用性。也就是说，事物的价值由事物本身的性能和主体的需要共同决定，其中主体的需要主导事物的价值。事物的价值一般都具有客观性和主体性。客观性是指事物对于主体的客观作用，不论主体是否认识到或如何认识的，事物的积极意义和有用性都是客观存在的。主体性是指事物价值的差异，即事物对于不同时间、地点的不同主体或同一主体具有不同的价值。在经济学中，物品的价值是其在开放和竞争的市场交易中通过货币衡量而表现出来的价格，即通常意义上的交换价值。价值与价格并不等同，价值主要取决于物品的需求，而不是物品的供给。在马克思主义政治经济学中，价值特指商品价值，用凝结在商品中无差别社会必要劳动时间的多少进行量化。综合来看，价值是反映事物作用的一种经济学量，同力、质量、时间、长度等基础量一样，用于对事物性能的一种量化，一般分为使用价值（直接使用价值、间接使用价值、选择价值）和非使用价值（准选择价值、存在价值）。

价值度量，是指对事物价值性状、大小的一种衡量和描述。任何一种事物均可从多个方面进行物理、化学、数学等不同角度的量化，如某物体的体积可用“升”来衡定，质量可用“千克”来衡定，热量可用“焦耳”来衡定等，即不同的方式度量事物的不同性质，适用于不同的科学或社会活动。对于事物价值的度量，经济学中主要有四种描述方法：一是对事物本身的效用价值进行量化，二是对事物的交换价值进行量化，三是对事物主体的使用价值进行量化，四是对事物形成的劳动价值进行量化。事物价值度量的基准尺度可用标准食物能量、贵重金属和法定货币等来进行衡量和描述。但是由于事物的主体、客体、介质多样，加之品质、特性复杂，因此事物的价值表现往往是不同的。

社会科学数据资源的价值主要表现在科学价值、经济价值和社会价值三个方面。在科学价值方面，社会科学数据已经是当代社会重要的一种非常规特殊资源，是进行科学研究工作的基本资料，并且对科学研究具有巨大的牵引作用，能促使人类探知更多的有用规律。在经济价值方面，世界的本质是数据，数据的直接或间接利用可为人类带来全新的创业方向、商业模式或投资机会，从而促进产业升级，提高工作效率，获得更高的经济效益。在社会价值方面，数据是人们获得新认识、创造新价值的源泉，数据的开放与共享不仅可以提高全民素质，增强社会稳定的途径，也是改变市场组织结构，改善政府公民关系的方法，其社会效应更是多种多样和潜移默化的。社会科学数据资源的使用没有排他性，其价值不止一个或某一方面，每个数据集的内部都隐藏着某些未被发掘的价值。社会科学数据的价值和用途是多方面的，不能简单用某一个指标或方式去衡量和描述。只有开放与共享社会科学数据，才会有力促进社会科学数据资源的直接价值、潜在价值甚至隐藏价值的发现，否则便是对社会科学数据资源的浪费。

3.3 投入产出理论

投入产出客观反映经济系统各个部分之间的相互依存关系，是现代管理的一种常用的数量经济评价方法，其理论基础是瓦尔拉斯的一般均衡理论[①]，通过产品平衡、价值构成等数学模型进行经济分析、政策模拟、计划论证和经济预测，使用常用投入产出比或投入产出率进行经济效果分析。投入产出比是投入与产出之间的函数和数量关系，是一种常用的静态的经济评价指标，反映投资的经济效果，用于判别经济可行性。其计算公

① 瓦尔拉斯的一般均衡理论是政府介入经济活动的主要理论基础之一。他认为，在整个经济体系处于均衡状态时，所有消费品和生产要素的价格将有一个确定的均衡值，它们的产出和供给将有一个确定的均衡量；在“完全竞争”的均衡条件下，出售一切生产要素的总收入和出售一切消费品的总收入必将相等；当出现“市场失败”时，政府应积极介入，通过微观经济规制和实际干预控制经济运行。在此基础上，美国经济学家瓦西里·列昂惕夫创立投入产出法，并因此获得第五届（1973 年）诺贝尔经济学奖。

式为：收益/投资×100%。在实际应用中常用“1∶N”的形式表达，即投入1个单位资金能产出多少单位资金，N值越大表示经济性越好。

社会科学数据资源的投入费用主要表现为数据的采集、存储、复制、开发等方面的人工和设备费用，其产出收益主要表现在科学研究成果、经济价值、社会效应等效果的总收入。数据资源在采集、存储、开发方面的费用昂贵，但是数据的复制费用非常廉价，并且数据可以被多次多样利用。在一般情况下，一个中等规模的数据库开发至少需要三年左右的时间，而复制只需要几分钟的时间，并且数据库的使用单价与用户数成反比。也就是说，复制是最省钱最省时间的一种好做法，让更多的人复制利用数据，不会增加太多的投入费用，相反能获得更多的收益，并且这种收益可能呈几何级数增长。因此，国家层面应有强制性的制度安排，促使收集、积累、掌控着大量数据的政府部门开放与共享数据资源，这是一种经济性做法，可以大大提高数据的使用效率，充分发挥出数据的潜在价值，有力推动科学技术和社会经济的创新发展。

3.4 主权在民理论

主权在民是指国家的一切权力都来自人民授权。主权在民的思想是人类文明进步的重大成果，也是当今世界各国宪法普遍确认的基本原则，我国在《中华人民共和国宪法》第2条中规定“一切权力属于人民”。这对于社会科学数据开放与共享来说便有了逻辑基础和内在要求。一是政府机关的公共管理权力来源于人民，人民有权了解充分信息用于行使选举权的判断；二是政府部门掌握的数据和信息产生于公共管理活动之中，涉及的资金来源于民众税收支持，本质上具有公共物品性质，应为民众所共有、共享与共用；三是政府部门拥有大量与民众利益息息相关的经济、管理、市场和服务等信息，对于企业和个人考察社会、分析市场，进而科学安排生产生活，合理配置资源具有重要参考和指导作用；四是信息公开的程度与获取途径，直接影响到公众参政议政的广度和深度，及时公开有关信息是促使和保证公众参与的先决条件，也是政府部门提高决策透明度、提升公众信任度的有效途径；五是信息公开是政府科学决策的有力保障条件，相关部门可以针对性收集意见和建议，获得民众有力的支持，避免不恰当决策引发怨言和损失；六是信息公开是保障公民权益的有效途径，也是防止权力腐败和不当行政的重要机制，既有利于强化民主监督，也有利于社会资源合理配置。

3.5　知情权理论

知情权是指公民或组织知悉、获取相关信息的自由与权利，即了解权或信息权。知情权作为一项基本的法律权利，也是政治民主化的一种必然要求与结果。知情权主要包括知政权、社会知情权、个人信息知情权三种权利，有广义知情权和狭义知情权之分。广义知情权既有公法权利属性，也有民事权利属性，是指公民或组织依法享有知悉、获取一切公开信息的权利以及不受妨碍获得法律不禁止信息的自由。狭义知情权是公法领域内的一项政治权利，仅指不受妨碍获得政府机关公开信息的自由与权利。通常意义上的知情权一般是指广义知情权。知情权作为一项宪法性基本权利，实质上是公民与公权之间关系的反映，是个人对于国家应该享有的权利，其含义主要表现在三方面：第一，存在公开信息是知情权行使的前提，作为社会事务管理者的政府机关掌握着大量的重要的公共信息，只要没有明文规定不予公开的，都应及时、真实、完整地向公众公开，让公众知晓，否则就是失职。第二，任何个人或组织不得干涉和妨碍公众自由获得信息，即公众在信息获取中拥有不受公权力干涉和妨碍的自由，也有向政府机关主张或请求公开有关信息的权利，这需要政府部门既不垄断信息，并对干涉和妨碍公众自由获得信息的非法行为进行禁止和制裁。第三，相关部门应为公众获取信息创造和改善技术支持与物质保障条件，缩小公众与政府间的信息鸿沟，鼓励民众高效获取政府公开信息，帮助民众便捷获取个人需求信息。在大数据时代，人类已经进入一个更高级的发展阶段，对于知情权的理解和要求又有新的发展：一是公民对知情权含义的认识在不断加深，不再满足笼统的政府信息公开，开始更多关注政府数据的开放范围、原始性、客观性、精细度以及准确度；二是公民可便捷借助分析工具与平台技术，收集和分析各类数据，形成自己的理解和发现，并可向政府部门质疑或问责。

3.6 法理基础

法理，不是成文法，是法律规范空隙的一种补充与参照。在中国，虽然目前对于社会科学数据资源的开放与共享没有专门的法规，但是具有法理基础，除主权在民理论和知情权理论是立论根基之外，《政府信息公开条例》是立身前导，并且政府信息公开已成为世界各国普遍推行的一项制度。政府部门是数据资源的最大生产者，在数据资源获取中处于特殊地位，其采集方式主要有三种：一可动用社会公共资源普查，二可运用公共财政或税收专项建设，三可强迫人们提供数据和信息，甚至不必加以说服或支付报酬。从投入费用来看，科技基础条件（含公共平台、政府数据等）的建设投入主要来源于公共财政和税收，属于典型的公共物品，应该面向社会公众开放，让其享受做出了贡献的成果。从项目建设目的来看，国家代表公民收集数据，既为国家战略目标也为社会公益需求服务，属于政府的职能物品，应该让社会公众共享其带来的好处。从数据使用情况看，作为公共资源的政府数据的使用效率很低，而数据的使用可以多次多样，专有性、排他性或竞争性限度不强，应该通过开放与共享促使使用效率最大化。因此，社会科学数据资源作为公共财政支出为主体的公共物品，具有面向社会公众开放与共享的法律基础，除危害国家安全或他人隐私权的数据之外，均应面向全社会公开，同时应采取适当的行政办法、调配不同的经济手段、提供有力的技术支撑，在更大范围内把分散的数据资源开放给社会公众访问，这是提高政府数据价值最好的办法。政府信息公开的数据应该是以可机读的标准形式展示，以便人们能够便捷获取、利用和处理，否则信息公开就是徒有虚名的噱头。

虽然社会科学数据资源的开放与共享具有法理基础，但在实际实现过程中还受到多种约束条件的限制。一是产权约束，知识产权保护是科学技术进步的基础，数据资源开放与共享需要注意知识产权保护，特别是数据使用方应注明数据来源，努力做到不侵权。二是利益约束，数据资源开放与共享需要打破原有利益格局，这需要协调好数据拥有方、使用方与相关方的利益，处理好共享与获益之间的关系。三是技术约束，数据资源开放与共享受限于技术条件，特别是仪器设备、网络技术等的进步直接影响数据的收集、存储和传输情况。四是安全约束，涉及国家安全或他人隐私权的数据，在开放与共享中必须遵循相关法规要求，合理进行界定。

4 社会科学数据开放与共享的国际经验

政府是数据资源最大的生产者和拥有者，对本国的数据资源掌握超过80%，这些政府数据资源中蕴含着巨大的经济和社会价值，公众对于数据获取与利用的呼声也越来越高。自美国2009年启动“开放政府”计划以来，目前已有60多个国家积极响应并开展政府数据开放。美国政府数据开放的尝试与探索工作对世界各国具有引领和示范作用，其实施政府开放政策增加政府资料透明度的目的是把数据与信息分享从政府部门之间扩大为政府部门与社会公众之间，通过社会公众广泛应用政府数据激发出更多的增值与创新。美国政府数据开放的政策法令与相关措施给世界其他国家带来了深刻的影响，纷纷密集出台政府数据开放与大数据研发支持的政策和法规，平衡数据开放与隐私保护，加快技术创新，应对产业变革，以保持领先优势。社会科学数据开放与共享以政府数据开放为主，其中美国、英国、加拿大、澳大利亚和新加坡等国家的开展情况较好，对我国和四川的社会科学数据开放具有借鉴和启示作用。

4.1 美国

美国是世界上政府数据开放的探路者，也是当今政府数据开放工作做得最好的国家之一，其较完善的法律法规和配套措施为政府数据开放打下了厚实的基础。美国政府数据开放制度的基石是主权在民理论和知情权理论，政府信息公开的保障基础是美国宪法中有关言论自由和新闻自由的条文。

4.1.1 政策与法规

美国政府在数据开放实施之前，美国政府首先在法律法规的制定方面做足了准备，出台了一系列与政府数据开放相关的法律、政策和文件，建立了较为完备的法律体系基础。美国政府信息公开的法律最早可追溯到1789年通过的《管家法》，该法对美国联邦政府的政务公开作了相关规定。此后，美国政府相继出台《联邦行政程序法》(1946)、《信息自由法》(1966)、《隐私权法》(1974)、《阳光下的政府法》(1976)，成为美国联邦政府信息公开、公众信息获取与公民隐私保护的重要法规，于2009年1月颁布《透明与开放政府备忘录》与《信息自由法案备忘录》，其开放政府的基本原则是“关注获取、开放平台、解构数据、通过用户反馈发展与改善、划分责任、快速整合以及采纳、评价并推动最佳实践”，并于同年12月开始实施《开放政府指令》，要求政府按照透明、参与、协同的原则在政府网站上发布更多数据库，创造并制度化政府公开文化，采用积极的公众互动技术，提高政府信息质量，让公众了解政府信息，促进公共对话；于2013年5月签署总统行政令，要求在保护隐私安全与机密前提下将数据公开纳入政府义务范围。美国政府数据开放的大规模行动始于1993年部署“信息高速公路”的高科技计划，此后相继建立美国联邦政府统计数据网站（1997）、美国政府支出信息网站（2007）、追踪经济刺激政策信息网站（2009）和美国政府大数据网站（2009），积极探索通过网站整合更好进行数据开放的途径。截至2014年年底，美国已有40个州、45个市县建立了自己的开放数据网站，并在美国政府大数据网站上发布了大量政府数据。此外，美国联邦政府还于2010年开展“我的大数据”系列主题活动①，2012年3月推出“大数据研究与开发计划”，提出“通过收集、处理庞大而复杂的数据信息，从中获得知识和洞见，提升能力，加快科学、工程领域的创新步伐，强化美国国土安全，转变教育和学习模式”，并在多方面推出一系列相关后续举措，史无前例地将政府数据信息向社会公众开放。

4.1.2 措施与行动

美国政府机关在数据开放政策执行中，除在网站、手机与其他因特网应用程序等不同平台媒介公布数据与信息外，同时注重数据质量、数据获取容易程度、数据实时性、数据使用性的改善，并有专属技术支持中心协助解决相关技术问题，保证政府机关在规定时段内公开持有的高价值数据。政府机关先向网站提交数据，网站管理员审核检查后再上传到网站中，并允许公众、开发者与政府机关可以互相协助建立数据集关联链接，以便使用者能更有效找到所需数据，并延伸寻找其他相关数据，同时鼓励公众使用政府开放数据，从而推广数据使用，增加数

① “我的大数据”系列主题活动含蓝纽扣计划（个人健康信息）、绿纽扣计划（家庭与企业能源使用信息）、创建副本计划（纳税记录）、我的学生数据计划（助学金申请信息）等。

据混搭增值。美国政府机关的开放数据大多为地理、环保、交通、农业、消费、教育、能源、企业、法律、艺术、旅游、金融、人口、商业、医疗等20个公共领域的数据集，既不涉及国家安全或其他相关机构单位所限制的保密数据，也没有数据用户使用限制，只规定用户在使用数据时须注明数据引自美国政府大数据网站，政府机关不仅可以使用，非营利团体、私营部门与社会公众也可以使用，并且一律免费取用。网站内容可根据相关性、热门程度、名称升降序、新增数据和更新时间进行排序和筛选，并允许公众通过社交网站进行分享。网站的数据来源有联邦政府、州政府、高校、非营利机构、商定组织等多种来源。除网站数据内容全面之外，还提供数据分析工具下载，便于公众进行不同格式的数据分析。在社会科学研究方面，美国国家科学基金会等多家国际研究基金会充分认识到了大数据对于社会及人文科学研究人员的意义，进行了多方面的努力和尝试，并于近年连续宣布启动“数据挖掘挑战”计划，大力激励人文社会科学的计算密集型研究从来促进创新。

美国政府数据的开放是从国家核心竞争力的战略高度来认识和推进，不仅推动了大数据技术的研发与应用，带动了数据服务业的发展，改善了民生服务的水平，还为消费者与企业创造了巨大价值。

4.2 英国

英国是欧盟的重要成员国，其开放数据处于世界领先地位。欧盟推动政府开放数据的原因主要在于政府数据开放能为政府和民众带来利益。欧盟认为信息数据的传播与共享是信息社会的基础，关系到维护公民获得信息和知识的权利，并且对政府的决策、民主制度和社会的发展起着重要的作用。英国在政府数据共享方面的研究和探索具有较大的影响力。

4.2.1 政策与法规

英国于2000年通过《信息自由法》，赋予了公民依法查询与获取自己感兴趣政府信息的基本权利，增设了政府部门主动公开出版、公布有关政府信息或元数据以及处理用户信息请求的责任。《信息自由法》的颁布打破了英国长期保守的传统，为英国科学数据共享提供了法律保障，奠定了英国政府在科学数据共享中强有力的作用，并营造了良好的社会环境。英国先后签署或实施了《欧洲议会和理事会关于数据库法律保护的指令96/9/EC》（1996）、《布加勒斯特宣言》[①]（2002）、《公共资助科学数据开放获取宣言》（2004）、《网络经济的未来：首尔宣言》（2008）、《开放政府宣言》（2011）、《开放数据宪章》[②]（2013）等，并在行动计划中承诺：第一，国家发布高值数据集；第二，国家确保所有数据集都通过国家数据门户网站进行发布；第三，国家通过与社会、机构、公众沟通来明确优先公布的数据集；第四，国家通过分享经验和工具来支持国内外的开放数据创新者；第五，国家制定开放数据战略；第六，国家

---

① 宣言的标题：迈向信息社会——原则、战略和优先行动。宣言的主题：科学数据共享的指导思想。

② 开放数据宪章由美、英、法、德、意、加、日、俄8国领导人于2013年6月17日至18日在英国北爱尔兰厄恩湖举行的八国峰会签署，主要包括开放数据的5大原则（开放数据为默认规则、为激励创新发布数据、为改善治理发布数据、注重质量和数量、让所有人都可用）、14个重点开放领域（公司、犯罪与司法、地球观测、教育、能源与环境、财政与合同、地理空间、全球发展、政府问责与民主、健康、科学与研究、统计、社会流动性与福利、交通运输与基础设施）和3项共同行动（发布国家行动计划并报告年度进展、发布高价值数据、元数据映射）。

建立统一的国家级政府数据中心。这些承诺将进一步强化英国政府责任，提升治理能力，有效预防腐败，还可以提高政府资金支出的效率，为大众提供更多更好的服务选择。

4.2.2 措施与行动

在数据开放实施过程方面，英国政府于 2009 年 6 月正式启动“让公共数据公开”的倡导计划，于同年 12 月发布“第一前线：更聪明的政府”，在报告中提出政府应从根本上促进透明度，开放和发布数据与公共信息，让它们被自由重用，并于 2010 年 1 月投入使用公共数据开放的统一门户平台网站，用于公开公共领域的数据集。其数据来源有两种：一是公共部门，公共部门可直接向网站提交数据；二是民众和民间机构，民众和民间机构需要申请账户，才可上传数据。英国进行的政府数据开放与美国有所不同，其目的在于让民众了解政府，同时听取民众的想法与意见。因此数据开放领域主要为政府机关经费、部门人员、政务处理、商业计划、健康、交通、环保、社区、商务、教育 10 大主题的民生数据集。网站数据一律免费取用，并在网站上设置专区提供数据服务，了解数据增值开发情况。在英国，大数据不仅是战略口号，更是落实在行动上，2013 年投入 1.89 亿英镑发展大数据技术，2014 年投入 7 300 万英镑进行大数据技术开发，目前已有 55 个政府数据分析项目。随着政府投入的不断增加，英国的高校大数据研究中心越来越多，商业运作成果不断涌现，新型商业模式广泛应用，创造了新的科技领先领域和经济增长点，也带动了英国经济的发展。英国政府十分重视数据开放工作，要求各部门及时制定政府数据开放战略，形成具体的数据应用行动计划，并定期汇报工作的进展情况，此举措保证了网站的数据能得到各级部门及时的更新和维护，使得其最初公开的民生数据量是美国同类数据的三倍，也使得英国政府的数据开放走在世界前列。

英国的政府部门有各种法律规范数据管理，对于政府部门的数据管理有明确详细的要求和规范，并规定了政府部门和工作人员保存和展示资料的义务。但英国政府部门对于科学数据管理相对松散，没有制定专门的数据管理与共享政策和法规，但多数科研资助者、研究机构、研究理事会和大学等对科学数据管理、存储和共享有非常明确的要求。

4.3 加拿大

加拿大是开放数据世界排名居于前列的国家，赋予公民无限制使用政府数据信息的权利，鼓励开发开放数据的价值，其开放数据的资源准备、计划部署、行动执行及影响力处于世界领先水平。

4.3.1 政策与法规

加拿大 1983 年颁布的《信息获取法》规定政府信息公开与利用义务，是首个通过法律进行开放政府建设的国家。加拿大先后颁布或制定了《隐私法》（1983）、《主动公开政策》（2003）、《联邦问责法》（2006）、《开放政府动议》（2011），定期总结用户申请获取信息情况的规定（2012），并于 2013 年与其他的 G8[①] 成员国共同签署了《开放数据宪章》，于 2014 年发布了《开放数据宪章——加拿大行动计划》。这些法规与政策的

① G8 为八国集团的简称，于 1997 年正式成立，其前身是 1975 年始创的六国集团。八国集团首脑会议（Group of 8 Summit Meeting，G8 峰会）是研究经济形势、协调政策的首脑会议，其成员为美国、英国、法国、德国、意大利、日本、加拿大和俄罗斯。

相继出台，要求政府部门按月在网站上公布已完成的用户信息获取申请的总结报告，允许加拿大公民与议会问责政府及公共部门人员，既保证了开放数据得以利用与开发，保护了相关主体的权益，也加强了政府的监督力度，提高了政府运行的透明度。

4.3.2 措施与行动

加拿大政府于2011年3月18日宣布开放政府动议目标，把开放数据纳入开放政府建设的三大重点项目①之一，并于2011年启动试点项目，开始加大开放数据的门户网站建设力度，不断提升部门发布数据的标准化水平，不断提高可用数据集的数量，逐步推进开放政府建设的进程。加拿大政府的开放政府动议将开放数据定义为对公民、政府、非营利和私人组织提供可用的机读格式的原始数据，以实现数据的创新与增值利用。加拿大政府于2014年再次发布开放政府行动计划，把开放数据门户网站建设和政府数据资源开放作为两个主要实现目标，一是建设数据开放门户网站，引入了更多通讯与信息技术的新成果，优化网页布局与功能，更加注重用户体验；二是开展政府数据资源开放工作，特别在数据质量方面更加注重数据的完整性、时效性、重要性和机器可读性等，目的在于让用户可以更加简易获取数据，并且能便捷利用数据。目前门户网站提供的数据皆为公共部门数据，包括农业、经济、教育、艺术、政务、健康、法律等领域，其内容要求不侵犯个人隐私、不涉及国家安全。网站注重与社会组织及公众的互动，设有专门的互动页面了解用户需求和数据增值利用成效，用户可以上传开放数据利用成果，也可以要求开放未开放的数据。用户在网站中一律免

---

① 三大重点包括开放信息、开放数据与开放对话。

费取用数据。例如，加拿大档案部门实施全网络、全搜索、全球化的开放数据策略，用户对档案信息资源的获取可以不局限于档案实体查阅窗口或档案门户网站，可以通过谷歌等常用搜索引擎便捷检索并免费获取所需档案信息，这使得档案价值得以更大程度实现。

加拿大政府推行数据开放，促使政府数据得到了非商业和商业的有效使用，促进了民众对政府事务的了解与参与，助推了科学创新研究，提升了经济发展水平。

4.4 澳大利亚

澳大利亚政府特别注重大数据公共服务，将大数据作为重要生产要素提升为国家战略高度，希望通过大数据分析系统有效帮助政策部门决策，提升公共服务质量，增加服务种类，获取公众对政府管理的信任，并为公共服务领域带来更多的变革。

4.4.1 政策与法规

澳大利亚政府于 1982 年颁布《信息自由法》，赋予了公民和社团获取政府信息的权利，增加了联邦政府机关提供政府信息的义务。2010 年 5 月，联邦议会通过《信息自由改革法修正案 2010》和《信息专员法案 2010》，为促进开放政府和透明政策奠定法律基础，并于当年 7 月发布“开放政府宣言”（Open Government Declaration），要求各级政府机关检视所持有的数据，探讨信息开放的方式，明确信息开放的内容，并陆续颁布政府开放信息原则等政策，鼓励政府机关开放信息给公众使用，以增加政府的透明度。澳大利亚政府于 2012 年颁布《隐私修正法》[1]，其详细系统的规定要求政府部门和社会公众在数据开放和数据利用中都必须注意保护个人隐私和公共安全，提高国民隐私保护的力度，这是世界其他国家目前在政府数据开放中都还没有完全解决的问题。2013 年 8 月，澳大利亚政府信息管理办公室发布《公共服务大数据战略》，与美国的《大数据研究和发展倡议》相比，定位更准确，目标更明确，政策更具体，可操作性更强。澳大利亚政府希望此战略与其他政策和技术配合，能增加服务种类，提升公共服务质量，在大数据分析上能有更高效率。

4.4.2 措施与行动

澳大利亚政府于 2009 年 6 月成立 Gov2.0 工作组，旨在通过广泛获取公共部门信息促进政府资源透明、创新与增值，扩大政府开放程度。澳大利亚政府开展开放政府行动以来，建有开放数据的专门网站，要求所有公共部门确保各自发布的信息能从该门户获取，2013 年宣布将门户网站移至 CKAN 平台。澳大利亚政府的开放数据需要经过必要的个人隐私和国家安全审查，符合相关法律的限制和要求，同时订立导引方法辅助政府机关评估开放数据的质量，让用户了解如何恰当运用开放数据，并要求政府机关持有数据优先开放给其他政府机关用于行政决策，鼓励政府机关积极响应公众对数据与信息的请求，优先开放对商业与研究有高价值的数据。澳大利亚政府的开放数据几乎遍及所有领域，但涉密的除外，如交通、通信、环境、商业、地理、统计、科研等，这表明澳大利亚政府深刻认识到了数据开放的重要性，并向全面数据开放策略迈进。澳大利亚开放数据

① 澳大利亚《隐私法》于 1988 年首次颁布。

的取用是免费的，并且没有下载限制，所有用户均可不受限制地下载开放数据进行创新增值使用。澳大利亚政府还于2013年2月成立大数据工作组，大数据工作组是多机构合作的工作组，多部门统筹规划，共同制定大数据相关指南，确保更加便利和高效完成项目，并在《公共服务大数据战略》出台后，开展了一系列大数据的试点项目，对大数据工作组和澳大利亚政府数据分析重点科研中心提供支撑。

澳大利亚把大数据发展提升到国家战略高度，并配套相关立法，由政府牵头组建多部门协作的大数据工作小组，这有利于相关工作的开展和监督，有利于推动技术创新，有利于促进数据开放，更能有力推进各产业的发展。

4.5 新加坡

新加坡政府在政府数据开放和大数据发展中起到了关键性作用，抓住了大数据发展的五大关键要素：基础设施、产业链、人才、技术和立法，做了企业想做但又做不到的事情。新加坡在“全球IT网络化”方面的工作无疑是出色的，是世界网速最快的国家之一，也是全球十大高速网络架构之一，承载了东南亚地区超过50%的商业数据及中立运营商数据的托管与储存，是亚洲最好的、世界上仅次于美国的第三方数据储存中心。

4.5.1 政策与法规

新加坡是一个1965年才从马来西亚独立出来的岛国，其在政治家和公务员遴选方面建立了一套行之有效的任人唯贤的用人制度框架，这对于开放政府和开放数据的发展有重要推动作用。新加坡政府数据开放的相关法令规范主要表现在四方面：

一是政府机关有数据开放的义务和职能，必须为社会公众提供开放数据，对数据的可靠性、正确性、精准性、实时性和适用性没有硬性要求，也不保证开放数据绝对无误，更不承担开放数据造成的直接或间接损害与损失的责任；二是用户必须在政府开放数据网站注册后，才能使用政府开放数据进行商业增值开发利用；三是政府机关有权随时终止供给某开放数据，并要求用户停止使用开放数据，或要求用户在相关网站或应用程序中移除该开放数据；四是新加坡于 2012 年出台《个人信息保护法及个人隐私权法令》，为政府数据开放提供强力法律保障，既规范了数据安全和隐私问题，防范了政府开放数据滥用行为，也有利于推动大数据的发展。

4.5.2 措施与行动

新加坡自然资源极其匮乏，其把数据当作一种资源，把数据视为一种未来流通的货币，希望通过打造全球数据管理中心把数据的潜在价值转化为实实在在的商业利润。一直以来，新加坡在信息技术发展和应用方面都处于世界领先位置，新加坡政府的电子政务也是世界上发展最好的国家之一。新加坡从 2006 年开始实施“智能国 2015”的十年发展规划，希望把整个国家建设成以信息驱动的智能化国度和全球化都市。新加坡于 2009 年投入 10 亿新币用于全国新一代宽带网络的基础设施建设，并在中央商圈和中心住宅区等人流密集区域实施“无线@新加坡”项目，任何人都可以免费接入 1Mbps 的无线网络上网。新加坡于 2010 年正式启用新一代全国宽带网络，为全国用户提供覆盖面广、价格适中、速度超快的高速宽带。新加坡于 2011 年 6 月启用数据开放门户网站，把它作为全国统一的政府数据开放的平台，并在平台上举办各种活动，激励公众对政府开放数据进行利用和创新。2014 年，新加坡提出“智慧国计划”，希望从国家战略高度促进全国整个产业发展。新加坡在政府数据开放方面扮演的角色是多重的。例如，土地管理局开放电子地图为企业提供基于位置服务的应用软件，陆路交通管理局开放交通数据鼓励企业或个人开发提升公共交通效率的应用软件，环境局开放环境数据鼓励企业研究降雨量收取或疾病暴发预测。同时，新加坡政府鼓励企业设立数据分析中心。例如，因新加坡基础设施建设好、教育水平高、技术水平强、质量管控紧、地理位置优而选择新加坡作为工厂的英国劳斯莱斯公司与新加坡科技研究局下设的高性能计算研究院于2011年合作建立“计算工程实验室”，进行智能数据分析研究。新加坡政府鼓励大学进行数据挖掘和分析。例如，2012年，新加坡管理大学推出“Livelabs”创新平台，旨在增强新加坡在消费者和社会行为领域的数据分析能力。新加坡政府数据开放主要集中在与民生相关的经济信息、人口统计、气候气象、公共交通、医疗卫生、信息安全、社区治理、环境保护和政府管理等领域。新加坡政府开放数据网站的数据集主要根据主题、机构进行数据分类，可以通过来源机构、类目、发布时间、升级时间、时间跨度、升级频率、链接等元数据描述进行查询下载。新加坡政府开放数据的使用大多是免费的，允许用户对政府开放数据使用提出创新看法或建议，但要求用户在使用政府开放数据时注明出处。

新加坡的政府是一级政府建制，政府部门的执行力较强，能够使用政府主导型的牵引发展模式，这与其他国家基于企业创新的模式有所不同。新加坡政府在许多领域广泛利用大数据技术的实践经验特别值得我国“智慧城市”建设借鉴。

4.6 总结与启示

政府数据开放共享是政府部门对于大数据发展最有力的支持。通过对美国、英国、加拿大、澳大利亚和新加坡的政府数据开放的观察可知，政府是大数据发展的关键角色，各国政府对数据开放均制定了较全面的政策法规，建立了统一的政府开放数据网站，不仅主动开放了大量原始数据集，配置了数据开发接口，提供了数据分析技术和工具，还鼓励社会公众参与数据开放和数据应用创新，允许社会公众申请需要的数据，开放领域大多为涉及民生的社会科学数据，开放数据为非机密与非隐私数据。各国政府数据开放的特点有四个：一是联合行动，迅速推广；二是主动承诺，逐步开放；三是统一门户，主推数据集；四是围绕民生，关注需求。各国政府对所持有数据和信息均有公众财产观念，既对政府机关工作人员有数据开放职能要求，对政府数据开放的工作情况有检查和监督的配套举措，甚至用奖励措施来促进数据开放推动大数据利用，其数据开放与共享的目的在于增加政府的透明度，鼓励公众对政府开放数据再次利用与增值创新，从而抓住大数据带来的发展机遇。各国政府数据开放的内容大多围绕公众的主要需求，包括天气、就业、教育、食品、物价、安全、住房、健康、交通、经济等公众比较关注的民生数据。除政府数据开放之外，欧洲联盟（EU）、经济合作与发展组织（OECD）、联合国（UN）、世界银行（WB）等国际组织也纷纷加入到了开放数据运动，建立了自己的数据开放门户网站。

国外政府数据开放对我国的启示主要有三方面：一是完善相关法规，为数据开放保驾护航。相关法规不仅是政府数据开放的依据，更是政府数据开放工作强制推进的有力支持和保障，也只有制定完善的法律法规，赋予政府部门在数据开放中应有的权利和必须履行的义务，明确政府工作人员的职能，才能为政府数据开放奠定良好的基础。二是制定切实可行的数据开放政策。政府数据开放的相关政策既是政府部门和工作人员实施数据开放工作的依据，也是政府部门和工作人员最好的行动目标与指南，特别是在顶层设计上形成长远的战略规划，十分有利于各地方政府与各部门制定相应的具体实施计划，从而有效集中资源，高效实现数据开放的国家战略。三是设立牵头部门，推动数据开放的实施。牵头部门依照相关的政策法规开展工作，制定政府数据开放流程和计划，建立统一的开放数据平台，审查上传数据的合法性，并检查监督政府机关数据开放的实行情况。这样，凭借我国政治体制的优势，定能快速提高政府数据开放的效率和效益，有力确保社会公众自由获取和使用开放数据，创新发掘出更多更好的社会经济价值，为中国的产业升级、社会转型和改革创新奠定坚实的基础。

5 社会科学数据开放与共享的国内实践

科学数据共享是科学技术可持续发展的基础性推动力。西方主要发达国家已经将科学数据共享作为国家战略予以推行。近几年来，我国开始关注和重视科学数据共享工作，无论是国家层面还是地方各省市区，无论是政策文件制定还是法律法规出台，各方均为推动科学数据开放与共享做出了积极努力，特别在政务信息公开和科技基础条件平台建设方面取得了可喜的进展。

5.1 国家宏观政策法规开启数据开放大门

国家的宏观政策与法规是科学数据整合与共享服务的基础，也是科学数据共享设施建设的依据。对于公共政策法律法规的制定，国家层面是主体。在法律颁布方面，数据共享相关的法令、条例、规则及章程是科学数据领域开放的基本准则，我国对于科学数据开放与共享相关的法规建设工作开始于 1988 年 9 月，并相继出台了《中华人民共和国著作权法》《中华人民共和国专利法》《中华人民共和国档案法》等法律（见表 5-1）。

表 5-1　　国家层面科学数据开放与共享相关的政策法规（部分）

编号	名称	颁发时间	颁发部门
1	《中华人民共和国保守国家秘密法》	1988 年 9 月 5 日	人大常委会
2	《中华人民共和国专利法》	1984 年 3 月 12 日	人大常委会
3	《中华人民共和国著作权法》	1990 年 9 月 7 日	人大常委会
4	《中华人民共和国促进科技成果转化法》	1996 年 5 月 15 日	人大常委会
5	《中华人民共和国档案法》	1996 年 7 月 5 日	人大常委会
6	《中华人民共和国科学技术普及法》	2002 年 6 月 29 日	人大常委会
7	《中华人民共和国科学技术进步法》	2007 年 12 月 29 日	人大常委会
8	《2004—2010 年国家科技基础条件平台建设纲要》	2004 年 7 月 3 日	国务院办公厅
9	《教育部科技基础资源数据平台建设管理办法》	2005 年 6 月 8 日	教育部
10	《国家中长期科学和技术发展规划纲要（2006—2020 年）》	2005 年 12 月 31 日	国务院
11	实施《国家中长期科学和技术发展规划纲要（2006—2020 年）》若干配套政策	2006 年 2 月 7 日	国务院
12	《信息网络传播权保护条例》	2006 年 5 月 18 日	国务院

表5-1(续)

编号	名称	颁发时间	颁发部门
13	《关于进一步推动科研基地和科研基础设施向企业及社会开放的若干意见》	2006 年 12 月 31 日	科技部
14	《国家重点基础研究发展计划资源环境领域项目数据汇交暂行办法》	2008 年 3 月 20 日	科技部
15	《中华人民共和国政府信息公开条例》	2007 年 4 月 5 日	国务院
16	《关于做好政府信息依申请公开工作的意见》	2010 年 1 月 12 日	国务院办公厅
17	《关于深化政务公开加强政务服务的意见》	2011 年 6 月 8 日	中共中央办公厅 国务院办公厅
18	《关于进一步加强政府信息公开回应社会关切提升政府公信力的意见》	2013 年 10 月 1 日	国务院办公厅
19	《关于加强政府网站信息内容建设的意见》	2014 年 11 月 17 日	国务院办公厅
20	《企业信息公示暂行条例》	2014 年 8 月 7 日	国务院

资料来源：人大常委会官网（http://www.npc.gov.cn）、国务院官网（http://www.gov.cn）、科技部官网（http://www.most.gov.cn）、教育部官网（http://www.moe.gov.cn）。

在政策研究方面，我国主要围绕政府信息公开展开，其中科学数据共享相关的政策是中央政府为实现数据共享目标而制定的行为原则，并且中共中央办公厅和国务院办公厅于2004年12月联合出台《关于加强信息资源开发利用工作的若干意见》的文件，明确要求各级党委和政府必须担负起加强信息资源开发利用工作的重要责任，于2007年4月颁布《中华人民共和国政府信息公开条例》，推行政府信息公开，具体落实信息资源开发利用工作。在平台搭建方面，2004年7月我国发布《2004—2010年国家科技基础条件平台建设纲要》，明确提出了具体的行动步骤，搭建了国家科技基础条件平台建设的框架，打破了科技资源封闭局面，推动了科技资源走向共享和开放，促进了全社会科技资源高效配置和综合利用，提高了科技创新能力。虽然我国在科学数据开放与共享方面做了很多工作和努力，但是政策法规的系列性和完善性相对滞后，既没有“科技资源法”，也没有“科学数据共享条例”。虽然我国科学数据开放与共享相关的政策法规同发达国家的系列政策法规相比存在滞后，缺少“科技资源法”“科学数据共享条例”等专门性行政法规，但是在政府信息公开方面基本形成了行为规范、运转协调、公正透明、廉洁高效的行政管理体制，大大启发和引领了科学数据开放共享政策法规的建设工作。

5.2 国务院大力倡导政府信息公开与共享

在中国，目前的数据容量大约为5EB①（据至顶网——云计算第一门户数据中心2014年1月5日报告《数据中心2013：硬

① Exabyte，艾字节，记作EB，等于2^{60}。

件重构与软件定义》），主要由媒体、互联网公司、政府、电信企业、金融、教育、制造、服务业等部门占有和存储，其中政府部门、公共服务机构与企业占据的数据质量最高，如统计、税收、预算、就业、空气质量、道路状况等信息。随着大数据技术和业务的兴起与发展，数据商业机会与决策支持作用越来越重要，人们开始把数据称为财富，也引发了社会对数据开放的强烈需求。在信息惠民相关政策出台的背景下，掌握重要数据资源的政府部门加大了公共信息资源开发利用的力度，开始把数据开放作为一项常规工作考虑，正在成为开放信息资源的带头人。

在科技基础条件平台建设方面，为促进全社会科技资源的高效配置和综合利用，改善科技创新环境，提高科技创新能力，国务院办公厅于 2004 年 10 月下发了《2004—2010 年国家科技基础条件平台建设纲要》，由科技部牵头，发展改革委、教育部、财政部协同搭建六大国家科技基础条件平台（见表 5-2），并由财政部拨专款进行平台试点建设工作，目标是通过统一标准、多方共建、信息规范等方式重组、整合和共享科技资源，建成适应科技创新需求和科技发展需要的支撑体系，构建以共享机制为核心的管理制度，形成布局合理、功能完善、体系健全、共享高效的条件平台。国家科技基础条件平台建设对于科技创新十分重要，在国家战略技术和产业发展中具有基础性和关键性作用，也只有构建资源充分、信息共享的科技服务平台才能更好提升国家科技创新的整体水平。目前，国家科技基础条件平台建设在平台建设、资源调查、数据汇交、信息共享等方面取得明显进展，促进了科技资源优化配置和开放共享水平的提高，有效支撑了政府决策、科技创新、经济增长、社会发展等方面的工作。国家科技基础条件平台建设也对数据开放共享起到了先导和示范作用，大大推动了我国数据开放共享的进程。

表 5-2　国家科技基础条件平台的建设重点和主要任务

编号	名称	建设重点	主要任务
1	研究实验基地和大型科学仪器设备共享平台	基础研究实验基地 野外观测实验基地 大型科学仪器设备	营造开放共享的研究实验环境 改善台站观测环境和科研条件 提高仪器设施的综合利用效率
2	自然科技资源共享平台	动物种质资源 植物种质资源 人类遗传资源 岩矿化石标本 生物标本资源等	提高资源管理水平 完善信息服务体系 形成资源保障体系
3	科学数据共享平台	长期持续积累的数据资源 国家科技计划项目的数据 濒临丢失的重要科学数据 需数字化的重要历史资料	构建集中与分布相结合的科学数据中心群 形成国家科学数据分级分类共享服务体系
4	科学文献共享平台	专利、工艺、标准等文献资源 国际科技文献资源利用渠道	建设各类数字化科技文献资源库 促进科技文献网络系统对接共享 构建科技文献资源保障服务体系
5	成果转化公共服务平台	共性技术开发机构 技术交易信息平台 高新技术开发区 科技工业园等	提高工程技术服务水平 强化中介机构服务功能 营造科技产业化的环境
6	网络科技环境平台	网络实验系统 远程控制系统 高性能计算中心 现代网络技术 公共网络基础设施	推进设备远程应用 实现计算资源共享 构建网络协同环境

资料来源：国务院办公厅《2004—2010 年国家科技基础条件平台建设纲要》。

在政府信息公开方面，随着国务院政府信息公开条例和实施意见的颁发，政府信息公开正在得到各级政府的高度重视和大力推动，并逐渐拓展其广度和深度，政府数据开放得到发展。作为政府信息公开条例和实施意见的制定与倡导者，国务院在中华人民共和国中央人民政府门户网站（http://www.gov.cn）公开了政策、服务、问政、数据、国情等大类的文件和信息，数据公开涉及 CPI、GDP、PPI、工业生产增长速度、固定资产投资、社会消费品零售总额、粮食产量、总人口等方面的月度、季度、年度、普查、地区和国际数据，历史数据最早达到 1949 年，最新数据更新比较及时。虽然政府信息公开与政府数据开放有所不同，更多的是公开相关政策和文件，对于城市公共卫生、教育、城市规划、交通服务等方面的发展起到了重要作用，同时间接推动了政府数据开放的发展。1996 年，海南省政府创办中国首个政府门户网站，开启了电子政务发展的大门。2006 年 1 月，中央政府门户网站正式开通，随后逐渐形成现在的由中央政府门户网站、国务院部门网站、地方各级政府及其部门网站共同组成的政府网站体系。2006 年 12 月，国务院办公厅出台首个政府网站建设和管理的规范性文件《关于加强政府网站建设和管理工作的意见》，要求进一步开发利用教育、科技、文化、卫生、社会保障、公用事业等与公众生活密切相关的公益性信息资源，不断提升信息发布的深度和广度。2008 年 5 月我国正式施行《政府信息公开条例》，进一步推动了政府网站的建设工作，提升了政府的治理能力。2015 年 3 月 6 日，李克强总理在参加山东代表团审议《政府工作报告》时，听完人大代表孙丕恕关于“让政府数据实现共享和公开”建议后明确表态“政府掌握的数据要公开，除依法涉密的之外，数据要尽最大可能地公开，以便于云计算企业为社会服务，也为政府决策、监管服务”。2015 年 3 月 25 日，国务院办公厅公布《关于开展第一次全国政府网站普查的通知》，首次对全国各级政府网站进行摸底与普查，以自查、抽查、核查的方式加强数据信息的真实性、准确性和完整性。这些思路与举措有利于进一步促进各级政府的数据开放工作发展，引起更多社会服务需求，从而更好服务政府决策。

5.3 地方政府相关探索引领数据开放潮流

科学数据的开放与共享不只是国家层面的事情，更需要地方政府和相关部门的大力支持与合力执行。实际上，地方政府是驱动科学数据开放与共享的主要力量。因此，地方政府不仅要重视政府内部各个层级以及跨部门的协调性和整体性，更要加强与社会征信、商业资讯、学术研究等各项社会性信息源的协同推进，以推动形成广域的信息共享，盘活整个大数据世界。在地方性法规制定方面，东部地区的省市走在了前面，上海、广东、浙江、安徽、江苏、山东、河北等先后出台科学技术进步条例（见表5-3），把科学技术作为推动经济建设和社会发展的第一生产力，鼓励“有计划地建立现代化科学技术信息网络，加强信息资源的利用，为科学技术信息的社会共享创造条件”。在实施政策文件制定方面，有加强和改进政务信息工作的意见、实施政府信息公开的办法、落实科学技术发展规划纲要的配套政策、数据资源开放工作计划等，目的在于“建立健全政务信息网络，不断完善和创新信息服务载体，整合各类信息资源，形成统筹协调、步调一致、资源共享、反应快捷的信息工作平台”。在科技基础条件平台建设方面，各省、市、区均以国家平台为样板积极开展建设工作，有地方平台发展规划、建设纲要、管理办法等，主要是贯彻落实《2004—2010年国家科技基础条件平台规划纲要》的部署，“构建和完善以大型科学仪器设备共享、自然科技资源共享、产业（行业）共性技术公共服务、科技

表 5-3　　地方政府层面科学数据开放与共享相关的政策法规（部分）

编号	名称	颁发时间	颁发部门
1	《上海市科学技术进步条例》	1996 年 7 月 1 日	上海市人大常委会
2	《上海市促进大型科学仪器设施共享规定》	2007 年 8 月 16 日	上海市人大常委会
3	《上海市政府信息公开规定》	2010 年 12 月 20 日	上海市人民政府
4	《2014 年度上海市政府数据资源向社会开放工作计划》	2014 年 5 月 13 日	上海市经信委
5	《广东省促进科学技术进步条例》（修订）	2014 年 11 月 26 日	广东省人大常委会
6	《广东省自主创新促进条例》	2012 年 3 月 1 日	广东省人大常委会
7	《江苏省科学技术进步条例》（修订）	2012 年 1 月 1 日	江苏省人大常委会
8	《江苏省促进科技成果转化条例》	2000 年 12 月 1 日	江苏省人大常委会
9	《辽宁省关于加快推进科技创新的若干意见》	2012 年 9 月 25 日	辽宁省委省政府
10	《北京市关于深化科技体制改革加快首都创新体系建设的意见》	2012 年 9 月 29 日	北京市委市政府
11	《陕西省关于深化科技体制改革加快区域创新体系建设的意见》	2012 年 9 月 18 日	陕西省委省政府
12	《湖南省科学技术进步条例》	1997 年 11 月 29 日	湖南省人大常委会

表5-3（续）

编号	名称	颁发时间	颁发部门
13	《湖南省信息化条例》（修订）	2012 年 5 月 31 日	湖南省人大常委会
14	《湖南省人民政府关于贯彻落实国务院实施〈国家中长期科学和技术发展规划纲要（2006—2020 年）〉若干配套政策的通知》	2007 年 1 月 28 日	湖南省人民政府
15	《湖南省实施〈中华人民共和国政府信息公开条例〉办法》	2009 年 11 月 16 日	湖南省人民政府
16	《湖南省人民政府办公厅关于政府信息公开工作若干问题的意见》	2008 年 9 月 16 日	湖南省政府办公厅
17	《湖南省人民政府办公厅关于进一步加强和改进政务信息工作的意见》	2014 年 2 月 25 日	湖南省政府办公厅
18	《湖南省科技基础条件平台建设管理办法》	2006 年 11 月 30 日	湖南省科技厅
19	《深圳经济特区技术转移条例》	2013 年 6 月 1 日	深圳市人大常委会
20	《深圳市关于深化科技体制改革提升科技创新能力的若干措施》	2012 年 11 月 2 日	深圳市人民政府

资料来源：各省市区人大常委会、人民政府及科技厅网站等。

信息和科学数据共享、成果转化公共服务、农村科技服务等为主要内容的物质和信息保障系统”，整合科技资源，开放共享信息，改善科研环境，促进科技创新。其中有19个省、市、区还安排了专项财政经费进行平台建设，如上海市在科学数据共享、科技文献服务、仪器设施共用等方面进行了研发公共服务平台建设；北京市以“撬动科技资源、促进开放共享，服务企业需求、促进社会发展”为宗旨，通过促进高校和科研院所资源开放共享的方式建设了1个总平台、6个领域平台和12个研发实验服务基地，激活科技条件资源，面向企业、社会提供研发实验服务；另外，还有一些区域突破了行政区划界限，在更大范围、更多领域进行科技资源共享，如泛珠江三角洲区域科技基础条件平台、京津冀科技基础条件平台、东北区域科技基础条件平台等区域平台的建设。截至目前，各省、市、区均已启动了地方平台建设工作，形成了从中央到地方齐抓共管的建设局面，初步构建了各具特色的地方平台建设体系，具备了一定的科技资源开放共享服务能力，对产业技术进步、区域科技创新和地方经济发展起到了支撑作用。随着国家层面和地方性数据共享相关政策法规的相继出台，地方政府和相关部门对公共信息资源开放的关注度逐渐加大，对外公开了部分可共享的信息资源，促进了政府部门间的数据共享交换，加速了城市产业转型升级，提升了政府的管理能力和服务水平。

随着互联网信息技术的发展和国务院政府信息公开意见的发布与实施，越来越多的地方政府部门开启了数据开放共享的尝试工作。截至2015年11月，先后已有上海、北京、浙江、江西、山东、湖南、广州、青岛等省份和城市的政府部门通过政务网、服务网、资源网等（不包括统计局信息网）开展了数据开放工作（见表5-4），这使得政府数据开放成为一种发展趋势。

表 5-4　部分省级行政区和城市的政府数据开放情况统计

项目	上海市	北京市	浙江省	江西省	山东省	湖南省	广州市	青岛市
免登录获取数据	×	×	×	√	√	√	√	×
可分类查询数据	√	√	√	√	×	×	√	√
可下载原始数据	√	√	√	√	×	×	×	√
数据呈现可视化	√	×	×	×	√	√	×	×
数据更新实时性	√	×	√	×	×	×	√	√

资料来源：各省级行政区及城市政府官方网站。

从省级行政区政府数据开放来看，上海市无疑走在了最前列，创办了全国首个政府数据服务网站。上海市政府认为，数据资源具有重复利用性和增值性，与能源、材料生产要素同等重要，可以在不同用户手中创造出不同的价值。而政府作为公共数据资源的最大拥有主体，有责任有义务开放数据资源，提升公共服务的水平，促进政务工作的透明度，推动政府数据的社会化增值。上海市从 2012 年 6 月开始，由市委办公厅和市经信委牵头，市公安、工商、交通等 9 家试点单位共同参与建设上海市政府数据服务网（http://www.datashanghai.gov.cn），并于 2014 年年底发展为 39 个政府部门参与的规模，其目的在于促进政府数据资源的开发利用，发挥政府数据资源在科学技术创新、产业结构调整和经济结构转型中的重要作用。上海市为助力政府服务、市民生活和商家投资，先后出台了《关于推进政府信息资源向社会开放利用工作的实施意见》和《2014 年度上海市政府数据资源向社会开放利用工作计划》，于 2014 年 11 月获得第九届中国特色政府网站“数据开放实践领先奖”，并于 2015 年 5 月 7 日开通上海市政府数据服务网 2.0 版，于 2015 年 8 月举办上海开放数据创新应用大赛（SODA 大赛[①]），以城市交通为主题，面向全世界征集改善城市交通和市民出行的数据可视化应用和解决方案。上海市政府数据服务网主要向社会公众提供数据检索、下载和服务，涉及经济建设、资源环境、教育科技、道路交通、社会发展、公共安全、文化休闲、卫生健康、民生服务、机构团体、城市建设 11 个领域（见图 5-1），目前累计开放公共数据资源 470 项，809 个数据包和 20 多个应用，全力支撑政府职能转变和产业转型发展。

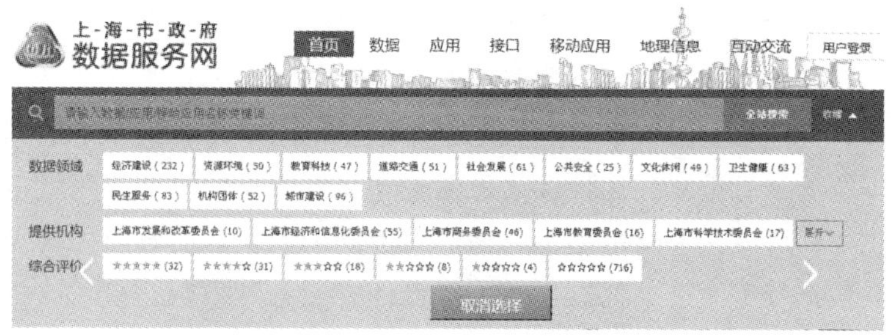

图 5-1 上海市政府数据服务网

北京市政府于 2012 年 10 月开始开通北京市政务数据资源网（http://www.bjdata.gov.cn），该网站由北京市经济和信息化委员会牵头，各政务部门共同参与建设，其目的在于提供北京市政务部门可开放的各类数据资源的下载与服务，为企业和个人的社会化应用开发提供数据支撑，从而推动信息增值服务业的发展以及相关数据分析与研究工作的开展。北京市政务数据资源网目前共有 39 个市级部门开放了 306 个数据包和 441 条政策文件，涵盖旅游住宿、交通服务、餐饮美食、医疗健康、文体娱

---

① SODA 是 Shanghai Open Data Apps 的英文缩写，寓意开放数据像水中气泡释放的能量。

乐、消费购物、生活安全、宗教信仰、教育科研、社会保障、劳动就业、生活服务、房屋住宅、政府部门与社会团体、环境与资源保护、企业服务、农业农村 17 个主题（见图 5-2）。

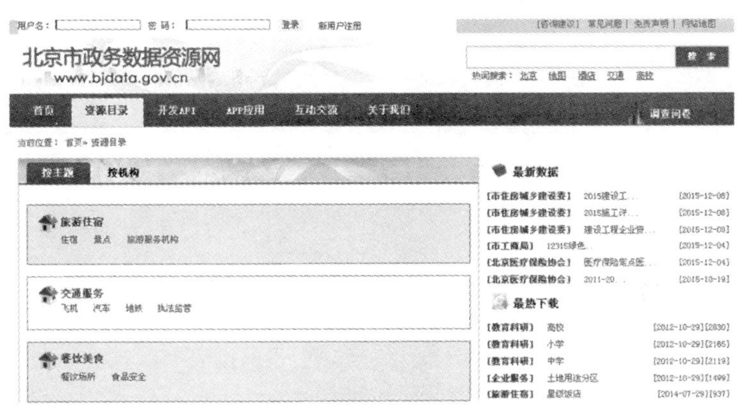

图 5-2　北京市政务数据资源网

浙江省政府于 2015 年 9 月 23 日正式启用浙江政务服务网（http://www.zjzwfw.gov.cn/）及“数据开放”专题栏目（http://data.zjzwfw.gov.cn/）。浙江政务服务网是在国务院发布《促进大数据发展行动纲要》之后，全国第一个推出政府数据统一开放平台的省级行政区。该数据开放栏目免费向社会公众开放政府数据资源，其目的在于促进政府数据资源的社会化开发与利用。浙江政务服务网的数据开放栏目目前有 68 个省级单位提供的 350 项数据类目，同时提供了专题应用板块（如地图专题包括影像地图、电子地图与三维地图三类，档案数据专题包括已公开的清代、民国时期的电子档案，信用信息专题中可查询单位和个人的信用情况等），其中可下载数据资源有 100 项，数据接口有 137 个，移动 App 应用有 8 个，内容涵盖经济建设、环境资源、城乡建设、道路交通、教育科技、文化休闲、民生服务、机构团体等多个民生领域（见图 5-3）。用户既可打包下载数据资源，也可利用数据接口进行二次开发。

图 5-3　浙江政务服务网

江西省的政府数据开放是用江西省人民政府的官网（http://www.jiangxi.gov.cn）的“用数据”栏目来开展的，开放数据涉及基础数据库、政府财政支出、政府预决算、政府专项资金、教育、医疗、社会保障、信用、公共交通、公共事业、海关、出入境、旅游、环境、对外经贸合作 15 个领域（见图 5-4），数据的最早时间为 2006 年，时间跨度较长，更新频率较快，既有文本文件（如政策文件、统计公报、分析报告等），也有原始数据（如教育、出入境等），同时提供了 8 个 App 应用，工作开展比较扎实。

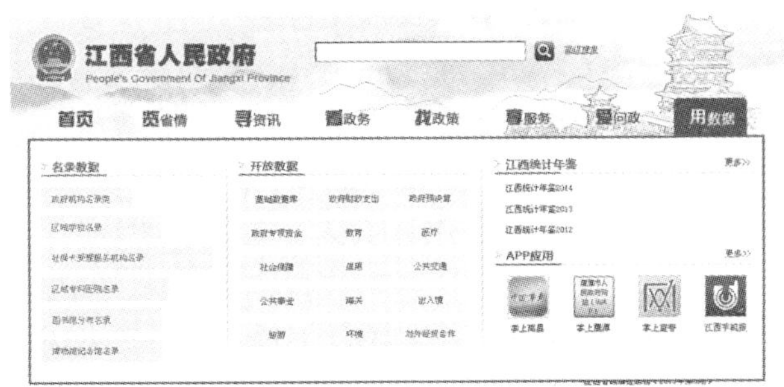

图 5-4　江西省人民政府官网的用数据栏目

山东省的政府数据开放依托山东省人民政府的官网（http://www.shandong.gov.cn）的“数据”栏目进行，该栏目提供了全省生产总值、规模以上工业增加值、固定资产投资、社会消费品零售总额、进出口总额、地方财政、居民收入、价格指数共八项数据的可视化图表（见图 5-5），没有可供下载的原始数据，数据的时间跨度约为 2013 年 9 月至 2015 年 7 月，更新时间相对滞后。

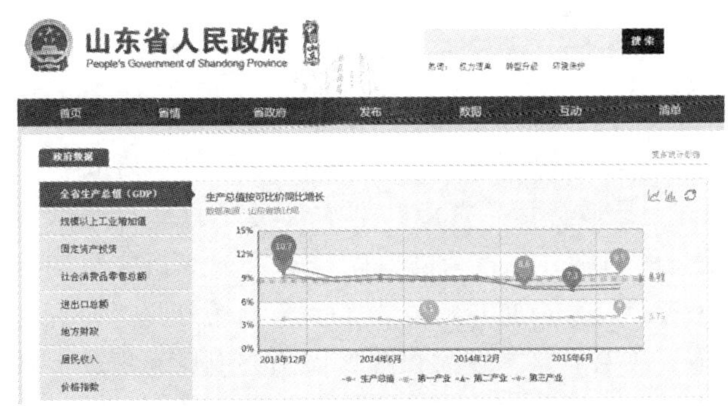

图 5-5　山东省人民政府官网的数据开放栏目

湖南省的数据开放是用湖南省政府网站的子栏目“数据”来进行的，数据资源涉及全省数据、区域数据、数据动态、数据分析、年鉴公报 5 大类，可按月度、季度和年度进行可视化数据查询（见图 5-6），全省数据有居民消费价格指数、工业生产者购进价格指数、规模工业增加值、固定资产投资、社会消费品零售总额、进出口总额、出口总额、进口总额、实际利用内资、实际利用外资、地方财政收入、公共财政收入 12 个指标，区域数据有规模工业、固定资产投资、外资、进出口、出口、地方财政收入、公共财政收入 7 个指标，但数据内容涉及面窄，原始数据少。

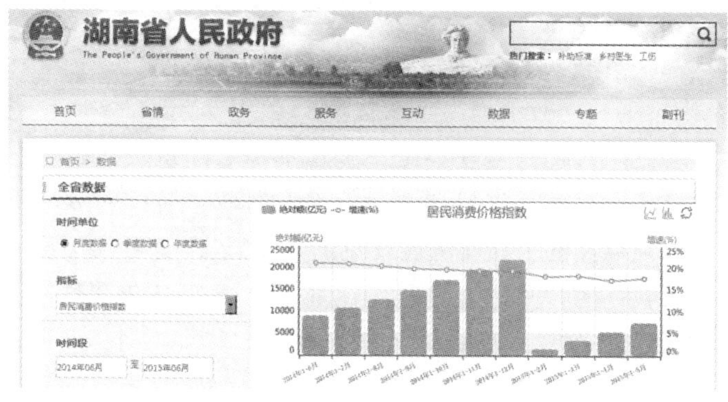

图 5-6　湖南省人民政府官网的数据栏目

从大数据发展情况来看，广东省是率先启动大数据战略的省份，于 2012 年 12 月出台“广东省实施大数据战略工作方案”，通过电子政务信息资源共享平台实现了 35 个省级部门共 185 类信息的网络共享，为高等院校和企业等研究机构提供支持。广东省经信委为此专门成立了大数据管理局，研究拟订并组织实施大数据战略、规划和政策措施，引导和推动大数据研究与应用工作，并于 2014 年 12 月 9 日公布了《广东省大数据发展规划（2015—2020 年）》（征求意见稿），提出要大力优化产业组织结构和区域结构，建立大数据产业发展集聚区，促进大数据产业向规模化、创新化和高端化发展。但是，广东省在政府数据开放方面并没有取得实质进展，更多停留在政府信息公开和电子政务层面，特别关注大数据产业发展，而对于政府数据开放的举措并不明显。

重庆市的大数据行动与广东省的情况比较类似，特别注重政府信息公开和大数据产业发展。在大数据方面，重庆市于2013年7月发布《重庆市大数据行动计划》，明确提出共享开放企事业单位数据，要求在产业发展、城市管理、公共服务等方面广泛应用大数据进行决策辅助。现在，重庆市开通了国家级互联网骨干直联点，成为全国互联网互联互通架构中的重要节点，网间互联带宽能力达到1 030G，并在云计算、大数据和物联网产业方面初具规模。重庆市虽然在电子商务、工业制造、交通物流、医疗卫生、食品药品安全、金融、传媒等行业的大数据技术的应用较多，但在政府数据开放方面同样没有取得突破。

从城市政府数据开放来看，广州市2014年1月通过的《中共广州市委贯彻落实〈中共中央关于全面深化改革若干重大问题的决定〉的意见》提出“建立大数据局，统筹推进政府部门的信息采集、整理、共享和应用，消除信息孤岛。建立公共数据开放机制，除法律法规明确不宜公布的公共信息，一律及时向社会公开”，并通过广州政府门户网站（http://www.gz.gov.cn）的公共服务栏目在教育培训、交通服务、医疗健康、社会保障、经济发展、旅游娱乐等16个领域开放了167个公共信息数据包（见图5-7），希望通过政府数据开放促进大数据开发利用，提升政府管理服务水平。广州市正在着力建设统一的数据平台，将于2016年开放首批政府数据资源，包括医疗、教育、交通等方面，争取开放更多不涉及国家安全、商业秘密和个人隐私的数据，既有历史数据、增量数据，也有与公众生活密切相关的实时数据和与商业密切关联的动态数据，希望让政府数据转化为更多的生产力。

图 5-7　广州市人民政府官网的公共服务栏目

青岛市的政府数据开放起步在城市中虽然较晚，但是在国家于 2015 年 9 月 5 日发布《促进大数据发展行动纲要》之后，在 2015 年 9 月 23 日利用青岛市政务网（http://www.qingdao.gov.cn）的“数据开放”栏目，立即开通了青岛市自己的“政府数据开放网”（http://data.qingdao.gov.cn），同步上线了移动 App，以方便大众访问“数据开放”栏目，并且首批就向社会公众开放了政府数据资源 307 个。青岛市的政府数据开放网站包含数据目录、地图服务、API 服务、App 应用、开发者中心、互动交流 6 个栏目，为社会公众提供数据浏览、数据下载、数据接口、App 发布等服务，为用户提供数据资源在线统计分析和可视化图表工具。同时网站注重互动交流，用户可以对数据开放进行评价，也可以对数据开放提出建议。青岛市的政府数据开放网站当前开放了经济发展、卫生健康、教育科技、道路交通、机构团体、生活服务、经济发展、文体娱乐、安全避险、社保就业、资源环境、财税金融、法律服务 13 个领域（见图 5-8），包含 38 个部门共 361 类的数据资源。青岛市之所以有如此快速的进展，是因为青岛市在 2015 年年初就启动此项工作，并于 4 月份完成了网站开发，于 6 月份完成了开放清单的意见征求。

青岛市的政府数据开放工作推进了政府数据资源的社会化开发与利用，促进了信息惠民和大众创新，推动了大数据产业的发展。

图 5-8　青岛市政务网数据开放栏目的数据目录

另外，厦门市、无锡市、武汉市、贵阳市等地方政府也在政务、环保、医疗、农业、交通、商贸、物流等方面积极开展或准备进行数据开放活动。这些活动促进了信息资源开放共享，加速了城市产业转型升级。数据开放共享对于国家创新体系构建和信息惠民服务具有战略意义，也是公共信息资源开发利用的前提和基础。政府部门应主动转变管理理念，打破信息垄断，加大信息资源共享的关注力度，优先考虑数据开放工作，把割据分散存储在不同部门的数据放在统一平台上。这些行为既推动政府数据部门间共享交换，有效提升管理能力和服务水平，又促进数据创新应用，充分发掘信息资源的经济附加值。虽然我国政府的数据开放起步较晚，但上海市的试点工作开展较早，发展较快，距离始于 2009 年的美国仅 3 年时间，并且我国将于 2018 年建成国家级的政府数据开放统一平台，届时一定能紧跟世界发展的步伐。

6 四川社会科学数据开放与共享的现状

社会科学数据开放与共享是公共信息资源开发与利用的基础和前提。对于农业大省和人口大省的四川来说，信息化与工业化具有同等重要的地位。要实现信息化，四川省就必须进行社会科学数据开放与共享。四川省近年来在社会科学数据开放与共享相关的政策文件制定、法律法规出台和科技基础条件平台建设等方面进行了一些有益的尝试和探索，其取得的主要成果表现在政策文件制定、法律法规出台、平台建设三个方面。

6.1 相关政策文件逐渐增加

作为地方政府，四川省更多的职能是贯彻落实党中央和国务院的政策文件，制定出同实际情况相符合的实施办法。在社会科学数据开放与共享相关的政策文件制定方面，虽然四川省作为地方政府更多的是贯彻落实国家的相关政策法规，缺少专门的科学数据开放与共享相关的地方法规，但是对科学数据开放与共享的具体工作已经开始开展，出台了一些实施和推行科学数据开放与共享相关的政策文件和管理办法。四川省人民政府早在 1984 年 8 月就出台了《关于加快科技体制改革的几点意见》，明确要求“建立科技情报信息网络，沟通科技信息，创造多形式的机动灵活、行之有效的服务方式，逐步试行有偿使用科技情报，逐步实现科技情报手段的现代化，使科技情报工作有效地为经济建设服务”，并于2006年6月制定了《四川省中长期科学和技术发展规划纲要（2006—2020年）》，于2012年6月发布了《关于加强自主创新促进科技成果转化的意见》。这些政策文件的相继制定与实施，对于建立科学数据网络、共享社会科学数据、沟通科技情报信息、创造多形式服务方式以及推动地方经济发展具有重要的支撑和保障作用。

在政府信息公开相关的政策文件制定方面，四川省政府于2006年8月开始相继出台了《四川省政务公开规定》《关于全面落实〈中华人民共和国政府信息公开条例〉的实施意见》《四川省政府信息公开保密审查办法》《四川省政府信息公开过错责任追究办法》《四川省政府信息公开社会监督评议制度（试行）》《关于深化政务公开工作的意见》等文件，要求行政机关通过政府公报、政府网站、新闻发布会以及报刊、广播、电视等形式主动提供政府公开信息，大大加快政府政务工作的进程，促进了四川省在教育、统计、金融等领域社会科学数据的开放与共享，提高了四川省政务工作的透明度，发挥了政府信息对人民群众生产生活和社会经济活动服务的作用。

在科技基础条件平台建设的政策文件制定方面，四川省政府于2004年10月出台了《2004—2010年四川省科技基础条件平台建设纲要》的总体规划，确定了“突出共享、制度建设；统筹规划、分步实施；综合集成，优化配置；政府主导，多方共建”的原则和“整合科技资源，提升创新能力”的目标，构建了七大科技基础平台①

① 大型科学仪器共享服务平台、主题测试共享服务平台、科技文献共享服务平台、科技成果转化信息服务平台、植物资源共享服务平台、微生物资源共享服务平台、实验动物共享服务平台。

和多个支撑产业发展的专业平台[①]，对科技基础条件资源进行战略重组和系统优化，初步建成了适应四川省科技创新需求和科技发展需要的区域科技基础条件支撑体系，实现了条件平台“整合、共享、服务”功能，促进了全省科技资源高效配置和综合利用，推动了四川社会经济又快又好的发展。2013 年 9 月四川省政府下发的《关于实施创新驱动发展战略增强四川转型发展新动力的意见》要求建立完善全省大型仪器、科技文献、科学数据等科技创新资源开放共享的运行机制、管理模式，强化创新资源开放共享。四川省政府又于 2014 年 9 月出台《支持成都高新技术产业开发区创建国家自主创新示范区十条政策》，鼓励高校、科研院所与成都高新区开展战略合作，促进大型科学仪器、科技文献、科学数据等资源共享，为成都高新区企业服务，提升企业科技创新能力。虽然四川省科学数据开放与共享相关的管理制度和实施办法缺乏系统性，缺少专门性的地方行政法规、知识共享保护规定、数据汇交制度和质量监督办法，但在制度制定过程中，这些法规正在完善，科学数据开放与共享的政策法规体系也正在逐渐构建中。

6.2 相关法律法规逐步增发

科学数据资源开放与共享是公共信息资源开发利用的基础和前提，相关的法律法规是工作开展的依据和准则。四川省关于科学数据开放与共享相关的法规制定相对较少，目前已颁布《四川省科学技术进步条例》，并将立法《四川省信息化条例》。四川省人民代表大会常务委员会 1997 年 12 月 27 日通过和 2004 年 9 月 24 日修订的《四川省科学技术进步条例》（见表 6-1）均

① 软件公共技术支撑体系平台、创新中药 ADME/TOX 技术平台、核技术在线测控共性技术研究与开发平台、高新技术产业金融服务平台、生物芯片实验共享服务平台、电子信息、新材料及现代制造科技服务共享平台等。

表 6-1 四川省科学数据开放与共享相关的政策法规

编号	名称	颁发时间	颁发部门
1	《四川省科学技术进步条例(修订)》	2004 年 9 月 24 日	四川人大常委会
2	《四川省人民政府关于加快科技体制改革的几点意见》	1984 年 8 月 2 日	四川省人民政府
3	《四川省中长期科学和技术发展规划纲要(2006—2020 年)》	2006 年 2 月 15 日	四川省人民政府
4	《四川省人民政府关于加强自主创新促进科技成果转化的意见》	2012 年 6 月 1 日	四川省人民政府
5	《四川省政务公开规定》	2006 年 8 月 5 日	四川省人民政府
6	《四川省贯彻〈中华人民共和国政府信息公开条例〉实施办法(试行)》	2008 年 8 月 25 日	四川省人民政府
7	《四川省政府信息公开社会监督评议制度(试行)》	2008 年 9 月 25 日	四川省人民政府
8	《四川省人民政府关于深化政务公开工作的意见》	2014 年 10 月 16 日	四川省人民政府
9	《四川省人民政府办公厅关于加强政府网站建设的意见》	2010 年 12 月 21 日	四川省人民政府
10	《四川省人民政府关于印发支持成都高新技术产业开发区创建国家自主创新示范区十条政策的通知》	2014 年 9 月 2 日	四川省人民政府
11	《四川省政务公开依申请公开办法》	2006 年 9 月 12 日	四川省政府办公厅

表6-1（续）

编号	名称	颁发时间	颁发部门
12	《四川省人民政府办公厅关于做好四川省人民政府门户网站内容保障工作的意见》	2006 年 9 月 27 日	四川省政府办公厅
13	《四川省人民政府办公厅关于全面落实〈中华人民共和国政府信息公开条例〉的实施意见》	2007 年 9 月 5 日	四川省政府办公厅
14	《四川省人民政府办公厅关于印发四川省信息服务业发展规划（2008—2012 年）的通知》	2008 年 5 月 28 日	四川省政府办公厅
15	《四川省信息服务业发展规划》	2010 年 1 月 15 日	四川省政府办公厅
16	《四川省“十二五”科学和技术发展规划》	2011 年 12 月 21 日	四川省政府办公厅
17	《四川省人民政府办公厅关于进一步加强政府信息公开回应社会关切提升政府公信力的实施意见》	2013 年 12 月 12 日	四川省政府办公厅
18	《2010—2010 年四川省科技基础条件平台建设纲要》	2004 年 12 月 1 日	四川省政府办公厅
19	《四川省科技基础条件平台建设专项资金管理暂行办法》	2013 年 9 月 10 日	四川省科技厅
20	《成都市大型科学仪器设备共享平台管理暂行办法》	2006 年 12 月 20 日	成都市科技局

资料来源：四川省人大常委会、人民政府及科技厅等网站。

强调“各级人民政府应加强对科学技术工作的领导，制定科学技术发展规划和政策措施，保障科学技术进步与经济建设和社会发展相协调，促进可持续发展战略的实施”。四川省法制办与科技厅联合开展了《四川省科学技术进步条例》修订立法调研，特别在增强自主创新能力的机制、方法方面收集了大量意见，并把《四川省信息化条例》纳入2015年的立法计划。可以预见的是，这两个条例的修订与出台对各级政府制订科学技术发展规划和政策措施有重要推动作用，将进一步促进四川省公共信息基础设施的建设，更好地推行信息资源的互联互通与开放共享。虽然四川省社会科学数据开放与共享相关的地方行政法规、知识共享保护规定、数据汇交制度和质量监督办法比较少，但随着法规制度的制定和修订，相关的法规体系正在逐步完善。

6.3 相关平台建设逐年增进

虽然四川科学数据开放共享相关的法规政策制定相对滞后，实践工作起步相对较晚，目前还没有建立政府数据公开相关的统一服务网络，但是同政府数据开放相关的一些尝试性活动正在逐步启动。

在科技基础条件平台建设方面，四川省政府基本同步贯彻落实了国务院办公厅下发的国家科技基础条件平台建设纲要精神，先后构建了大型科学仪器共享服务平台、科技文献共享服务平台、科技成果转化信息服务平台等七大科技基础平台和多个支撑产业发展的专业平台（见表6-2），初步建成了适应四川省科技创新与发展需要的区域性科技基础条件支撑体系，实现了整合科技资源、共享科技信息、提升创新能力的功能。四川省科技文献信息资源共享服务平台是一个科技信息资源集中、科技基础条件平台集成、网络服务界面统一的信息共享平台，主要有期刊、图书、标准、地方特色资源数据库、四川省科技信息机构数据库、情报服务、专利服务等类别，平台构建目的在于信息服务、资源共享、合作共建，更好地为四川科技发展和经济建设服务。四川省标准文献信息资源服务平台（四川标准馆）是集标准文献资源综合服务、产业技术标准服务、标准化培训与交流服务、质量安全技术研究服务为一体的综合性服务平台，目前馆藏资源总量约 60 万件，数据题录约 120 万条，重点产业标准覆盖率约 95%，标准资源电子化达到 99%，建站目标在于立足四川产业、服务地方经济、促进产业优化升级，同步国内外标准信息，提高四川企业的质量安全意识。四川省科技文献共享服务平台当前主要有中国知网、维普期刊数据库、国研网数据库、万方数据、中华医学会、FMIF 外文期刊整合、全球产品样本数据库 7 个镜像资源，在线供直接下载的中文电子资源原文有 8 000 多万篇，在线供浏览或传递的外文电子资源原文约 4 000 万篇，可为用户提供“一站式”专业化的科技文献信息服务，建站目标在于整合科技资源、提升创新能力。四川省大型科学仪器共享平台是为促进全省大型科学仪器资源共享，合理配置科技资源，优化科技创新环境，提高科学仪器使用效率，提升科技创新能力而建设的一个科技基础条件平台，主要有政策法规、仪器设备、统计分析等信息。科技成果转化信息服务平台是四川省科技工作一号工程——四川省科技成果转化工程的结晶，是为加强自主创新和科技成果转化而搭建的一个综合性服务平台，主要提供政策法规、科技成果、技术项目、技术需求以及第三方服务平台等服务，包括科技成果分析测试、信息服务、技术转移、工程化应用、创新孵化、投融资服务、高新技术园区和基地 7 大成果转化平台，同时还有 10 个专业平台、12 个区域分平台。四川省实验室信息平台是国家和四川省开展自主创新的一个重要平台，主要有实验室一览、共享仪器设备和科研成果等信息，目的在于落实创新驱动发展战略，进行科技合作与交流，发挥实验室公共研究平台作用，实现实验室仪器设备开放与共享。四川省植物资源共享平台是国家科技基础条件平台的一个区域性平台，是四川省自然科技资源条件平台的组成部分，主要有政策法规、标本馆、植物活性数据库、植物资源数据库、濒危植物数据库、药用植物数据库等，其任务是整合、集成、共享四川省的植物资源和科技信息，为区域科技创新和经济建设服务。这些科技基础条件平台的建设有效组织、整合和共享了科技资源与信息，有力支撑了四川的科技研究活动，便捷服务了社会公众的需求，大幅提升了四川科技创新的水平，为政府数据开放共享打下了良好基础，起到了促进作用。

在政务信息公开的政府门户网站建设方面，四川省相继出台了多项相关规定和实施办法，大力推进信息公开工作，并于2013年在第十二届中国政府网站绩效评估中获得第三名的好成绩，其中信息公开专项评估连续五年获得全国第一名。这说明四川省重视政府信息公开工作，注重提升政府部门的服务能力，为社会公众提供便捷服务。对于政务信息公开工作，四川省委省府非常重视，以“提高政府工作透明度，保障公民、法人和其他组织的知情权、参与权、监督权”为理念，规定行政机关通过政府公报、政府网站、新闻发布会以及报刊、广播、电视等形式主动提供政府公开信息，不断加大对省政府、省直部门和市（州）政府信息公开的力度，在制度建设、公开内容、公开渠道、保障措施等方面进行了卓有成效的努力和探索。四川省政府主要主动公开了政府部门概况、计划总结、法规公文、工作动态、人事、财政、行政执法等类别的信息（http://www.sc.gov.cn/10954/wza2012/xxgk.shtml），全省各级行政机关在

2014 年共主动公开政府信息 709 万多条，为公众提供及时、优质、权威的信息服务，也扩大了政府信息的影响力。

表 6-2　　四川省科技基础条件平台建设统计表

编号	名称	网址	建站目的
1	四川省大型科学仪器共享平台	http://202.115.80.188/	提高资源利用效率，服务科技创新和经济建设
2	四川省实验室信息平台	http://sys.scst.gov.cn/	开放、流动、联合、竞争
3	四川省科技文献信息资源共享服务平台	http://www.scstl.org.cn/	信息服务、资源共享、合作共建
4	科技成果转化信息服务平台	http://www.sckjcg.gov.cn/	整合科技资源、提升创新能力、加速成果转化
5	四川省植物资源信息网	http://www.scpri.ac.cn/	整合植物资源、共享科技信息
6	四川省标准文献信息资源服务平台（四川标准馆）	http://www.standardsc.org/_sc/index.aspx	权威、专业、准确、高效
7	四川省科技文献共享服务平台	http://www.scstl.org/index.jsp	整合科技资源、提升创新能力

资料来源：四川省科技厅。

在地方和民间数据资源共享方面，一些地区、高校、企业、科研院所和民间组织等单位或联动或协同，开启了共同合作构建小型数据库的尝试，无疑是丰富和完善社会科学数据开放与共享服务网络的重要补充。一是在省经济和信息化委员会的支持下，由 20 余家企业、科研院所共同发起的“四川省数据中心产业联盟”于 2013 年 11 月 15 日正式成立，目的在于加强数据中心、企业、高校之间的合作，培育发展四川省的战略性新兴产业。二是成都市政府于 2013 年启动政务服务信息化建设工程，拟通过数据共享、互联互通、业务协同的方式，提升政务服务软环境，提速三次创业创新梦。三是成都市政府于2014年加大了大数据布局力度，开始打造人口、法人单位、空间地理三大基础数据库，以数字化方式建设成都“智慧城市”，尝试用大数据为政府决策提供参考，为企业和公众服务。四是凉山州政府办公室于2012年3月23日印发《凉山州人民政府门户网站“十二五”建设发展规划》，提出建设数据共享交换平台，建立统一的资源信息整合与交换机制，实现政务资源信息整合与共享。五是IBM于2013年联手成都企业开始建设西部最大的大数据中心，为成都企业升级转型提供支持。六是电子科技大学成都研究院于2014年6月19日开始承担“四川省大数据与智慧信息系统协同创新中心”的建设任务，通过高校、行业和地方政府的联动与协同共同支撑区域创新发展。七是四川大学与剑桥大学于2014年10月开始合建“四川大学喜马拉雅多媒体数据库”，学科涉及经济学、社会人类学、宗教学、环境学等领域，这对提升我国社会科学研究水平，促进地方文化传承，推动文化旅游产业发展有积极作用。这些工作的开启将进一步推进四川省政府数据开放共享相关的专项法规的制定，形成政府数据开放与共享的良好态势，促进科技资源的高效配置和综合利用，提高全省的科技创新能力和水平，进而有效培育区域战略性新兴产业，有力促进四川省的经济结构转型。

7　四川社会科学数据开放与共享存在的问题

由于政府部门对数据资源开放与共享的认识不足、观念陈旧、思想保守，加之人们对数据资源独自占有思想严重，四川社会科学数据开放与共享的整个工作在很大程度上还处于碎片化管理状态和分散独立的发展阶段。该阶段表现为数据资源分散、更新滞后、联系纵向、服务内向、共享平台缺乏、沟通渠道不畅，严重限制了数据资源的综合利用，制约了数据资源潜在价值的充分发挥，阻碍了大众创业万众创新的进程。

7.1　顶层设计缺乏，数据价值发掘不充分

近年来，四川省已将信息工作提升到一定战略高度，已大规模启动数据资源的汇集、整理和管理工作。一些部门开始将数据管理作为岗位职责，一些单位开始将数据共享写入工作目标，一些行业开始将数据开放纳入议事日程，一些政府专业部门、研究院所和高校等相继成立信息中心或建立数据库系统，专门负责各类数据的采集、储存和发布工作，并向用户提供相关的数据获取和技术支撑服务，成为向社会提供公益服务和基

础服务的重要窗口，在网络上为公众提供了广泛、方便、快捷信息服务，一定程度上满足了科技界和社会各界对数据资源的需求。但是由于顶层设计缺乏，社会科学数据开放与共享工作进程十分缓慢。一是社会科学数据资源开放与共享的专门法规缺乏，工作的推进无法可依；二是社会科学数据资源开放与共享的政策缺乏，各部门封闭数据心理明显；三是缺乏统一规划，数据系统分散、独立，造成投入产出比低下和资源严重浪费现象；四是社会科学数据资源开放与共享的相关管理制度缺乏，各部门工作积极性不高；五是经费投入不足，各部门不能正常开放与共享大量数据；六是组织保障制度缺失，造成标准规范不统一和数据质量参差不齐的现象；七是工作协调机制缺失，各部门存在大量数据多头采集和数据系统重复建设现象。社会科学数据资源的开放与共享工作不仅是技术和管理问题，更是一个复杂的社会问题，需要站在国家创新发展全局高度做好顶层设计，协调各方利益，才能更充分发掘出数据资源的潜在价值。

7.2 数据资源分散，数据获取渠道不通畅

调查显示，我国的科学数据生产主要是依赖国家科技计划项目，但是由于各个主管部门之间没有统一数据管理制度，数据共享机制不健全，存在数据管理松散、数据资源分散、数据流失严重、数据获取困难、数据质量无保障，加之数据部门所有观念和数据生产人员私有观念根深蒂固，项目建设重复、经费投入分散、人力物力浪费的现象一直不能避免，多数科研人员只能通过自行观测获取数据。其原因在于：第一，科学数据管理不规范，没有严格的数据保存制度；第二，统一的数据储

存中心缺失，缺少强制性数据移交制度；第三，数据开放与共享的相关法规不健全，法规对于数据权利、义务、利益、风险等界定不清。这使得大量数据不能得到很好利用，处于分散闲置状态，既未发挥出大数据的规模效应，也不能很好向社会推广，更不能及时转化为生产力。四川社会科学数据资源的管理状况也不例外，同样存在资源分散、获取困难的问题。虽然四川部分行业和部门的数据开放与共享工作做得比较好，但整体上发展很不平衡，特别是立法工作和管理制度制定相对滞后。四川社会科学数据的集中程度较低，大多是数据部门所有，处于管理分散、各自为政的状态，不同的政府部门、科研单位、高等院校、信息中心、出版机构和企业等独自拥有相关数据，给社会科学数据开放与共享带来巨大困难。其根本原因是四川目前还没有一个系统性的社会科学数据资源建设规划，没有统一的数据采集、储存、发布和利用方面的管理制度，整个社会科学数据开放与共享还处于萌芽摸索阶段。四川应通过普适性原则制定和规范化制度管理推进社会科学数据分级分类开放与共享，这样才能更好地整合集成全省的社会科学数据资源，为社会科学数据开放与共享打下良好基础。

7.3 维护资金不足，公开数据更新不及时

调查表明，四川目前的科技基础平台、行业专业平台、单位信息中心和部门数据库已经具有一定的数量规模。四川由于缺少全省统一数据开放与共享的宏观管理、共享与协调机制，在项目建设中，各单位、各部门长期存在各自为政和贪大求全的思想，项目重复建设和资金浪费使用的现象十分普遍；在数据存储中，大量科学数据流散在资料堆、档案柜和个人手中，

没有得到及时有效的整理和入库，存在濒临流失的危险；在数据管理中，科学数据管理方面的规章制度缺乏，一些制度只把科学数据管理隐含在信息管理、资料管理、档案管理、成果管理或其他管理之中，没有突出科学数据开放与共享的意义，导致很多科研项目在结题验收中重视科研资料归档，忽视科研数据汇交；在系统运行中，多数数据库项目为一次性建设方式，缺少维持经费支持，数据采集、储存、管理、保护资金来源不足，数据库更新缺少持续数据来源，很多数据库逐渐变为死库或丧失应用价值，成为一种摆设，特别是信息资源、专利技术、科技成果、知识产权、科技资料与档案等领域在不同程度包含了大量社会科学数据的数据库维护举步维艰，大量数据得不到最大化利用；在数据开放中，由于缺乏相关法规支持和制度协调，缺少非营利有偿服务机制，数据整理、加工、更新和开放水平很低，数据开放共享范围很窄，大多自建自用，只在行业或部门内部可以交换或获取数据。而数据在部门、单位之间共建共享观念淡薄，虽有双边或多边数据交换的合作协议，但多为小范围的商业行为，缺少基础性公共数据库；在数据共享中，政府对科学数据共享投入不足，缺少政策法规体系保障，缺乏宏观管理与协调，没有形成完善的数据交换标准体系和强有力的共享服务技术支撑体系，严重阻碍了信息资源共享系统的建设。这些问题存在的主要原因是政府部门的持续推动力缺乏，多数网站成为“空架子”，公开数据很少更新，数据资源发挥的作用十分有限，往往不能为相关行业的持续发展产生有效支撑。

7.4　部门职能不清，开放共享动力不强盛

当前，四川社会科学数据产生和分布的总体情况是积累分

散，部门分割。在数据产生方面，数据主要由政府部门、科研单位、信息中心和企业等产生，种类较齐全，数量具备一定规模，质量有保证。这些部门建有诸多数据库，拥有极丰富的科学数据。在数据分布方面，数据分布基本同数据产生具有一致性，主要分散在部门、单位和个人手中，开放共享程度较低，存在严重的部门分割和数据壁垒现象，呈现出各自为政、业内业间相互封闭的格局。在现有管理体制下，这些海量的社会科学数据资源分散分布，往往局限于部门所有、单位内使用或小群体专用，部门间缺乏交流与沟通，没有形成面向社会开放共享的局面。这使得大量社会科学数据不能得到有效管理和高效利用，既难以充分发挥出作用，又存在数据流失损毁危险，造成项目重复建设和资源巨大浪费，在相当程度上制约了四川社会科学创新发展水平的提高。出现这些问题的主要原因是政府部门对于科学数据开放共享的职能界定不清晰，机构功能发挥不充分，驱动作用表现不明显。在观念更新方面，政府部门对数据开放共享后果存在许多担忧；在风险规避方面，政府部门害怕承担数据开放共享引发的责任；在责任承担方面，政府部门岗位职责中没有明确规定数据开放共享义务；在利益兼顾方面，政府部门利益、社会公共利益和个人利益存在冲突；在网站建设方面，政府部门没有统一的网站，公布的数据大部分是报告和报表；在数据格式方面，政府部门没有以电脑可读取的格式发布，不能以数据的形式查到，也无法进行深入的分析、加工和挖掘。因此，政府部门在构建科学数据开放与共享相关的政策法规、管理制度的过程中应特别重视部门职能的确定与调整，明确政府部门及其工作人员依法行政的基本权利、义务与责任，规范科学数据生产者、管理者和使用者之间的权利义务关系，使得数据分类分级、交换发布、质量评价、安全保密、知识产权保护等工作有法可依，有章可循。

8 四川社会科学数据开放与共享的制约因素

长期以来，四川大量的社会科学数据处于分散和“各自为政”状态，开放共享程度低，数据价值发掘不充分。这既是一种巨大的资源浪费，也在一定程度上制约了四川社会科学的研究水平，影响了四川社会经济的发展效率。制约四川社会科学数据开放与共享程度的因素主要有传统观念、政策法规、管理制度、资金投入、共享平台、数据质量、人才队伍等，这些因素相互作用相互影响，使得四川社会科学数据开放与共享机制支离破碎，不能形成合力。

8.1 传统观念

长期以来，社会科学数据资源管理的责任主体不明晰，数据资源拥有者同时是资源利用者，数据资源单位所有和“个人财产”的传统观念严重束缚着人们对数据共享的认识。首先，政府部门数据开放共享的职能不清，公务人员的职责不明，缺乏挖掘数据价值的观念与驱动力，“多一事不如少一事”思想明显，没有意识到只有开放共享才能释放数据价值和激发创新活力，往往因保密或保守存在数据安全惯性考量或数据封闭观念；其次，数据资源拥有者因自身利益保护存在数据独占观念，不愿开放或希望借此套取更大自身利益，认为数据开放与共享是一种利人不利己的行为；最后，科研绩效评价体系不健全，相关部门特别看重科研项目、论文、成果获奖等指标，使得数据资源拥有者与其他使用者之间存在潜在利益竞争关系，不愿公开共用科学数据，数据封锁观念强盛。这种价值观和利益观使得数据壁垒现象长期持续存在，既束缚了人们对社会科学数据资源开放与共享重要性的认识，也不利于社会科学数据资源综合利用机制的形成，使得大量数据闲置在档案库中，社会缺乏数据开放和数据服务等社会公共服务产品，致使行业、区域的信息化发展差异很大，严重阻碍了数据开放与共享，影响了政府综合治理的水平和社会经济发展的进程。

8.2 政策法规

对于数据开放，作为一个明确的概念首先由英国官方提出，但作为一种活动最早起源于美国民间，主张开放构成软件的代码和数据，从而聚集群体的智慧，激发创新的力量，放射出更大的价值，真正推动社会的进步。随后数据开放获得美国国会立法支持，并在国会、政府和社会力量共同推动下推出了美国统一的数据开放门户网站。现在，数据开放已经成为各国政府改革的一种国际趋势。在我国，由于社会科学数据资源开放与共享在采集、储存、交换、发布、共享和监督等方面缺乏专门的法规，并且在政策上存在“重论文，轻数据”的不良现象，从而造成数据资源的开放与共享工作缺少法律基础，缺乏政策引导，以致政府部门和研究人员都不愿意在数据开放与共享方面投入更多的时间和精力。在四川，社会科学数据开放与共享相关的政策法规十分缺乏，既缺少全面调整数据共享关系的专门性行政法规，也缺少科学数据安全保密、数据汇交、质量监督等规定和办法，还存在数据资源开放与共享的产权主体不清、部门职能不明、经费投入不多、工作积极性不高等问题。这使得社会科学数据资源管理与利用存在不确定性，不能充分发挥出社会科学数据资源的潜在价值，不能有效融合移动互联网、云计算、大数据等新一代信息技术，为企业转型升级提供便利，给创新创业带来新机遇。

8.3 管理制度

一般来看，社会科学数据资源分属不同的领域，受不同的部门掌管，由不同的机构或个人进行保管。各部门或机构往往基于自身利益制定一些保存和管理的办法，这些管理办法相互掣肘甚至相互矛盾，彼此之间没有沟通协调机制，缺少协作共赢，使得全社会不能形成合力，造成很多数据资源重复与浪费。保管人员也会因为岗位职责缺位存在“多一事不如少一事”的问题，使得数据资源的积累、储存和利用进一步受到限制。数据开放不仅在于数据状态是公开的，还在于建设一套成体系的数据开放管理制度，在国家层面要有系统的信息化战略支持，在中央政府有统筹协调的若干配套政策出台，在地方政府有互联互通的基础数据库建设。这样才能打破部门间数据难于共享与协调的僵局，形成上下统一、部门协同的政府数据开放格局。据研究，政府拥有全社会80%有价值的重要的数据与信息，但能有效利用的不足10%，其根本原因就在于数据资源的管理体制不合理，使得数据开放工作条块分割、职能交叉、职责不清，缺少统一的数据口径、发布格式、质量标准和相关原则等实施办法，出现九龙治水、推诿扯皮、办事拖沓现象，大大限制了数据资源的积累、共享与利用，导致大量数据资源处于闲置状态。加之数据资源开放与共享机制缺乏，没有通畅的数据资源储存与获取的渠道，数据资源的开发利用既不及时也不高效。

8.4 资金投入

数据资源开放与共享工作涉及数据采集、整理、加工、储存、交换、发布、共享、维护、更新和监督等环节，每个环节均需要一定人力和财力的投入。数据资源开放与共享作为一项公共服务工作，一是在数据积累与服务平台建设中需要财政支持，需要相关力量共同参与共同建设，节约有限资源，避免重复建设；二是在数据服务平台运行中需要财政支持，以便有稳定经费来源用于数据整理、存储、更新，避免数据库失去利用价值成为一种摆设；三是在数据资源开放共享中需要财政支持，使得服务工作有人力、物力和技术进行互动，最大程度提高数据使用效率，发挥出数据资源的最大效益。现行的运行机制大多是通过科技计划项目形式支持数据资源的构建工作，虽然加大了科技基础条件建设的投入力度和数据采集的专项经费支持，但在社会科学数据资源整理、加工、共享、维护和更新方面没有持续的财政经费拨款或其他资金支助，使得数据开放与共享缺乏物质基础，大量社会科学数据资源不能定期得到整理、不能有效维护更新、不能正常开放与共享，出现资源被闲置和浪费的问题，大大削弱了开发利用价值。因此，我们要充分开发利用丰富的社会科学数据资源，提高社会科学数据资源的使用效率，需要构建有效的社会科学数据开放与共享的财政支持机制，也只有保证稳定的财政支持，才能确保实现共享管理。

8.5 共享平台

数据共享平台是政府及企事业单位等机构开放与共享数据，用户查询和利用数据的重要工具。共享平台应当具备数据加载、审核、存储、发布、检索、互动等功能，并且一个国家或地区的开放数据平台应当是统一的。这样既便于进行系统管理，也有利于降低数据使用者的搜寻成本，既便于提高开放数据传输的速度，提高数据利用效率，也有利于节省人们宝贵的时间和精力。四川现有的数据平台已经比较多了，但是这些平台规模不一，各自为政，使用限制较多，大多为自建自用或内部使用。这些信息公开平台、科技基础平台或者产业专业平台广泛分散分布在不同领域，缺少统一的数据采集、加工、储存、交换、发布、共享等技术标准，缺少统一的数据整合、检索、定位的导航模块，缺少统一的科学数据资源开放与共享平台，大多功能简易、数据陈旧、利用不便。并且信息共享没有形成一套现实可行的数据共享管理机制，很难激励起各种平台开放与共享数据的积极性，很难实现已有基础条件平台的共建共享。现有的数据资源平台提供的增值服务少，数据系统兼容性差，数据格式不一，资源分散分布，大量数据电脑不能直接识别，使得使用者既不容易搜寻到需要的数据资源，也很难利用获得的数据资源，出现大量数据孤岛和利用困难的情况。四川的数据共享平台的现状十分不利于数据的开放与利用，也不利于四川的科技发展与经济建设。四川政府应当把这些平台有效组织整合在一起，为数据开放与共享打下坚实基础，有力支撑四川的科技研究活动，满足服务社会公众的需求，大幅提升四川科技创新的水平。

8.6 数据质量

数据资源的质量直接影响其开发利用价值的大小，同时也决定着共享平台服务能力的高低。四川的共享平台目前提供的社会科学数据资源存在很多问题，一是规范整理不多，由于缺少统一的技术标准，大量数据为原始状态，有的没有注明数量单位，有的没有标注采集时间，有的没有说明样本范围，有的没有数据几何精度，等等；二是科学加工不深，对数据编辑、计算、分组、排序、检索、变换等人工或自动化装置处理不够，大量数据杂乱无章或元组的数值为空值，人工或电脑难以抽取、分析、理解、推导出有用的价值或意义；三是覆盖年限短，数据缺失严重，多数只有近一二十年的数据，没有对20世纪四五十年代至20世纪末期的纸质数据材料进行数字化，并且在共享平台中基本找不到相关资料；四是更新速度慢，很多共享平台的新数据项或数据记录的替换都十分滞后，一般需要等待半年以上时间才会见到更新数据，既不及时也不定期，随意性很大，基本没有通过可视化、交互等方式实时给予民众更为详尽的数据；五是时效性不强，对于社会科学研究和大数据分析来说，无论是面板数据、截面数据还是时间序列数据都是越多越新越好，因为数据的时效性直接决定分析结果的实用性，实时变化数据直接影响数据价值的挖掘。这些问题的存在同四川社会科学数据开放与共享机制不完善息息相关，数据部门之间往往缺少协作，使得数据资源的采集、存储和共享不能集成化，出现数据质量较差的情况，特别缺少数据集，严重制约了数据资源的利用价值。

8.7 人才队伍

数据资源的开放与共享工作是一项复杂的系统工程，需要多学科人才通力协作才能实现。人才队伍是数据资源的开放与共享工作的基本保证，只有从政策和教育入手，高度重视人才培养和队伍建设，才能做好数据资源的开放与共享工作，保障数据资源的开发利用，推动社会经济向前发展。对于数据开放与共享的人才队伍建设，一是加强人才培养，相关部门需要强化学校教育与产业发展的有效衔接，通过普通高校、职业院校、科研院所与企业联合的方式进行培养或培训，不断提升数据开放与共享的智力支持水平；二是完善激励机制，相关部门可通过优厚条件引进一批国际高端人才，培养一批国内领军人才，并对做出突出贡献的人才进行表彰和奖励，在评优评奖、职称评定等方面予以优先安排。四川当前的数据资源开放与共享的管理队伍参差不齐，特别缺乏精通信息技术和信息管理的复合型人才，这就不能保证社会科学数据资源开放与共享工作正常开展，使得社会科学数据资源开放与共享工作受到较多约束，直接限制和影响了数据资源价值的充分发掘。

9 建立健全四川社会科学数据开放与共享机制的建议

按照系统论的观点，机制是实现目标的过程和方法，是使系统整体良性循环、健康发展的规则和程序的总和。从控制论的角度看，机制使系统通过反馈控制、自行调节外部干扰、内部涨落保持系统平衡稳定有序的机能。社会科学数据的开放与共享是一个系统工程，需要有相关政策法规和运行机制等规则和程序来促使各个要素之间相互作用、合理制约才能保障实现。因此，在四川社会科学数据开放与共享机制建立健全的过程中，四川应特别重视政策法规支持、管理制度保障、共享平台互联、共享技术支撑、运行资金投入、资源协同建设和资源利用服务七大体系的构建与协调。

9.1 构建切实的政策法规支持体系

政策法规是数据资源开放与共享规范进行的行为准则，相关政策法规的制定直接影响数据资源开放与共享的程度，直接决定数据的应用价值。我国各级政府部门是社会科学数据的最大生产者和拥有者，这些数据的数量多、质量优、精度高、价值大，是不少人眼中的“金矿”，若能充分发挥其效用，必将带来巨大的经济价值与社会效益。而我国信息化建设以部门为中心展开，在客观上形成行业垂直的信息体系，在地方上形成条块分割的信息孤岛，在数据开放上需要纵向层层审批，形成只在区域平台内共享信息的现实局面。加之政策法规上始终缺乏相应的法律法规、执行标准和开放程序，很多政府部门完全不知道如何开放、共享和管理数据，导致数据开放无所适从，数据共享没有头绪。与国外科学数据共享相关的系列政策法规相比，我国相关政策法规的制定整体比较滞后，缺乏系统性。现在，国务院已经越来越重视大数据的效用，于 2015 年 1 月 6 日印发了《关于促进云计算创新发展培育信息产业新业态的意见》，鼓励政府加大部门间数据共享的力度和购买云服务的能力，要求在保障信息安全和个人隐私前提下探索部分数据资源向社会开放。因此，切实的政策法规支持体系有利于保障数据资源开放与共享工作的合法进行，有利于维护公民获取数据信息的权利，有利于促进政府决策、民主制度和社会经济的发展，有利于营造良好的社会环境。开放与共享相关的政策法规应规定政府部门主动公开政府信息和及时处理用户数据请求的责任，同时也应赋予公民依法查询与获得数据信息的基本权利。地方适用的政策法规的制定对于四川省的社会经济发展十分重要，既是转变观念提高认识的有效途径，也是四川数据资源开放与共享工作顺利进行的关键保障和基本行为准则。在观念转变方面，相关部门要明确政府数据的公共属性，主动向公众开放公共数据资源，从而建立透明政府，激发创新活力。在法规建设方面，四川应通过省人大尽快建立数据开放共享相关的立法推进委员会，一是为数据开放共享立法，建立数据开放共享标准，界定数据开放共享边界，切实有效为数据开放共享提供政策法规上的架构支持；二是为数据安全立法，建立个人信息保护措施，确立信息安全分类等级，对不同类型的数据开放共享权限进行授权。

9.2 创建高效的管理制度保障体系

管理制度是数据资源开放与共享有序进行的必然要求。对于数据资源开放与共享管理制度的建设，相关部门应充分认识管理对数据资源开发和利用的重要作用，从应用角度加强数据资源管理体系的建设，一是构建具有综合协调能力的管理机构，解决纵向管理不力、横向缺少协调配合的问题；二是明确各级政府部门的管理职责，解决机构重叠、职能交叉、关系不顺、协同不力的问题；三是建立层级清晰的数据发布制度，解决数据开放不落实、不规范、不标准、不及时的问题；四是建立数据共享服务平台管理办法，解决平台间系统不兼容、数据不整合、检索不便捷的问题；五是建立数据共享评价监督制度，解决项目重复、经费分散、评价缺失、监督缺位的问题；六是建立数据共享工作激励制度，解决共享工作不积极、利用服务不主动、数据质量不真切的问题。数据资源开放与共享管理制度的制定，可以有力促使政府相关部门协同推进社会科学数据开放与共享工作，可以充分调动社会各方力量配合参与社会科学数据开放与共享工作，共同推动科学数据共享战略的实施。在社会科学领域中，政府的社会科学数据开放共享程度和学术影响力相对较高，应建立以社会科学重点学科、重点实验室、重点研究基地为中心及图书馆积极参与的各个学科的数据中心，加强政府数据的开放与应用。因此四川省应创建高效的数据开放与共享管理制度并不断修改和完善相关的规章制度，力求从制度上、从源头上形成社会科学数据开放与共享的管理制度保障体系，确保每一个环节的运行都保持高效和稳定。四川省可由省科技厅牵头，由政府、高校、企业、科研院所和民间组织等有关部门的负责人共同组成社会科学数据共享理事会，设立专职办公室，负责处理日常的管理协调事务，打破信息孤岛的现状，实现信息互联互通的格局。数据开放原则可从五个方面考虑：一是把数据开放作为常规工作职能，二是开放数据不涉及国家安全和个人隐私，三是注重开放数据的质量和数量，四是确保数据开放的及时性，五是允许所有人免费使用开放数据。这样既改善政府工作效率，又促进数据利用创新。数据开放领域可从教育、社保、住房、交通、政务、司法、商业、天气、环保、人口、能源、统计、医疗健康和科学研究等社会公众迫切需要的方面先行试点，大力扶持大数据应用技术研究，发展基于互联网的大数据服务，在改善服务的同时起到示范作用，从而带动相关产业发展。同时数据汇交制度的制定与完善，既确保资金投入科学合理，又有效控制数据采集费用，有力监督数据集成管理，避免部门系统重复建设，进而不断增强数据开放意识，提高数据质量和服务水平，加快信息化建设步伐，切实保障数据共享系统高效运行，充分发挥出数据资源的潜能。

9.3 建设科学的共享平台互联体系

科技基础条件平台是数据资源开放与共享高效运行的重要支撑。随着信息技术的起步，数据计算处理能力快速提高，信息收集成本不断降低，数据量爆炸性增长，但是由于缺乏统一的数据共享平台，社会科学数据资源的稀缺性越来越严重。政府部门应建立和完善统一的数据共享平台，为公众行使知情权提供有力的技术支持和物质保障，改善政府与公众之间的信息不对称局面，缩小政府与公众之间的信息鸿沟，提高数据资源的使用效率。一应出台切实的数据开放规划，二应建立兼容的数据共享平台，三应制定统一的数据质量标准，四应构建互动的数据服务模式。这样才能促使共享平台数据开放精细化、数据搜索一站式、数据利用便捷化以及保证数据内容的原始性。因此，在数据共享平台建设过程中，相关部门要做到以下几点：一要统一数据口径，切实做好数据对接与整合，确保平台数据准确一致，实现数据库互联互通，为数据搜索、查询和分析提供良好的物质基础；二要规范高效管理数据资源，确保平台数据能便捷提取、传输、收集、整合和调用，保障公众数据获取全过程都具有高质量；三要统一数据共享平台，实行一站式数据服务，便于公众访问与查询；四要提供各类数据在线分析工具，方便公众直接分析应用数据；五要发挥平台模块整合作用，积极响应用户的数据申请和咨询，加强数据开放的互动性；六要加强公私合作，吸收先进的技术成果，利用丰富的人力资源，共同建设高效运行的数据平台，从而降低成本，提高效率，充分发挥出数据资源潜在的经济价值和社会价值。四川的科技基础条件平台在建设过程中基本上是各自为政，平台间缺少协调管理的规范，缺少有机联系的通道，特别在数据采集、加工、储存、交换、发布、共享等环节中存在信息封闭、职能交叉、数据打架等现象，严重减缓了科学数据资源实现战略重组、系统优化、高效配置和综合利用的进程。四川的基础条件平台建设应充分发挥政府的主导作用，加强顶层设计和宏观管理，促使平台间相互合作与无缝整合，避免平台点状、资源分散、信息冲突，形成科技创新发展需要的强大平台体系，促使四川的社会科学数据资源优化配置和开放共享水平不断得到提高，从而有效支撑政府决策、科技创新、经济增长和社会发展等工作。国家发改委和科技部、财政部等有关部门正在起草“大数据专项行动”，明确提出 2020 年建立国家统一的政府信息开放平台和基础数据资源库，实现人口、法人、空间地理等国家基础数据资源的跨部门、跨区域共享。四川应抓住机遇，建立四川统一的数据平台，整合数据资源，推动数据开放，采用免费自由取用方式，释放数据红利。

9.4 优选先进的共享技术支撑体系

信息技术是数据资源开放与共享通畅运行的关键前提。社会科学数据资源的开放与共享离不开计算机、通信、网络等基础技术的支撑，也离不开数据挖掘、传递、处理等应用技术的支持。它们共同构成数据资源开放与共享的基础，直接决定科技基础条件平台系统的功能与性能，直接影响系统运行的稳定性、可靠性、实时性和安全性。从新加坡的发展经验来看，新加坡特别重视数据分析技术的发展和数据分析能力的提高，其在基础设施和基础平台建设中特别重视技术的先进性，在 2010 年就建成了覆盖全国的新一代超高速宽带，并为主要商业区和住宅区提供免费的高性能无线网络，2011 年就启用了政府数据开放的统一平台，主动为民众提供便捷的一站式综合服务，为激励公众创新利用政府开放数据打下了良好的技术支撑基础。由此可见，共享技术支撑体系的构建十分重要，对于加强对各种社会科学数据资源收集的广度和深度，加强科学数据处理、积累和利用所需的系统和设施建设，建立科学数据共享所需的标准和规范，建立便捷、高效的数据检索系统和知识发现与挖掘工具具有重要意义，直接影响社会科学数据的开放与共享程度。相关部门应加强新技术和安全可靠产品的应用，制定出促进数据开放、云计算和大数据发展的规划、政策与制度，研制相关技术规范，研发安全可靠技术产品，促进新技术在行政办公、辅助决策、社会治理和公共服务等方面的支撑与应用。四川要在数据开放与共享上创新，需要以服务对象为目标，加大政府数据开放力度，也需要在科技基础条件平台建设中重视现代信息技术的基础作用，加大资金投入力度，优选先进的硬件设备和软件系统，注重数据网络的连通性和整体性，避免信息基础设施重复浪费，为社会科学数据资源开放与共享构建起部门协同、信息联动、应用便捷的网络科技环境，确保数据资源开发与成果应用畅通高效。

9.5 建立稳定的运行资金投入体系

运行资金是数据资源开放与共享持久运行的基本保障。社会科学数据开放与共享是一项系统工程，涉及基础设施完善、数据质量提高、人才队伍建设等方面，每个方面均需要大量经费支出，需要长期稳定的资金投入才能实现数据资源开放与共享工作正常运转。在“十三五”期间，我国的社会科学数据开放与共享面临着整合、互联、开放、共享和效率等一系列的新转变，每一个转变离不开运行资金的投入。从国外发展经验来看，无论是大国还是小国，均鼓励公众对数据进行创新增值使用，激发数据的潜在商业价值，创造新的科技领先领域和经济增长点。这均需要政府保持和加大财政投入力度，既重视基础设施建设又重视大数据技术和大数据应用的发展，通过扶持数据分析项目来促进大数据分析成果不断涌现。四川在运行资金保障体系建设方面应采用政府投入为主，社会参与为辅的共建共享模式，保障数据资源开放与共享具有充足持续的资金来源。四川应做到以下几点：一是转变观念，建立政府公共财政投入机制，加大专项投入力度；二是统筹规划，建立多方筹资机制，拓宽资金筹集渠道；三是提高认识，建立社会投资机制，引导社会资本投资。也只有多元的稳定的经费支持才能有力地促进数据资源开放与共享工作持续开展，才能构建起较为健全的科学数据共享服务体系，更好地从标准规范、技术方法上有机整合集成数据资源，促使社会科学数据资源的高效配置与综合利用，为用户提供“一站式”的数据服务。

9.6 构筑庞大的资源协同建设体系

资源协同建设是数据资源开放与共享的首要任务。数据资源协同建设主要包括数据积累和整合集成两方面的工作。对于数据积累，不应是政府部门单打独斗的局面，更应是政府、高校、企业、科研院所、民间组织和社会人士等共同参与的景象，应是通过多种途径和长期协作的方式形成有机联系、科学高效、协调有序的社会科学数据资源协同建设体系，把分散的数据聚合成有效的数据资源，可以节省大量资金、人力和物力。对于数据整合集成，在大数据时代，在信息技术和网络技术的推动下，政府、高校、企业、科研院所、民间组织和社会人士等各自在管理、科研、生产和生活过程中产生了大量的社会科学数据，这些数据存在系统异构、语法不一、格式不同、语义关联差等问题，需要进行整合集成，才能更好实现社会科学数据的开放与共享，让研究人员可以通过共享平台随时随地毫无障碍地获取和使用科学数据。政府要构筑庞大的资源协同建设体系，不是一朝一夕的事情，除了法律基础和技术保障外，还应在岗位职能设置、开放意识培养和认识水平提高等方面形成一种文化环境氛围，才能让每个行为主体主动作为、自觉行动。政府也只有把数据开放真正内化于心、外化于行、固化于制，才能形成良好的数据开放文化环境，才能有力保障数据资源协同建设体系的可持续性，否则便是一种阶段性突击活动，不是一种自觉的习惯责任。这样政府才能充分发挥既有资源的作用和新一代信息技术的潜能，加快政府开放数据的利用创新，才能有效减少重复浪费，避免产生各自为政和信息孤岛的现象。例如，在科学研究过程中产生的大量的观测数据、模拟数据、仿真数据等，除部分科学数据应用于论文发表、图书写作和技术开发之外，大量蕴藏利用价值的科学数据淹没在分散的机构或人员之中，既未作为文献资料长期保存，也未视作研究数据公开在共享平台，让其他研究人员便捷获取，大大降低了科学数据的功用和价值。这既不利于研究人员开展数据驱动、数据协作和跨学科研究工作，也不利于研究人员通过开放数据理解和发现新知识、新规律，特别是科学研究基于科学数据的当今，开放与共享科学数据更是十分必要。四川社会科学数据的资源协同建设工作需要政府部门转变职能，回归服务本位，组建科学的工作协调机构，建立高效的数据汇交制度，主导数据资源开放与共享的计划、组织和运营工作，改革社会科学数据资源封闭分散的现状，形成各方齐抓共建数据体系的良好态势，并通过数据共享、互联互通、业务协同的方式，提升社会科学的研究水平，提高社会经济的运行效率，不断推动区域新兴产业的培育与发展。

9.7 推行便捷的资源利用服务体系

综合利用服务是数据资源库建设的根本目的。在大数据时代，社会科学数据是信息和知识的源泉，是国家的一种重要战略资源，对科学、社会、政治和经济发展具有重要驱动作用，其潜在价值只有在充分共享和广泛使用中才能最大程度发挥出来。对于数据资源利用服务体系建设，无论是政府部门，还是数据公司、中介机构、网络或者社会组织以及个人等，只要能为用户提供所需要的数据资源，都应将其纳入整个数据资源利用服务体系建设当中，并且数据资源无偿提供方式应是主流和重点。也只有形成便捷的、成套的、完整的资源利用服务体系，我们才能逐步实现国家信息化战略的目标。因此，大数据时代的社会科学数据开放与共享应突破传统方式，做好五个转变：一是由重建设轻应用向突出应用成效方向转变，二是由分散建设向集中节约建设方向转变，三是由项目导向向应用服务导向方向转变，四是由自建独用向共建共享方向转变，五是由信息管控向信息开放共享方向转变。同时对于数据资源整合和应用，社会科学数据开放与共享应做好五个创新：一是推行新的整合方式，二是开创新的服务模式，三是拓展新的应用领域，四是提供新的分析工具，五是发掘新的数据价值。四川在数据资源综合利用方面应为数据使用者架好桥梁，提供便捷的“一站式”服务，改变公文、新闻聚合的陋习，提供全面细化的公共信息，增强平台实用性和互动性。政府相关部门具体措施如下：一是建立健全开放与共享的法规和标准，二是加强数据资源收集的广度和深度，三是持续集成多源的海量数据，四是有机整合异构的分散资源，五是构建便捷高效的数据检索工具，六是通过绩效管理激励工作积极性，七是加强人才队伍建设。这样政府相关部门才能更好为大数据发展打牢基础，才能有效促进开放数据的创新应用，最大程度发挥出社会科学数据资源的内在价值，否则便是对社会科学数据资源的极大浪费。北京市哲学社会科学规划办公室构建的“北京市哲学社会科学数据库综合信息管理系统”（http://www.bjpopss.gov.cn）值得学习和借鉴。该社科信息平台是我国第一个哲学社会科学管理开放式数据库平台，面向社会免费提供信息服务，用户查询数据信息便捷，具有很强的科研实用价值。

综上所述，数据开放共享是信息化发展的有效手段和必然趋势。社会科学数据对于社会科学发展具有强大的驱动作用，其中社会科学数据开放与共享是社会科学可持续发展的关键点。在大数据时代，社会科学数据是一种重要信息资源，我们通过充分共享、广泛使用和相关关系分析，可以最大程度发挥其潜在价值，对科学、社会、政治和经济发展具有重要推动作用。在大数据时代，虽然数据计算、挖掘、传递等基础和应用技术得到高度发展，人们的思维方式由专注因果关系转向重视相关关系，但在创新创业中面临的最大障碍在于数据的流动性和可获取性，因而不能更好做好关联分析，不能获得更加科学的决策。社会科学数据开放与共享既有利于数据资源高效利用，也有利于信息知识充分分享，从而降低全社会的创业成本，培育形成新的产业和消费热点，对稳增长、调结构、惠民生具有重要的积极意义。四川社会科学数据开放与共享工作受到传统观念、政策法规、管理制度、资金投入、共享平台、数据质量、人才队伍等因素的制约，需要一套一定行之有效的方式、方法和程序，既有各种共同遵守的办事规程或行动准则，也有相应的激励和监督措施，才能更好保证工作的落实、推动、纠错与评价等，才能有力促使各组成部分和环节之间相互联系、相互制约、相互促进、相互作用，才能充分发挥出数据开放共享特定的功能和效用。四川当前的社会科学数据开放与共享处于发展初期，既有新型工业化、城镇化、信息化、农业专业化、城市智能化和政府治理现代化难得的机遇，同时也存在政策法规空白、管理制度缺乏、共享平台杂乱、共享技术落后、运行资金缺少、服务能力薄弱等问题，需要以全面深化改革为动力，优化发展环境，强化技术支撑，保障信息安全，创新服务模式，扩展应用领域，形成协调的数据开放共享机制，才能促使数据资源得到高效利用，为创业兴业提供有力支持，为社会经济持续健康发展注入新动力，从而带动相关产业快速发展。

四川省在社会科学数据开放与共享机制培育中，应特别重视政策法规支持、管理制度保障、共享平台互联、共享技术支撑、运行资金投入、资源协同建设和资源利用服务七大体系的构建与协调。同时四川省还应做好七个方面的工作：第一，在开放法律制定方面，四川省应尽快建立数据开放立法推进委员会，专题研究政府数据开放、科学数据共享、信息获取规范、隐私权保护等内容，出台有利于促进数据开放与利用的法规，切实有效支撑数据开放与共享，既保障数据开放与利用，也保护相关主体权益。第二，在开放主体选择方面，政府部门是社会科学数据的最大拥有者，也应当是社会科学数据开放的带头者，其他的如高校、科研机构、学会协会、新闻媒体、学术出版机构及社会科学研究者等应积极跟进，共同促进数据开放与利用。第三，在开放范围确定方面，应由省经信委和科技厅牵头，由政府、高校、企业、科研院所和民间组织等有关部门的负责人共同组成社会科学数据共享理事会，在开放数据不涉及国家安全和个人隐私的前提下，可从教育、社保、住房、交通、政务、司法、商业、天气、环保、人口、能源、统计、医疗健康和科学研究等社会公众迫切需要的领域先行试点，然后再逐步全面推进。第四，在开放平台建设方面，四川省应建立统一的数据开放平台，整合数据资源，避免重复浪费，为数据使用者提供“一站式”免费服务，减少数据搜寻成本，提高数据利用效率。第五，在开放模式构建方面，四川省应采用政府投入为主，社会参与为辅的共建共享方式，按照“增量先行”的原则，推行双向动态互动、免费自由取用的数据开放模式，既推动数据开放，又释放数据红利。第六，在文化环境培育方面，四川省应在法律规范强力约束的基础上，通过岗位职能设置让每个数据开放主体和数据使用者都提高数据开放认识，培养数据开放意识，在数据开放和利用方面形成内化于心、外化于行、固化于制的自觉习惯。第七，在数据利用激励方面，四川省应在技术保障的基础上，开展系列数据开发与应用的活动，加快开放数据的利用创新，扶持大数据应用技术研究，发展基于互联网的大数据服务，在数据利用创新活动中起到示范作用，从而带动相关产业发展。

2014 年 11 月 26 日，国务院办公厅印发《关于促进电子政务协调发展的指导意见》（国办发〔2014〕66 号），文件明确提出“坚持需求导向，围绕政府履职需求和服务人民群众需要，引导电子政务的发展方向和重点，不断提高电子政务的支撑作用和应用效能；坚持统筹整合，以提高现有电子政务基础设施利用效率、推动信息资源开放共享为主要手段，促进电子政务集约化发展；坚持创新驱动，准确把握信息化发展趋势，不断创新理念，探索电子政务创新发展的新思路、新应用、新模式；坚持安全可控，围绕国家信息网络设施安全可控战略，加强监督检查、落实安全责任，确保重要网络、应用和数据安全，确保国家秘密安全；坚持协调发展，加强统筹规划，理顺体制机制，建立完善各级政府横向协同、纵向联动，政府主导、社会参与的电子政务协调发展机制，推动统一网络平台、统一安全体系、统一运维管理的一体化建设和业务应用协调发展”的基本原则。2015 年 9 月 5 日，中国政府网发布李克强总理签署的《促进大数据发展行动纲要》（国发〔2015〕50 号），确立了大数据发展和应用的总体目标①，明确了政府部门的主要

---

① 《促进大数据发展行动纲要》确立的大数据发展的总体目标有五个：打造精准治理、多方协作的社会治理新模式，建立运行平稳、安全高效的经济运行新机制，构建以人为本、惠及全民的民生服务新体系，开启大众创业、万众创新的创新驱动新格局，培育高端智能、新兴繁荣的产业发展新生态。

工作任务①，提出了七个方面的政策机制②，并要求在重要领域③实现公共数据资源合理适度向社会开放。另据新华网北京10月7日报道，国家发展改革委有关负责人表示，我国将于2018年建成政府数据统一开放门户，汇聚政府和公共部门数据资源，统一向社会公众提供一站式开放服务。截至2015年11月，在我国大陆的省级行政区中已经有上海、北京、浙江、江西、山东、湖南等省份和广州、青岛等城市纷纷利用政府官网进行数据开放探索。同时美国已经享受到了政府数据开放创造的价值和带来的红利，并且《大数据时代》作者维克托·迈尔·舍恩伯格也指出，政府不需要去补贴和建立所谓新兴产业，只需要开放政府的数据，就能培育一个新的增长点——新型的服务业。因此，四川的政府部门、高等院校、科研机构、学会协会、新闻媒体、学术出版机构及社会科学研究者应紧跟时代步伐，抓住发展机遇，共同参与推进，为建立系统的完善的社会科学数据开放与共享机制共同努力，从而不断推动四川社会经济持续健康发展，保持长久的活力。

---

① 《促进大数据发展行动纲要》明确的政府部门的主要工作任务有三个方面：加快政府数据开放共享，推动资源整合，提升治理能力；推动产业创新发展，培育新兴业态，助力经济转型；强化安全保障，提高管理水平，促进健康发展。

② 《促进大数据发展行动纲要》拟定的大数据发展的政策机制有七个方面：一是建立国家大数据发展和应用统筹协调机制；二是加快法规制度建设，积极研究数据开放、保护等方面制度；三是健全市场发展机制，鼓励政府与企业、社会机构开展合作；四是建立标准规范体系，积极参与相关国际标准制定工作；五是加大财政金融支持，推动建设一批国际领先的重大示范工程；六是加强专业人才培养，建立健全多层次、多类型的大数据人才培养体系；七是促进国际交流合作，建立完善国际合作机制。

③ 《促进大数据发展行动纲要》拟定的政府部门的重要开放领域包括：信用、交通、医疗、卫生、就业、社保、地理、文化、教育、科技、资源、农业、环境、安监、金融、质量、统计、气象、海洋、企业登记监管等。

10 实践案例：四川省哲学社会科学评奖获奖成果数据开放探索

当前，四川省哲学社会科学优秀成果评奖获奖成果的数据开放探索主要开启了三个方面的工作：一是获奖成果目录数据开放，四川省社会科学界联合会①官方网站（http://www.scskl.cn）的“获奖目录”栏目公布了四川省第六届至第十七届社会科学优秀成果评奖获奖成果信息；二是获奖成果纸质档案开放，西华大学图书馆的四川省社会科学重点研究基地“四川学术成果分析与应用研究中心”对历届社会科学优秀成果评奖获奖成果档案进行整理、保管、建库和开放利用；三是新的获奖成果数据收集，四川省于2014年启用“四川省社科评奖管理系统”，在管理系统中直接收集、存储申报成果信息，为四川省哲学社会科学优秀成果评奖获奖成果数据全面开放打下了厚实的前期基础。

哲学社会科学评奖获奖成果档案管理与一般意义的档案管

① 四川省社会科学界联合会简称四川省社科联，是中共四川省委、四川省人民政府领导下的学术性人民团体，是党和政府联系社会科学工作者的桥梁和纽带。

理不同，是一项特别的专门档案工作，以档案整理为核心内容，以档案保管、档案开放、档案利用为基本内容，需要采用特殊的方式和流程来开展工作。其中，档案整理是获奖成果档案管理最关键、最重要的环节，需要明确整理内容、确定整理原则、制定整理方案、优化整理流程，才能有序清理档案材料，有效保护档案材料。档案保管是获奖成果档案系统存放和安全保护的重要内容，相关部门应建立完善的管理制度，配备必要的防护设施，保持获奖成果档案整洁有序，维护获奖成果档案的完整与安全。档案利用是获奖成果档案管理的最终目的，需要做好档案的开放利用和开发转化工作，为科学研究提供丰富的参考资料，为成果转化搭建有效的桥梁中介，充分实现获奖成果档案信息资源的潜在价值。哲学社会科学评奖获奖成果檔案是科学研究、成果转化的重要资料库，具有强大的社会服务功能和指导作用，只有进行科学规范管理，才能更好地为繁荣哲学社会科学，推动地方经济社会发展做出贡献。

10.1 四川省哲学社会科学评奖获奖成果档案的概况

哲学社会科学是人们认识和改造社会的思想武器，是推动社会发展和人类进步的重要力量，其研究成果有力支持了公共决策科学化与民主化的进程。哲学社会科学评奖获奖成果既是一种财富，也是一种档案，具有重要保存价值。对四川省哲学社会科学奖获奖成果档案的电子文件进行项目排序与编号，对档案材料进行索引、排列与装盒是一项全新的工作，也是一种巨大的挑战，形成的档案管理规范和操作办法具有很强的现实应用价值，可长期用于规范管理哲学社会科学评奖获奖成果的整理、保管与利用。这些既有利于获奖成果数据库的建立和完善，又有利于获奖成果的应用和推广，更是一件丰富哲学社会科学大数据的有益尝试，对于制定哲学社会科学评奖获奖成果档案工作标准，建立具有空间查询检索功能的哲学社会科学评奖获奖成果管理信息系统，构建哲学社会科学评奖获奖成果档案管理机制具有巨大推进作用。只有建立完善的哲学社会科学评奖获奖成果档案管理制度，我们才能更好地发挥出哲学社会科学评奖获奖成果档案的价值。

四川省哲学社会科学优秀成果评奖始于 1984 年，在国内属于组织开展软科学成果评奖起步较早的省份。第一届参评成果为 1978 年 12 月至 1983 年 12 月期间的，此后，两年一次定期开展形成工作常态，至今已有十七届，共评选出荣誉奖、一等奖、二等奖、三等奖、优秀奖（第一届设为四等奖，第五届、第六届空缺，并于第十六届开始取消优秀奖）等优秀成果 5 616 项，获奖人员至少有 1.2 万人次。四川省哲学社会科学优秀成果评奖活动的持续开展，在一定程度上客观地反映了四川省的科研生产力，形成了宝贵而巨大的“思想库”，为进一步调动广大科研人员从事哲学社会科学研究的积极性，推进哲学社会科学学科体系、学术观点和科研方法创新，繁荣四川省的哲学社会科学，推动四川省科学发展做出了重要贡献。

10.1.1 累积数量巨大

四川省开展哲学社会科学优秀成果评奖已有 30 多年的历史，除第一届因多年成果累积，获奖优秀成果数量达到 767 件外，之后每届的获奖优秀成果保持在 200～400 件。其中 1986 年的第二届获奖成果数量最少，为 184 件，2010 年的第十四届获奖成果数量最多，为 413 件（见表 10-1）。总体来看，四川省哲学社会科学优秀成果评奖的获奖成果数量总量多，达到 5 000

多件，获奖成果除第一届外，保持着阶段性稳定增长的态势：第一阶段，1978—1983年，获奖成果历届最多；第二阶段，1984—1993年，获奖成果保持在200件左右；第三阶段，1994—2009年，获奖成果保持在300多件；第四阶段，2010年至今，获奖成果保持在400多件，本阶段的一、二、三等奖的奖项设置均较第二、三阶段有大幅增加，并且从第十六届开始，一等奖设为19件，二等奖设为81件，三等奖设为300件，预计今后较长时期内仍将保持这种设置（见表10-1和图10-1）。随着评奖程序的逐步完善，经各学会、市州社科联、高校社科联初评筛选掉的成果约占申报到四川省哲学社会科学优秀成果评奖委员会的90%，经省评奖委员会评审、复审、终审掉的上报成果约占一半。由此可见，每届以个人、集体、单位名义申报评审的成果近万件，侧面充分反映出四川省哲学社会科学的科研生产力巨大，呈现蓬勃发展的态势。特别是从2014年第十六届开始的取消优秀奖增加三等奖数量的举措，将会更进一步刺激和调动四川省哲学社会科学研究人员的积极性，生产出更多更好的优秀成果。

表10-1　四川省哲学社会科学优秀成果评奖第一至第十七届获奖成果数统计表

单位：件

年份	届次	荣誉奖	一等奖	二等奖	三等奖	优秀奖	小计
1984	1	7	15	111	337	297	767
1986	2	6	4	21	124	29	184
1988	3	3	4	30	165	58	260
1990	4	11	6	23	120	49	209
1992	5	6	2	34	163	0	205
1994	6	8	6	26	168	0	208
1996	7	7	5	26	167	105	310

表10-1(续)

年份	届次	荣誉奖	一等奖	二等奖	三等奖	优秀奖	小计
1998	8	2	7	32	158	104	303
2000	9	4	7	37	156	102	306
2002	10	2	7	30	163	104	306
2004	11	2	6	34	160	111	313
2006	12	0	9	28	163	108	308
2008	13	2	9	31	160	105	307
2010	14	1	20	80	200	112	413
2012	15	4	19	80	201	106	410
2014	16	3	19	81	300	0	403
2016	17	4	19	81	300	0	404
	合计	72	164	785	3 205	1 390	5 616

数据来源：四川省社会科学界联合会、四川省哲学社会科学评奖委员会。

注：第一届设有四等奖，本表纳入优秀奖进行统计。

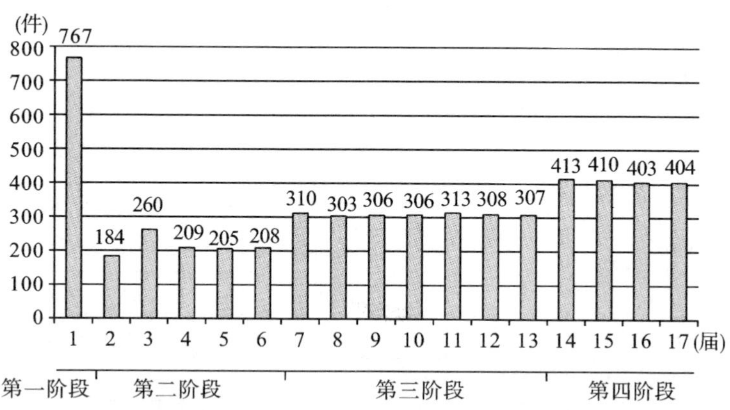

图 10-1　四川省哲学社会科学优秀成果评奖奖项设置的四个阶段

数据来源：四川省社会科学界联合会、四川省哲学社会科学评奖委员会。

注：第一届设有四等奖，本表纳入优秀奖进行统计。

10.1.2 奖项设置齐全

四川省哲学社会科学优秀成果评奖的奖项设置是一个由无到有逐步完善的动态发展过程。在奖项设置方面，四川省哲学社会科学优秀成果评奖设有荣誉奖、一等奖、二等奖、三等奖和优秀奖（或四等奖），其中荣誉奖和一等奖、二等奖、三等奖由四川省人民政府颁发证书奖金，是获奖人员考核、晋级、评审专业技术职称、享受有关待遇的重要依据；优秀奖由四川省社会科学界联合会颁发。在奖项分配方面，荣誉奖一般控制在1%左右，一等奖一般控制在5%以内，二等奖一般控制20%以内，三等奖一般控制在50%左右，优秀奖一般控制在30%左右（见表10-2）。在奖项改革方面，第一届设有四等奖，此后改为优秀奖，其中第五届、第六届没有优秀奖，并从第十六届开始取消优秀奖增加三等奖数量。这种改革尝试对获奖人更为重要，是对研究成果价值的认可，更加有利于促进优秀成果的生产。在评奖标准方面，同起步阶段的评审相比，现行标准比较细致明确、覆盖面大、更具操作性，获奖成果更具学术水平、应用价值、社会效益或经济效益，研究内容以四川省经济和社会发展的理论与实践问题为主，并具有较高学术水平或重要应用价值。其中荣誉奖主要授予德高望重，学术造诣较深，年龄70岁以上，曾获二等奖及以上，参评个人成果符合二等奖及以上标准的知名专家；一等奖、二等奖、三等奖和优秀奖主要按照学术水平、学科贡献、应用价值、国际国内影响力等原则颁发给对学科、经济、政治、文化、社会发展有重要作用的基础理论、应用研究、科普读物、工具书、译著和古籍整理等。

表 10-2　四川省哲学社会科学优秀成果评奖第一届至第十七届获奖成果各奖项所占比例　单位:%

届次	荣誉奖	一等奖	二等奖	三等奖	优秀奖	合计
1	0. 91	1. 96	14. 47	43. 94	38. 72	100
2	3. 26	2. 17	11. 41	67. 39	15. 76	100
3	1. 15	1. 54	11. 54	63. 46	22. 31	100
4	5. 26	2. 87	11. 00	57. 42	23. 44	100
5	2. 93	0. 98	16. 59	79. 51	0	100
6	3. 85	2. 88	12. 50	80. 77	0	100
7	2. 26	1. 61	8. 39	53. 87	33. 87	100
8	0. 66	2. 31	10. 56	52. 15	34. 32	100
9	1. 31	2. 29	12. 09	50. 98	33. 33	100
10	0. 65	2. 29	9. 80	53. 27	33. 99	100
11	0. 64	1. 92	10. 86	51. 12	35. 46	100
12	0	2. 92	9. 09	52. 92	35. 06	100
13	0. 65	2. 93	10. 10	52. 12	34. 20	100
14	0. 24	4. 84	19. 37	48. 43	27. 12	100
15	0. 98	4. 63	19. 51	49. 02	25. 85	100
16	0. 74	4. 71	20. 10	74. 44	0	100
17	0. 99	4. 70	20. 05	74. 26	0	100
平均占比	1. 28	2. 92	13. 98	57. 07	24. 75	100

数据来源：四川省社会科学界联合会、四川省哲学社会科学评奖委员会。

注：第十二届无荣誉奖，第五届、六届、十六届、十七届无优秀奖。

10. 1. 3　学科分类众多

从学科结构上看，四川省哲学社会科学优秀成果评奖共有 29 个一级学科分类，包含了 277 个二级学科，几乎涵盖了哲学社会科学的所有一级、二级学科（见表 10-3）。其中一级学科有

表 10-3 四川省哲学社会科学优秀成果评奖第一届至第十七届获奖成果 29 个一级学科分类统计表

序号		1	2	3	4	5	6	7	8	9	10	11	12	13	14	15	16	17	小计（件）	小计占比（%）
1	马列·科社	28	5	2	13	11	10	9	13	16	13	6	9	12	13	20	9	25	214	3.81
2	党建					4	6	10	13	8	3	11	14	5	10	5	4	7	100	1.78
3	党史	21	2	4	1	1		5	2	4	4	1	1	2	1	2	3	2	56	1.00
4	政治学	40	5	38	5	5	8	7	6	5	11	12	16	12	10	13	12	7	212	3.77
5	国际问题研究	2	7	1	1	1	2	2	1		2	4		1	1		2	2	29	0.52
6	哲学	55	4	7	3	7	5	6	6	12	8	7	8	8	15	12	10	3	176	3.13
7	宗教学	6	2	2	2		3	6	4	3	4	6	4	5	8	9	8	9	81	1.44
8	理论经济	7		1	1	3	3	2	2		1	1	4		2		1		28	0.50
9	应用经济	133	36	42	32	30	42	74	73	58	64	69	51	66	83	63	64	85	1065	18.96
10	统计学	4	4	1	1	1	1	1	1	1			2	2	2	3	3	1	28	0.50
11	管理学	76	20	30	18	24	11	19	31	29	23	35	34	28	34	36	45	40	533	9.49
12	法学	27	6	4	6	11	6	11	13	10	9	16	16	21	26	19	23	20	244	4.34
13	社会学	46	14	27	24	24	9	26	23	31	26	19	28	21	33	38	36	18	443	7.89
14	人口学	10		2	2	2	2	3	2	1	3	3	4	2	2	1	1	1	41	0.73
15	民族问题研究	4	5	1	3		3	7	6	4	11	10	11	8	12	12	19	26	142	2.53
16	中国历史	73	3	13	12	11	10	13	12	11	7	6	12	8	12	16	6	22	247	4.40

表10-3(续)

序号		1	2	3	4	5	6	7	8	9	10	11	12	13	14	15	16	17	小计(件)	小计占比(%)
17	世界历史	7	1	1			2	2	2			4	1	1	3	1	2	4	31	0.55
18	考古学	10	1	1	3	3	2	2	3	5	6	5	4	5	7	9	6	1	73	1.30
19	中国文学	114	16	14	12	16	15	18	18	22	13	16	10	22	17	21	28	6	378	6.73
20	外国文学	11	1	2	1		1	2	3	3	3	3	5	3	5	6	7	2	58	1.03
21	语言学	21	9	8	7	5	12	15	5	11	13	8	7	6	11	14	12	21	185	3.29
22	体育学			1					3	4	2	3	2	3	6	8	9	7	48	0.85
23	教育学	20	18	31	36	26	23	33	27	21	27	32	23	30	36	40	33	46	502	8.94
24	新闻学与传播学		1	2	5	1	4	5	2	7	5	5	8	6	9	9	11	2	82	1.46
25	图书馆、情报与文献学	8	3	5	2	3	3	3	4	1	5	4	3	3	8	6	7	3	71	1.26
26	艺术学	24	3	5	8	8	7	3	4	6	7	6	7	2	14	14	13	19	150	2.67
27	宣传文化类	2	1		1		1	6	6	8	7	7	7	6	10	7	9	8	86	1.53
28	志书类	5	1	2	3	4	5	9	9	9	6	1	4	5	5	5	4	6	83	1.48
29	综合类	13	16	13	7	4	12	11	9	16	23	13	13	14	18	21	16	11	230	4.10
	合计	767	184	260	209	205	208	310	303	306	306	313	308	307	413	410	403	404	5 616	100

数据来源：四川省社会科学界联合会、四川省哲学社会科学评奖委员会。

注：一级学科分类按四川省社科评奖管理系统设置划分。

马列·科社、党建、党史、政治学、国际问题研究、哲学、宗教学、理论经济、应用经济、统计学、管理学、法学、社会学、人口学、民族问题研究、中国历史、世界历史、考古学、中国文学、外国文学、语言学、体育学、教育学、新闻学与传播学、图书馆、情报与文献学、艺术学、宣传文化类、志书类、综合类，唯有军事学因学科特殊性未列入。从学科分布来看，获奖最多的学科是应用经济、管理学、教育学、社会学和中国文学，分别占18.96%、9.49%、8.94%、7.89%和6.73%，其他学科的占比一般均在5%以内，其研究内容大多同四川省经济社会发展的理论与实践问题联系紧密，现实应用价值较高。其中关注四川省经济社会发展全局性的应用对策研究成果占获奖总数的60%，特别是党和政府广泛推广应用的对策研究成果在高等级奖项成果中的比例更大。

总体来看，在服务国家和四川经济社会发展方面，应用经济类和管理学类的应用价值和用武之地相对更高，并且其作用有越来越大的趋势，特别是在应用研究成果奖中，获得省、部级及其以上领导批示或党政机关采用成果的数量、占比以及级别越来越高；而富有巴蜀特质、历史悠长和底蕴深厚特点的社会学类与文学类的社会科学研究，也体现了较高的研究水平和学术水平，为四川文化大发展大繁荣做出了较大的贡献。

10.1.4 分布覆盖面广

哲学社会科学优秀成果获奖项目的分布情况在一定程度上反映了省内高校、党校、科研院所、市州及机关社科工作者哲学社会科学的研究能力、学术地位和科研管理水平。从获奖类别分布看，应用性对策研究成果约占获奖总数的60%，基础类及综合研究成果约占获奖总数的40%，这些真实体现了四川省哲学社会科学优秀成果评奖的指导思想。从获奖单位分布看，获奖成果集中分布在高校、党校，其中高校、党校研究成果约占获奖总数的75%，科研院所研究成果约占获奖成果总数的10%，市州社科工作者研究成果约占获奖成果总数的6%，机关社科工作者研究成果约占获奖成果总数的9%，这些客观反映了四川省哲学社会科学研究队伍的规模状况。从获奖者分布看，专业科研人员较多，实际工作者较少，老专家、老教授较多，青年学者较少，业务人员较多，领导干部较少，这些准确表现了四川省哲学社会科学研究人员的结构层次。从获奖地区分布看，获奖成果集中分布在成都市（见表10-4），其中成都市在第一届至第十七届共有获奖成果4 138件，占获奖成果总数的73.68%，在重庆变为直辖市后更是达到79.30%；最少的是巴中市，只有2项，仅占获奖成果总数的0.06%。这些侧面反映出了四川省的哲学社会科学研究机构的聚集程度非常大，主要集中分布在成都市、南充市和绵阳市三大地区，特别是成都市作为四川省的省会城市和副省级城市，中国西南地区的科技、商贸、金融中心和交通枢纽，国家重要的高新技术产业基地、商贸物流中心和综合交通枢纽，西部地区重要的中心城市，这里拥有大量的高校、党校、科研院所、政府部门和研究人才队伍，其研究成果的数量自然多，获奖成果的比例当然高。另外，在外省获奖成果中，共有8项获奖成果（重庆市在1997年之前属四川省辖市，其成果计为其他，未计入外省），这些成果大多有省内合作者代为报奖。

在地区分布方面，根据获奖成果数的多少，我们可以将四川省现有的21个市州分成三个方阵。第一方阵：成都市（获奖成果数超过300项）；第二方阵：南充市、绵阳市、乐山市、达州市（获奖成果数在50~300项）；第三方阵：攀枝花市、凉山州、雅安市、宜宾市等16个市州（获奖成果数少于50项）。需要特别说明两点：一是四川省的行政区划在近30年的变动很大，

表 10-4　四川省哲学社会科学优秀成果评奖第一届至第十七届获奖项目地区分布统计表

序号		1	2	3	4	5	6	7	8	9	10	11	12	13	14	15	16	17	1~17合计（件）	合计占比（%）	8~17小计（件）	小计占比（%）
1	成都市	475	137	162	150	132	132	196	223	229	245	252	244	244	334	334	329	320	4 138	73. 68	2754	79. 30
2	自贡市	6	1	1	1	2	1	1	5	5	2	1	2	1	4	4	2	8	47	0. 84	34	0. 98
3	攀枝花		1	4	5	1	1	4	4	7	4	4	1	2	3	2	3	5	51	0. 91	35	1. 01
4	泸州市	2		1	1	2	1	2	4	1	1	3	1	4	2	5	2		32	0. 57	23	0. 66
5	德阳市	2	1	1		1		1	1	1		1	2	2	2	1	2		18	0. 32	12	0. 35
6	绵阳市	8		1	2	4	3	8	10	8	9	5	8	7	8	11	10	13	115	2. 05	89	2. 56
7	广元市	1				1	1		3	2	1	2	1	1		1	1		15	0. 27	12	0. 35
8	遂宁市			1	1	2	2	2	1		1	1	1	1	2	2	2	2	21	0. 37	13	0. 37
9	内江市	1	1	4		1	1	3	2	2		2	1	1	2	2	3	4	30	0. 53	19	0. 55
10	乐山市	13		7	3	3	4	4	5	6	6	3	4	6	6	7	8	7	92	1. 64	58	1. 67
11	南充市	27	6	4	4	7	8	13	18	15	17	22	24	18	28	17	19	20	267	4. 75	198	5. 70
12	宜宾市					1	1	3	4	5	3	2	3	3	5	5	7	6	48	0. 85	43	1. 24
13	广安市					1	1	1	4	3	2	3	2	1		1	1	1	21	0. 37	18	0. 52

表10-4（续）

序号		1	2	3	4	5	6	7	8	9	10	11	12	13	14	15	16	17	1~17合计（件）	合计占比（%）	8~17小计（件）	小计占比（%）
14	达州市	14	1	4	4	1	1	4	6	4	2	1	2	2	6	3	3	5	63	1.12	34	0.98
15	巴中市	2			1		1	1						1			1		7	0.12	2	0.06
16	雅安市	1			2	1		1	2	4	1	1	4	6	7	7	5	9	51	0.91	46	1.32
17	眉山市								2	3	3	3	1	1	2	1			16	0.28	16	0.46
18	资阳市				1					1			1				1		4	0.07	3	0.09
19	阿坝州	3		1	1	1	1			2	1	1		1		2	1	1	16	0.28	9	0.26
20	甘孜州							1	3	1	1		1	1			1	1	10	0.18	9	0.26
21	凉山州			1		1	1	3	5	5	6	6	5	4	2	5	2	2	48	0.85	42	1.21
22	其他	212	36	68	33	43	48	62	1	2	1								506	9.01	4	0.12
	合计	767	184	260	209	205	208	310	303	306	306	313	308	307	413	410	403	404	5 616	100	3 473	100

数据来源：四川省社会科学界联合会、四川省哲学社会科学评奖委员会。

注：其他指外省，主要有重庆市（变为直辖市后为1项）、北京市（3项）、上海市（1项）、云南省（1项）、安徽省（1项）、新疆维吾尔自治区（1项）。

同现在的市州①分布有很大差异，在统计中按原所属地进行；二是近年有部分高等院校②向成都市聚集，进一步加剧了四川省哲学社会科学优秀成果评奖获奖成果的集中程度。

10.2　四川省哲学社会科学评奖获奖成果档案的整理

档案整理是档案实体整理和档案内容整理的统称，是档案管理的一项重要内容，是对档案材料按照既定原则和方法进行分类、排列、编号、编目和装盒的一种条理化、有序化工作。对于四川省哲学社会科学优秀成果评奖获奖成果档案管理来说，档案整理是最关键、最重要的环节，目的在于科学管理获奖成果档案，充分发挥获奖成果档案的作用，更好地为四川省的社会经济发展服务。

---

① 重庆市于1997年3月14日批准设立重庆直辖市；遂宁市、广元市于1985年2月8日撤销绵阳地区才成为省辖地级市；渡口市于1987年1月经国务院批准更名为攀枝花市；宜宾地区、泸州市于1983年6月分设，宜宾市于1996年10月撤销宜宾地区改设省辖市；广安市于1978年设置为华蓥工农示范区，于1985年改为华蓥市，于1993年7月2日批准设立广安地区，于1998年7月31日撤地建市；眉山市于1953年3月5日撤销眉山专区成立眉山县，划归乐山专区（于1985年改建为省辖市）管辖，于1997年8月建立眉山地区，于2000年12月撤地建市；资阳市于1998年2月26日调整内江市行政区划时设立资阳地区，于2000年6月14日设立为地级市；原属眉山市的彭山区、仁寿县于2013年3月正式并入四川天府新区；原由资阳市代管的县级简阳市于2016年5月经国务院批准改为成都市代管。

② 西南交通大学于1989年从峨眉山市搬迁至成都市；西南石油大学于2010年从南充市搬迁至成都市；四川农业大学成都校区于2010年10月10日正式启用，目前有4个学院、10个研究所和1个研究中心；四川建筑职业技术学院于2013年启用新成都校区，形成成都、德阳两地办学格局。

10.2.1 获奖成果档案的整理内容

四川省哲学社会科学优秀成果评奖获奖成果档案整理的目的在于把散乱的档案材料（指获奖项目的评审表、申报成果、佐证材料等）用科学的方法进行系统有序清理，充分反映出档案材料的历史联系和本来面貌。这为档案材料的安全管理和便捷利用创造良好条件，为四川省哲学社会科学优秀成果评奖获奖成果档案数据库的建立打下良好基础，为四川省哲学社会科学优秀成果评奖获奖成果的应用与推广做好铺垫工作，进而有效发挥出四川省哲学社会科学优秀成果评奖获奖成果档案材料的利用价值。

四川省哲学社会科学优秀成果评奖获奖成果档案具有六个特点，这是做好档案整理工作必须事前了解的情况：一是档案总量多，共有 5 616 卷；二是时间跨度大，从 1978 年 12 月到 2015 年 12 月共有 37 年，涉及 16 届获奖成果；三是奖项设置全，四川省哲学社会科学优秀成果评奖设有荣誉奖、一等奖、二等奖、三等奖和优秀奖（第 1 届设四等奖），共有 5 类；四是学科涵盖广，几乎包含哲学社会科学所有一级、二级学科，共有 29 个一级学科分类 277 个二级学科；五是成果形式杂，包括专著（含编著）、译著、论文（含论文集、系列论文）、研究报告（含调研报告）、科普读物、工具书（含资料书）、古籍整理，包括公开发表出版和未公开发表出版的研究成果，共有 7 种；六是档案材料杂，包括申报成果、评审表、佐证材料（含省部级及以上领导或党政机关采用、推广所出具的证明，已经结题的国家社科基金、省社科规划项目的结项证书，与成果有直接关联的文章、书评、收录证明），等等。

对于四川省哲学社会科学优秀成果评奖获奖成果档案整理的内容来说，虽然在档案内容整理方面不存在对档案文件真伪的鉴别和客观性的考证，但是在档案材料整理方面具体有四项工作：一是纸质档案数字化，由于历史和计算机的应用，四川省第一届至第五届哲学社会科学评奖获奖项目信息只有纸质文件，没有电子文件，这需要前期进行数字化，为后面的分类、组合、排列、编号、编目工作做好准备工作，也为形成获奖项目数据库打下基础；二是电子文件收集与校对，使用者需要在四川省社会科学界联合会网站“获奖目录”中下载，由于信息公开和时间久远等，网站中“获奖目录”近年才开始完善，除2012年第十五届和2014年第十六届①是实时同步公布，其余届次的信息均是于2012年7月和2013年3月补充的，其公布的Word文件同每届的纸质汇编资料比较，有错字、漏项问题，需要二者对照勘误；三是文档转换，由于Word文件在分类、组合、排列、编号、编目、统计以及数据库文件转换方面没有Excel文件那么便捷好用，工作人员需要在Word文件中的字段间插入制表符转换成Excel文件，然后对每届的每件获奖项目分别进行档号分类、排序与编号；四是档案材料条理化，首先工作人员需要做好档案袋贴目与排序，然后根据散乱的获奖成果材料通过电子文件查找档号和分类组卷，最后将所有相关材料（包括获奖项目的评审表、申报成果、佐证材料等）装入相应档案袋并放回原序列，保持档案案卷排列有序化，这是档案整理工作中最重要的一环，需要仔细对照和复核，保证档案材料的完整性和对应性。

10.2.2 获奖成果档案的整理原则

四川省哲学社会科学优秀成果评奖获奖成果档案属于科研

① 2014年第十六届四川省首次启用“四川省社科评奖管理系统”，实行个人网上申报和初评单位在线管理相结合方式。

档案的一种，是科学研究过程中形成的具有保存价值的文字、图表、数据等形式载体的文件材料，是科学研究活动的真实记载，也是一项重要的信息资源和知识宝库，更是对四川省经济、政治、文化、社会和学科发展有重要作用的宝贵财富。对于档案整理来说，尊重和维护档案的本质特性，保持档案之间的有机联系是工作人员进行档案整理工作的根本性原则。工作人员在案卷构建中应做到：保持主体构件之间的有机联系，方便档案管理和利用，切实可行，经济高效。对于获奖成果档案来说，按照国家科委、国家档案局《科学技术研究档案管理暂行规定》[①] 加强科研档案管理工作，充分发挥科研档案在社会主义现代化建设中的作用的要求，四川省哲学社会科学优秀成果评奖获奖成果档案的整理原则确定为安全规范原则、标准统一原则和分步实施原则三大原则。

第一，安全规范原则。安全规范原则是四川省哲学社会科学优秀成果评奖获奖成果档案整理的基本原则，要求规范整理获奖成果档案，切实维护档案材料的完整性，有效保证档案材料得到安全管理。在获奖成果档案材料的筛选过程中，工作人员应充分研究利用每袋评审材料的原有基础和本来面貌，通过评审表信息查找获奖成果（论文、专著等）和佐证材料等，通过成果名称查找获奖成果档号，同时筛选掉未获奖成果材料，把申报成果归入备用资料类。在获奖成果档案材料的整理过程中，工作人员应尽量保持每袋评审材料的原有体系和联系，切忌同时打开多袋评审材料打乱重整。这既是对获奖成果申报人和评审人劳动的尊重，也是对申报人整理基础和评审人材料装袋工作的充分利用，更是提高获奖成果档案整理工作质量和效

① 国档发〔1987〕6号，《科学技术研究档案管理暂行规定》，1987年3月20日。

率的有效途径。在获奖成果档案材料的管理过程中，工作人员需要对破损档案材料进行及时修复，并争取经费购买补充缺失的获奖成果（论文、专著等）。

第二，标准统一原则。标准统一原则是四川省哲学社会科学优秀成果评奖获奖成果档案整理的重要原则。档案整理工作是一项重复使用规则的共通性活动，在档案整理过程中工作人员应充分应用标准统一原则获得最佳秩序和效率，有助于维护档案材料的完整与安全，有助于建立科学规范的档案工作制度，有助于推行档案管理工作标准化，有助于档案信息的便捷利用。标准统一是获奖成果材料实物、电子文件、档案整理三者之间的有效桥梁。在四川省哲学社会科学优秀成果评奖获奖成果档案整理过程中，工作人员首先应进行排序与编号，即对历届获奖项目的电子文件信息按照统一的数据名称、类型、格式、字段进行处理，以便快速进行编目打印和档号查询，然后进行实物索引、组卷与装袋，即通过电子文件查找历届获奖成果材料实物的评审表、成果材料（论文、专著等）、佐证材料（采用证明、结项证书、关联文章、书评、收录证明等）档号并进行有序化排列和装袋，从而剔除低效的多余环节，精炼出高效的必要环节，保持获奖成果材料实物、电子文件、档案整理三者相关因素之间的有机联系，达到档案整理工作高效率的目的。

第三，分步实施原则。分步实施原则是四川省哲学社会科学优秀成果评奖获奖成果档案整理的关键原则。在获奖成果档案整理过程中工作人员需要通过分步实施、先易后难、循序渐进的方式进行流程管理，促使每步操作都得到管控，从而保障档案整理程序适用、档案整理材料安全、档案整理工作经济。分步实施的步骤是先下载获奖项目文件（第一届至五届获奖项目信息需首先进行纸质档案数字化），校对文档信息，转换文件格式，再对每届的获奖项目进行项目排序与编号，然后对每届的获奖成果材料进行实物索引、组卷与装袋。在文档转换过程中工作人员应统一文件格式和数据结构，兼顾数据传输与控制，为数据库的建立打下良好基础；在获奖材料组卷过程中工作人员应保持材料的原有基础和有机联系，注意材料的完整与安全，并在电子文件中注明缺少材料的类别，以便统计和补充；在档案材料上架过程中工作人员应注意按照获奖成果档案的届次从小到大、奖项从高到低、位置从上到下、顺序从左到右的依次进行排列，达到最优化的分类组合状态，既便于管理也便于利用。

10.2.3 获奖成果档案的整理方案

为规范整理四川省哲学社会科学优秀成果评奖获奖成果档案，相关部门需依据《科学技术档案案卷构成的一般要求》（GB/T11822-2000）、《归档文件整理规则》（DA/T22-2000）和《国家重大建设项目文件归档要求与档案整理规范》（DA/T28-2002）的要求，结合获奖成果档案的整理内容、整理原则和实际情况，形成具体的整理方案。

工作目标。工作人员应采用项目目标管理模式与理念，制定科学合理的整理流程，实行统一的立卷标准，把散乱的材料整理成有序的档案，维护获奖成果档案的完整与安全，达到利于保管、便于利用的目的。

工作内容。一是获奖成果项目排序与编号，项目包括第一届至五届获奖项目信息数字化，第六届至第十六届获奖项目文件下载、信息校对与文档转换，并对每届每件获奖成果逐类按序编制档号，档号编制须反映获奖成果档案的分类体系和物理位置。二是获奖成果实物索引、分类组卷与入库排架。

整理范围。四川省哲学社会科学优秀成果评奖第一届至第十七届获奖成果所有奖项包括荣誉奖，一、二、三等奖和优秀奖。获奖成果材料包括评审表、成果材料（论文、专著等）、佐证材料（采用证明、结项证书、关联文章、书评、收录证明等）。

整理方法。在整理工作的开展过程中，工作人员应按照整理流程逐步依次进行，做到实物档案与电子文件一一对应；同一获奖的材料原则上不能分散，一般应装成一袋；材料较多的获奖项目可装多袋，须在档号后加注。在分类组卷时，工作人员应充分利用每袋评审材料的原有基础筛选出获奖材料，对材料不完整的应在电子文件中备注清楚。

入库排架。工作人员在入库整理好的案卷时应面对柜架按档号从小到大、从左到右、从上到下依次排列，并编制出排架位置表，同时注意防火、防尘、防潮和节省空间。

10.2.4 获奖成果档案的整理流程

进行四川省哲学社会科学优秀成果评奖获奖成果档案整理的目的在于更好地保管和利用获奖成果档案，这是进行获奖成果档案管理的基本出发点，也是开展获奖成果档案整理工作的最终要求。因此，在进行获奖成果档案整理工作的全过程中，工作人员需要始终如一贯彻落实利于管理便于利用的精神。

在四川省哲学社会科学优秀成果评奖获奖成果档案整理工作的开展过程中，实行项目流程管理十分重要。在项目的起始过程中，工作人员需摸清获奖成果档案的基本情况，包括获奖成果档案的总量、届次、奖项设置、材料类型、资料构成等情况；在项目计划过程中，工作人员需拟定工作目标、工作计划，明确获奖成果的整理内容，并设计出获奖成果档案整理流程；在项目实施过程中，由于总体工作量巨大，相关部门需临时外聘人员来完成这项专业性较强的业务工作，特别是档案材料的完整性判断有难度，因此需要在工作前组织整理人员进行业务培训，布置工作任务，协调人员关系，激励项目团队按时保质完成既定工作计划；在项目控制过程中，相关部门需确定获奖成果档案整理的工作原则和步骤，并在过程中根据实际情况采取纠偏措施，对容易出现问题的关键环节要预先筹划并告知全体整理人员，保障项目过程顺利运行，项目目标顺利实现；在项目结束过程中，相关部门需做好项目结束的管理工作和活动。这样，整个获奖成果档案整理工作才是持续、协调、流畅的活动，既能避免相互推诿和怠工，有效管控各个流程，又能快速建立相互促进和合作的工作团队，提高项目工作效率。

获奖成果档案的整理流程（见图 10-2）可分为七个步骤进行。第一步，电子文件下载与信息校对，第一届至五届的获奖

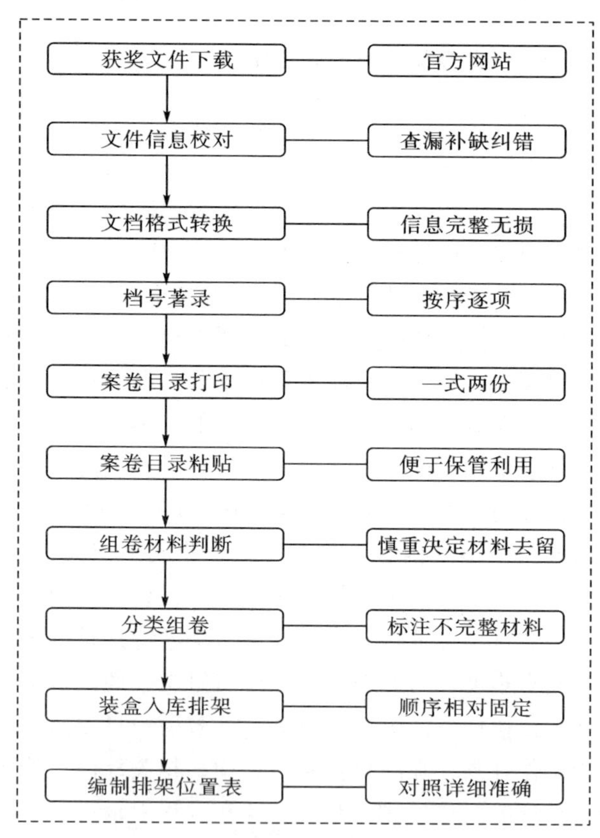

图 10-2　获奖成果档案整理流程图

项目信息需对照四川省哲学社科评奖委员会办公室编印的汇编资料数字化，第六届至第十六届的获奖项目信息需在四川省社会科学界联合会网站“获奖目录”中下载 Word 文件，并以每届的汇编资料为准进行校对，做好电子文档的查漏补缺与纠错。第二步，文档格式转换，Word 文件的项目排列、数量统计功能不及 Excel 文件强大，也不便于转换成数据库文件，需要在 Word 文件中的字段间插入制表符转换成 Excel 文件，以便更好进行获奖项目分类、组合、排列与统计。第三步，获奖项目排列编号，是指对每届每件获奖项目按顺序赋予档号编排条目，便于对获奖成果档案进行著录和标引，其档号①=年度号+社科档案分类号+案卷号，即“评奖年”+“社科档案一级类目代号 SK 与二级类目代号②（届次）”+“奖项代号（荣誉奖为 R、一等奖为 A、二等奖为 B、三等奖为 C、优秀奖为 D）与案卷顺序号③”构成，其中“年度号”“社科档案分类号”与“案卷号”之间用连接符号“-”连结，如 1988 年四川省第三届哲学社会科学评奖一等奖第 4 号获奖成果“简明古汉语词典”的档号设定为“1988-SK03-A004”。第四步，案卷目录粘贴与排序，工作人员需筛选获奖成果的档号、成果名称、成果形式和第一获奖人作为档案案卷目录，按照 Excel 文件行高 64.5 磅④进行打印、剪裁、粘贴在档案袋上，案卷目录粘贴好的档案袋按奖项级别从高到低、档号从小到大进行排序，以便在档案整理过程中查找和装袋。第五步，获奖材料档号查找，工作人员需根据每袋相对集中的评审材料实物的成果名称的主题字段通过电子文件查找档号，确认无误后抽取对应的档案袋，对于未获奖的

---

① 档号按照《中国档案分类法——科学研究档案分类表》（档案出版社，1997 年版）确定，档号唯一，方便插卷、排架和检索。

② 二级类目代号目前采用“双位制”，不足的用数字“0”补齐。

③ 案卷顺序号采用“三位制”，不足的用数字“0”补齐。

④ Excel2003 行高单位是磅，1 英寸=25.4 毫米=72 磅。

评审材料集中另行按要求处置。第六步，获奖材料组卷，根据查找到的获奖材料，工作人员检查卷内文件材料是否齐全后，才能将档案材料按照评审表、申报成果、佐证材料的顺序依次装入档案袋中，并按档号顺序排架。对于材料不完整的，应在电子文件中备注。对于获奖项目材料较多，可装多袋，须在档号后加注，如某项获奖成果档案需装袋成三份，应在档案袋案卷目录后依次标注3-1、3-2、3-3字样，表示本案卷共有3份，分别是第几份。第七步，编制排架位置表，位置表与档案实物要排列对照，位置要详细准确。在具体实施过程中工作人员应充分利用每袋评审材料的原有基础，保持袋内材料间的内在联系，由慢到快，由生疏到熟练，循序渐进，注意材料形式、内容、时间方面的固有规律并仔细对照，保证获奖材料与档案编号的对应性。

档案整理是获奖成果档案管理工作中一项承上启下的活动，相关部门需要设计和优化档案整理流程，促进档案管理工作各个环节良性运行和协调发展。工作人员通过档案整理可以进一步了解获奖成果的概况，检验获奖成果档案收集工作的质量，促进获奖成果档案管理工作的改善与提高；通过档案整理可以进一步促进获奖成果档案的有效保护，既有利于获奖成果档案完整性、安全性的维护，也便于获奖成果档案的查询、统计和利用；通过档案整理可以进一步完善获奖成果档案资源信息，全面体现获奖成果档案的价值，有力规范获奖成果档案的管理，为建立获奖成果档案的多元检索利用体系奠定坚实基础。可见，档案整理工作是获奖成果信息资源开发的重要基础，档案整理流程的标准化程度和科学化水平直接广泛影响获奖成果档案的有效保管与便捷利用，工作人员只有整理好的获奖成果档案，才能更好促进哲学社会科学研究，更好发挥出获奖成果档案的社会经济价值。

10.3 四川省哲学社会科学评奖获奖成果档案的保管

保管是获奖成果档案系统存放和安全保护的一项重要内容，相关部门应建立完善的管理制度，配备必要的防护设施，保持获奖成果档案整洁、有序，切实有效地维护获奖成果档案的完整与安全，便于调用。

10.3.1 保管期限

保管期限是鉴定档案保存价值的依据和标准。根据《中华人民共和国档案法》的要求，结合四川省哲学社会科学优秀成果评奖获奖成果档案的学科专业特点和长远应用价值，保管期限统一全部设定为“永久”。这充分体现获奖成果档案对社会主义事业各项工作以至永世久代具有的查考作用，相关部门需要采用先进的档案保护技术，防止获奖成果档案的破损、褪色、霉变和散失。对于破损、褪色的档案相关部门要及时修补或复制。对于购买补充的获奖成果材料，相关部门应严格检查核对和消毒灭菌处理后，再按主题内容查找出对应的案卷，插入卷内相应的位置，并在电子文件中标注。档案管理人员应定期除尘，保持库房的清洁卫生，避免获奖成果档案褪色，确保获奖成果档案完好无损。

10.3.2 库房要求

库房是获奖成果档案保护和贮存的重要场所和基础设施，也是获奖成果档案提供利用的中心。这些档案需要采用专用库房保管，并设专人负责管理。库房应符合《档案馆建筑设计规范》（JGJ25-2010）要求，功能齐全，设施完善，满足获奖成果档案整理、保管和利用工作的需要。库房应有防盗、防火、防潮、防尘、防虫、防鼠、防高温、防强光等设施。库房内不得堆放杂物或与获奖成果档案无关的物品。库房内应具有温湿度控制（温湿度计、除湿机、空调机）和吸尘设备、自动喷淋灭火设施、烟雾报警系统、消毒灭菌设备，窗帘最好使用深色不透光，照明最好不使用日光灯。库房温湿度控制由专人负责，每天记录，温度保持在14℃～24℃，相对湿度保持在45%～60%。

10.3.3 安全管理

安全管理是保障获奖成果档案处于安全状态的根本环节，相关部门需要在技术上、组织上和管理上采取有力的措施，解决和消除各种不安全因素，防止事故的发生。在库房管理中，相关部门应坚持“以防为主，防治结合”的方针和“安全防范，科学管理，利用方便”的原则，做到“专人管理，明确责任，防火防盗，做好记录”；在日常管理中，要做到“严禁吸烟，杜绝火种，注意通风，注意避光，搞好清洁，防湿防潮”；在人员离岗时，要做到“查库、关窗、关水、断电、锁门”（见图10-3）；

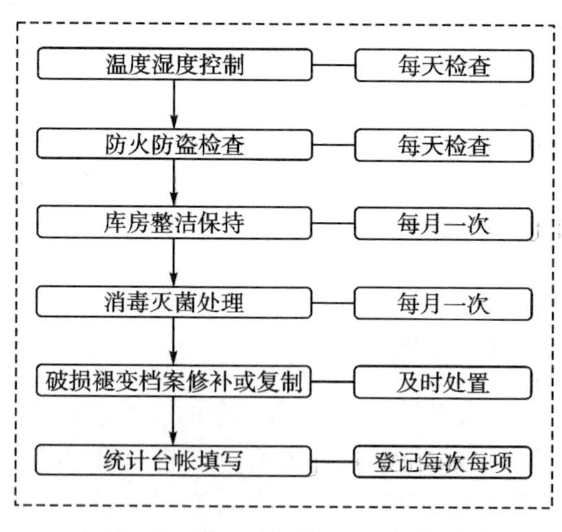

图10-3　获奖成果档案保管流程图

同时应要求每位进出库房的人员时刻牢记“隐患险于明火，防范胜于救灾，责任重于泰山”，努力做到“预防在前，学习在前，预案在前”，并定期组织安全检查，发现问题及时解决，并记录在案。

10.4 四川省哲学社会科学评奖获奖成果档案的利用

档案工作的最终目的在于档案的开发和利用。对于获奖成果档案来说，开放利用和开发转化是获奖成果潜在价值的实现过程，也是获奖成果进行档案管理的根本要求。获奖成果档案属于特殊的专门档案，其利用服务具有公共性和公益性，可通过依照相关规定、主动开放或不断完善档案服务方式和手段等途径开展利用工作，不断提高获奖成果档案开发利用的能力，更好地服务于现代化建设，服务于社会经济发展，服务于人民群众。

10.4.1 获奖成果的回溯建库

获奖成果档案的回溯建库是运用集成软件系统，将获奖成果档案数字化，使其成为机器可读的有组织的信息集合的过程。其目的在于实现获奖成果档案自动化管理，提高获奖成果档案的利用率，提升获奖成果档案的服务水平。获奖成果的应用性强、价值大，既是一种财富，也是一种档案，具有重要保存价值。获奖成果档案回溯建库不仅使得获奖成果档案的查询、借阅十分便捷，更能实现获奖成果档案信息资源共享，提高利用效率，发掘更多潜在价值。对四川省哲学社会科学优秀成果评奖第一届至第十七届获奖成果进行回溯建库与工作研究，是查漏补缺四川省哲学社会科学优秀成果评奖获奖成果档案的重要举措，是建立和完善获奖成果书目数据库的有效手段，也是应用和推广获奖成果的基础工作，更是丰富哲学社会科学大数据的有益尝试。该工作可长期应用于四川省哲学社会科学优秀成果评奖获奖成果的规范管理，建立起查询检索便捷的获奖成果管理信息系统，从而有力推进获奖成果开放机制的科学构建，更好地发挥出获奖成果档案的潜在价值。

四川省哲学社会科学优秀成果评奖获奖成果档案的回溯建库工作，是在项目管理相关理论的指导下，在有关研究成果和参考文献的基础上，遵循回溯建库原则，明确四川省哲学社会科学优秀成果评奖获奖成果回溯建库研究的范围、内容、要求，针对获奖成果材料的构成特点，以获奖成果的历史联系为依据进行开展的。其工作流程主要分为七个步骤：第一步，该工作需制定完善合理的工作方案，配置必需的硬件设备，培训建库工作人员；第二步，该工作对获奖成果进行一次全面的分选整理，把库存材料按届次分成编著类、论文类、报告类三组（含评审表、支撑材料）；第三步，该工作需打印条形码和书标，利用前期“四川省哲学社会科学评奖获奖成果档案管理研究”的数据信息，按照获奖成果届次（第一届至第十七届）、自分类（编著类、论文类、报告类）和奖级顺序（是否按照图书分类条目顺序有待论证）对数据信息按照一定的数量先行复本处理，然后按自分类赋予财产号和上架号，最后打印财产号条形码和上架书标；第四步，该工作需实施回溯建库，对于编著类和论文类的获奖成果尽量借用现成数据套录，对于报告类和没有现成数据套录的获奖成果进行自编目，同时粘贴条形码（粘贴在书名页）和书标（粘贴在书脊），加盖馆藏章（封面和书名页），自检录入数据和补齐获奖成果档案后按要求顺次上架；第五步，该工作需抽检数据审核，著录排架完毕后，成立专家小组对所录入数据进行抽样检查，审核数据和排架的准确性；第六步，该工作需实现流通，排架结束数据验收合格后，删除无材料支撑的复本信息，再次复检获奖成果书目数据库；第七步，该工作需梳理总结出哲学社会科学评奖获奖成果回溯建库的实用流程和工作经验，达到对哲学社会科学评奖获奖成果档案规范管理、利用便捷、效率最优的目标。工作流程示意图见图10-4。

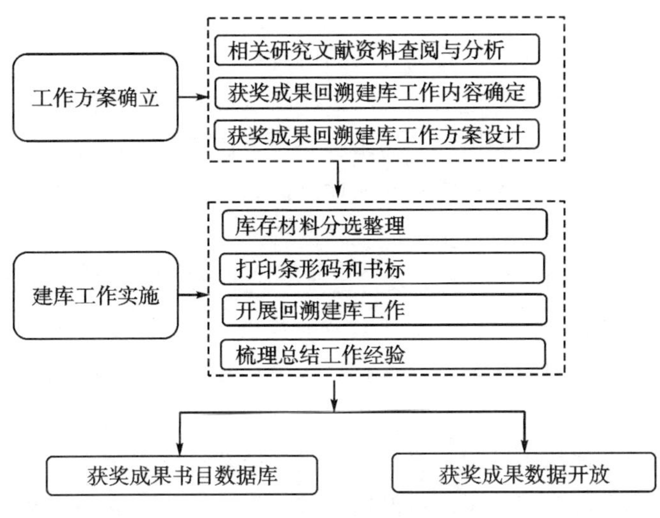

图 10-4　工作流程示意图

虽然四川省哲学社会科学优秀成果评奖获奖成果档案的回溯建库目前还不能对获奖成果全面数字化，但这种尝试可为获奖成果档案全面开放与共享创造条件，为促进获奖成果的便捷利用和高效转化提供支撑，既有助于提升获奖成果档案的管理水平和服务效率，又有助于充分发挥出哲学社会科学评奖获奖成果的经济效益和社会影响。随着四川省社科评奖管理系统的全面启用，笔者相信今后的论文、专著、研究报告、工具书等获奖成果的电子文件都能得到妥善收集和存储，除涉密之外的数据都能得到全面开放。

10.4.2 获奖成果的档案开放

档案开放是通过一定方式向社会公开，解除“禁闭”，允许用户在履行简便手续后进行检索查阅。因此相关部门应积极创造物质条件、检索条件和制度条件，配备检索工具、阅读场所和复制设施，确立开放期，主动为获奖成果档案的开放利用提供方便，既有效保护获奖成果的所有权，又有力促进获奖成果的利用、开发和转化工作。档案利用活动的最终目的是通过提供档案信息满足利用者的需求，利用者始终处于核心地位，如果没有利用者的参与，再好的信息内容，再科学的利用手段也是无济于事的。因此获奖成果档案管理人员应熟悉馆藏，主动热情提供利用服务，充分发挥出获奖成果档案信息资源的功能，不断提高获奖成果档案的社会经济效益。获奖成果管理中心应建立严格的利用登记制度，有效管理获奖成果档案的调阅和归还（见图 10-5）。在获奖成果档案利用过程中，利用者应按相关规定办理利用手续，填写获奖成果档案借阅登记表，对于借出的档案要按期归还，不得损坏或丢失。在获奖成果档案利用开发中，开发者应严格遵守国家和科技保密、专利等法规和制度，不得泄密和抄袭。在获奖成果档案利用结束后，档案利用者和开发者应把档案利用开发的社会、经济效益情况如实填写在获奖成果档案利用效果登记表上。

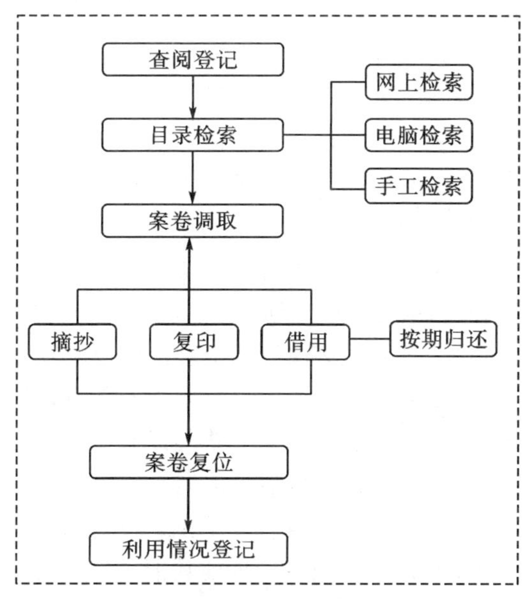

图 10-5　获奖成果档案现场查阅流程图

10.4.3　获奖成果的档案开发

获奖成果档案是科学研究的真实记录，是实现科研成果转化为生产力的重要载体。档案信息资源开发是积淀科学技术、传承科技知识、进行科技传播的有效途径。建立较为完善的哲学社会科学成果转化机制是推动哲学社会科学成果转化的关键所在。四川省哲学社会科学优秀成果评奖获奖成果具有较高学术水平或重要应用价值，对学科、经济、政治、文化、社会发展有重要作用。因此相关部门应借助四川省社会科学重点研究基地“四川学术成果分析与应用研究中心”的力量，依托广大哲学社会科学工作者的优势，运用现代科技手段，形成丰厚的获奖成果档案信息数据库，创建便捷的获奖成果档案信息检索系统，探索哲学社会科学服务社会的新模式，为哲学社会科学研究和成果转化搭建有效的平台；应加大获奖成果档案的利用、开发、转化力度，大力宣传获奖成果资源信息，为科学研究提供丰富的参考资料，为成果转化提供有效的桥梁中介，切实推进获奖成果生产力转化的力度，充分实现获奖成果档案的社会效益和经济价值；应加大获奖成果档案宣传、推广的深度，使获奖成果在党和政府决策，在推进四川物质文明、政治文明、精神文明与和谐社会建设中充分发挥作用。

档案是人类社会实践活动过程中直接形成的具有保存价值的信息符号，既是知识的积累，也是知识的信息表述，因而是一种信息资源。哲学社会科学评奖获奖成果既是一种财富，也是一种档案，具有重要保存价值。档案管理应积极响应社会和经济发展需求，扩大科技档案管理范围，设计出程序规范、操作方便的归档流程，丰富档案管理的功能、途径与方法，促使获奖成果得到便捷利用和高效转化。进行四川省哲学社会科学优秀成果评奖获奖成果档案管理研究是一项全新挑战，其研究成果的应用性强、价值大，可长期应用于规范管理哲学社会科学评奖获奖成果的整理、保管与利用，既有利于获奖成果数据库的建立和完善，又有利于获奖成果的应用和推广，更是一件丰富哲学社会科学大数据的有益尝试，对于制定哲学社会科学评奖获奖成果档案工作标准，建立具有空间查询检索功能的哲学社会科学评奖获奖成果管理信息系统，构建哲学社会科学评奖获奖成果档案管理机制具有巨大推进作用。因此，在获奖成果档案的整理过程中，工作人员需要在前端控制、全程管理理论的指导下，遵循档案整理原则，明确获奖成果档案整理的范围、内容、要求，以文件的历史联系为依据，首先对获奖成果的电子文件进行分类、排序与编号，然后对案卷目录进行印制、粘贴，再来对获奖成果的档案材料进行索引、清理、装袋和排架。在获奖成果档案的保管过程中，相关部门需要建立完善的管理制度，配备必要的防护设施，保持获奖成果档案整洁有序，从而维护获奖成果档案的完整与安全。在获奖成果档案的利用过程中，相关部门需要积极主动做好档案的开放利用和开发转化工作，为科学研究提供丰富的参考资料，为成果转化提供有效的桥梁中介，充分实现获奖成果档案信息资源的潜在价值。哲学社会科学评奖获奖成果档案是科学研究、成果转化重要的资料库，具有强大的社会服务功能和指导作用。档案管理部门只有形成“流程不烦琐、条目不糊涂、标准不过时、资源不流失”的档案管理格局，才能达到获奖成果档案整理规范、保管安全、利用便捷、效率最优的目标，才能充分发挥出哲学社会科学评奖获奖成果的经济效益和社会影响。

10.4.4 获奖成果的特点分析

四川省哲学社会科学优秀成果评奖是四川省哲学社会科学领域的最高奖项，荣誉奖、一等奖、二等奖、三等奖（第一届设有四等奖）由四川省人民政府颁发，优秀奖由四川省社会科学界联合会颁发。四川省哲学社会科学优秀成果评奖自改革开放之后，于 1984 年开始首届四川省哲学社科优秀成果评奖以来（首届含 1978 年 12 月至 1983 年 12 月共 5 年的成果），每两年评选一次，迄今已经连续评选十七届，几乎覆盖了哲学社会科学所有一级、二级学科的优秀成果。四川省社会科学优秀成果评奖的指导思想在于推进哲学社会科学学科体系、学术观点和科研方法创新，为党和人民的事业发挥“思想库”作用；繁荣和发展哲学社会科学，推动科学发展，促进社会和谐；促进四川文化大发展大繁荣，推动文化强省建设和社科强省建设。四川省哲学社会科学优秀成果评奖（从第十六届开始表述为四川省社会科学奖）包括社会科学杰出贡献奖（每次评选 3 人左右，本书未涉及该内容）和社会科学优秀成果奖（从第十六届开始设有荣誉奖、一等奖、二等奖和三等奖等奖项。其中，荣誉奖不设限额，一等奖在20项以内，二等奖为80项左右，三等奖为300项左右）。四川省哲学社会科学优秀成果评奖获奖成果是四川哲学社会科学研究水平的客观衡量标志之一，代表着四川哲学社会科学研究的方向和重点，也反映着四川哲学社会科学研究的能力和实力。

10.4.4.1 著作和论文为主要获奖成果形式

四川省哲学社会科学优秀成果评奖的范围包括在规定期限内（评奖年前两年）四川省行政区域内的个人、集体或组织，评奖的成果形式包含公开发表的社会科学研究论文、研究报告，正式出版的专著、论文集、译著、古籍整理、工具书、科普读物，未公开发表但被省部级及其以上党政机关采用推广并出具证明的研究报告和已结题国家社科基金、省社科规划项目成果。我们可以将四川省哲学社会科学优秀成果评奖的获奖成果分为著作（含专著、译著、编著等）、工具书（含资料书等）、科普读物、古籍整理、论文（含系列论文、论文集等）和研究报告共六类。

从第一届至第十七届获奖成果形式来看，由图10-6可知，四川省哲学社会科学优秀成果评奖获奖成果（总共有5 616件）的形式以著作和论文为主，二者的总量占比达到84.01%。其中著作（含专著、译著、编著等）共有2 906件，占比为51.75%；论文（含系列论文、论文集等）共有1 812件，占比为32.26%；研究报告共有474件，占比为8.44%；工具书（含资料书等）共有265件，占比为4.72%；科普读物和古籍整理最少，分别有93件和66件，占比只有1.66%和1.18%。

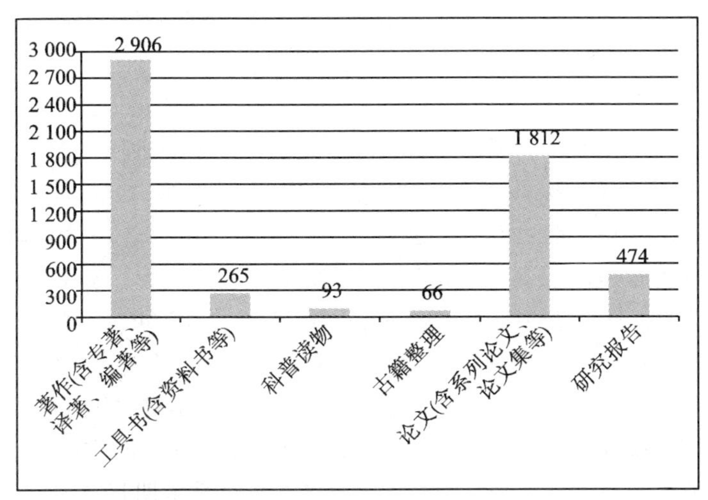

图 10-6　四川省哲学社会科学优秀成果评奖第一届至第十七届获奖成果的成果形式（单位：件）

数据来源：四川省社会科学界联合会、四川省哲学社会科学评奖委员会。

从第十四届至第十七届获奖成果形式来看，四川省哲学社会科学优秀成果评奖获奖成果（该阶段总共 1 630 件）的成果形式仍然以著作和论文为主，并且专著呈逐届增加趋势，论文呈逐届减少趋势（见图 10-7）。其中著作（含专著、译著、编著等）共有 1 099 件，占比为 67.42%，与第一届至第十七届的总量占比比较，提高 15.68%；论文（含系列论文、论文集等）共有 274 件，占比为 16.81%，与第一届至第十七届的总量占比比较，下降 15.46%；研究报告共有 183 件，占比为 11.23%，与第一届至第十七届的总量占比比较，提高 2.79%；工具书（含资料书等）共有 37 件，占比为 2.27%，与第一届至第十七届的总量占比比较，下降 2.45%；科普读物和古籍整理最少，分别有 16 件和 21 件，占比只有 0.98%和 1.29%，与第一届至第十七届的总量占比比较，维持着既有状态，没有较大幅度的变化（见表 10-5）。对于著作来说，作者比较喜好的出版社主要有 10 家，第一是四川大学出版社 103 件，占 9.37%；第二是中国社会科学出版社 80 件，占 7.28%；第三是四川人民出版社 76 件，占 6.92%；第四是人民出版社 75 件，占 6.82%；第五是科学出版社 69 件，占 6.28%；第六是巴蜀书社 65 件，占 5.91%；第七是西南财经大学出版社 47 件，占 4.28%；第八是民族出版社 31 件，占 2.82%；第九是经济科学出版社 30 件，占 2.73%；第十是西南交通大学出版社 27 件，占 2.46%；其他出版社 496 件，占 45.13%。这些出版社的著作（含专著、译著、编著等）在各等次评奖中均有获奖，没有明显偏重或偏好倾向，说明四川省哲学社会科学优秀成果评奖与出版社的名称、类别和分级几乎没有关联。对于论文来说，A 级学术期刊（如《法学研究》《经济研究》《管理科学学报》等学科领域复合影响因子位居前列的 CSSCI 来源期刊）78 件，占 28.47%；B 级学术期刊（如《经济学季刊》《新华文摘》《中国管理科学》等学科领域复合影响因子较高的 CSSCI 来源期刊）24 件，占 8.76%；C 级学术期刊（如《财经科学》《经济体制改革》《社会科学研究》等 CSSCI 来源期刊）110 件，占 40.15%；其他学术期刊或出版社（如《光明日报》《人民日报》《市长参考》《四川人民出版社》等）42 件，占 15.33%；国外学术期刊 20 件，占 7.30%。一般来说，论文发表刊物的级别越高，获奖的可能越大，获奖的等次相对较高。对于研究报告来说，获奖成果均为基金立项项目结项成果，其中国家社科基金项目成果 34 件，占 18.58%；四川省社科基金项目成果 60 件，占 32.79%；其他基金项目成果 33 件，占 18.03%；省级、部级及其以上领导批示或党政机关采用 56 件，占 30.60%。一般来说，基金项目和采用证明的级别越高，获奖的可能越大，获奖的等次相对较高。

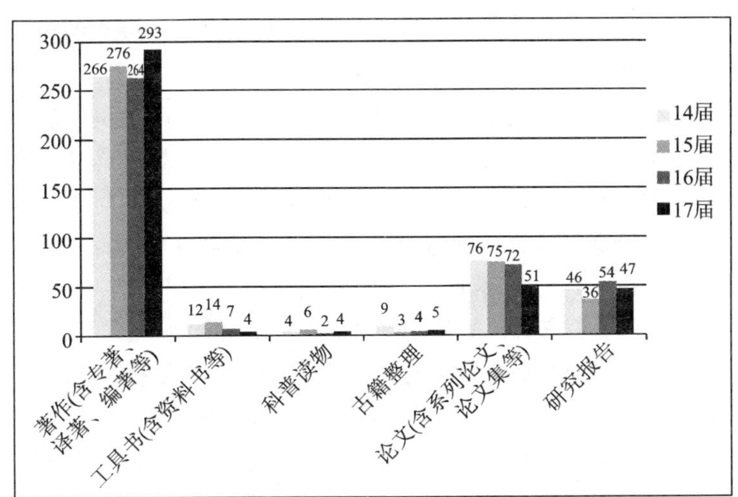

图 10-7　四川省哲学社会科学优秀成果评奖第十四届至十七届的获奖成果形式（单位：件）

数据来源：四川省社会科学界联合会、四川省哲学社会科学评奖委员会。

表 10-5　四川省哲学社会科学优秀成果评奖第十四届至第十七届的获奖成果形式

序号	成果形式	14 届（件）	当届占比（%）	15 届（件）	当届占比（%）	16 届（件）	当届占比（%）	17 届（件）	当届占比（%）	小计（件）	小计占比（%）	增加幅度（%）
1	著作（含专著、译著、编著等）	266	64.41	276	67.32	264	65.51	293	72.52	1 099	67.42	15.68
2	工具书（含资料书等）	12	2.91	14	3.41	7	1.74	4	0.99	37	2.27	-2.45
3	科普读物	4	0.97	6	1.46	2	0.50	4	0.99	16	0.98	-0.67
4	古籍整理	9	2.18	3	0.73	4	0.99	5	1.24	21	1.29	0.11
5	论文（含系列论文、论文集等）	76	18.40	75	18.29	72	17.87	51	12.62	274	16.81	-15.46
6	研究报告	46	11.14	36	8.78	54	13.40	47	11.63	183	11.23	2.79
	合计	413	100	410	100	403	100	404	100	1 630	100	—

数据来源：四川省社会科学界联合会、四川省哲学社会科学评奖委员会。

注：增加幅度是指获奖成果形式的第十四届至第十七届的小计占比与第一届至第十七届的总量占比的比较值。

可见，四川省哲学社会科学优秀成果评奖获奖成果的成果形式以著作和论文为主，并且在新阶段的发展趋向是，著作的比例大幅上升，论文的比例大幅减少，研究报告的比例有所提升。这也说明四川省哲学社会科学优秀成果评奖越来越注重研究成果的体系完善性、学术价值性与现实应用性，同时也要求研究报告最好是国家社科基金项目、省部级项目成果，或者有省级、部级及其以上领导批示或党政机关采用。

10.4.4.2　高校、党校和科研院所为主要获奖单位

哲学社会科学研究成果与哲学社会科学研究人才息息相关。高校、党校和科研院所等系统是哲学社会科学研究人才聚集的场所，是哲学社会科学研究成果生产集中的地方，也是四川省哲学社会科学优秀成果评奖获奖分布的主要单位。

从第一届至第十七届获奖单位所属系统来看，四川省哲学社会科学优秀成果评奖获奖成果（总共有 5 616 件）的单位所属系统以高校、党校和科研院所为主，三者在总数中的占比达到 80.59%（见图 10-8）。其中高校、党校 3 547 件，占比为 63.16%；科研院所 979 件，占比为 17.43%；省级部门 458 件，占比为 8.16%；市州部门 461 件，占比为 8.21%；企业与个人 171 件，占比为 3.04%。个人获奖者只在第一届以社会人士名义出现过，此后全部为各省级学会（协会、研究会）、市（州）社科联和高校社科联的成员，他们均有所属单位和系统。高校、党校和科研院所在哲学社会科学的人才、项目、经费、信息等方面具有较多较好的资源禀赋，在哲学社会科学研究方面占有较大的比较优势和综合优势。因而其在哲学社会科学优秀成果评奖中的获奖占比较大，是哲学社会科学研究名副其实的主力军，他们为推进马克思主义中国化，为服务共产党和地方政府决策，为弘扬优秀文化，为建设美好家园，发挥了重要的积极作用。

从第十四届至第十七届获奖单位所属系统来看，四川省哲

学社会科学优秀成果评奖获奖成果（总共有 1 630 件）的单位所属系统更是向高校、党校和科研院所集中，三者在总数中的占比达到 92.58%，与第一届至第十七届的总量占比比较，集中程度提高约 12 个百分点（见表 10-6）。其中，高校党校 127 件，占比为 78.34%，与第一届至第十七届的总量占比比较，提高 15.18%；科研院所 232 件，占比为 14.23%，与第一届至第十七届的总量占比比较，减少 3.20%；省级部门 61 件，占比为 3.74%，与第一届至第十七届的总量占比比较，减少 4.41%；市州部门 2.82 件，占比为 2.82%，与第一届至第十七届的总量占比比较，减少 5.39%；企业与个人 14 件，占比为 0.86%，与第一届至第十七届的总量占比比较，减少 2.19%。

可见，高校、党校和科研院所获奖成果的总量占比特别高，并呈逐届增加趋势，三者共同构成哲学社会科学研究与创新的主阵地，是四川省哲学社会科学研究的主力军，也是四川省哲学社会科学优秀成果研究与获奖的主产地；而其他获奖单位所属系统的占比相对较低，并逐届下降趋势，同时也反映出高校、党校教师和科研院所研究人员担当了哲学社会科学研究与创新的重任，是哲学社会科学事业繁荣与发展最主要的力量。

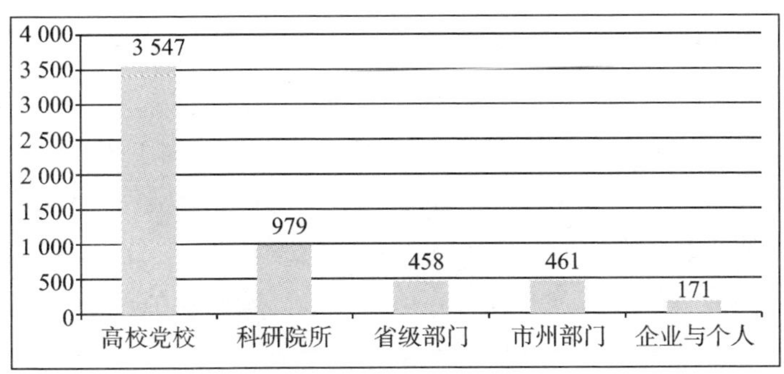

图 10-8 四川省哲学社会科学优秀成果评奖第一届至第十七届获奖成果的单位所属系统（单位：件）

数据来源：四川省社会科学界联合会、四川省哲学社会科学评奖委员会。

表 10-6　四川省哲学社会科学优秀成果评奖第十四届至第十七届获奖成果的单位所属系统

序号	单位性质	14 届（件）	当届占比（%）	15 届（件）	当届占比（%）	16 届（件）	当届占比（%）	17 届（件）	当届占比（%）	小计（件）	小计占比（%）	增加幅度（%）
1	高校党校	313	75.79	319	77.80	309	76.67	336	83.17	1 277	78.34	15.18
2	科研院所	60	14.53	53	12.93	65	16.13	54	13.37	232	14.23	-3.20
3	省级部门	18	4.36	19	4.63	14	3.47	10	2.48	61	3.74	-4.41
4	市州部门	17	4.12	15	3.66	10	2.48	4	0.99	46	2.82	-5.39
5	企业与个人	5	1.21	4	0.98	5	1.24	0	0.00	14	0.86	-2.19
	合计	413	100	410	100	403	100	404	100	1 630	100	—

数据来源：四川省社会科学界联合会、四川省哲学社会科学评奖委员会。

注：增加幅度是指获奖成果单位所属系统的第十四届至第十七届的小计占比与第一届至第十七届的总量占比的比较值。

10.4.4.3　获奖人员为个人的占比达到五成

哲学社会科学是尺量人类整体生存在宇宙时空中意义的工具。不仅包括哲学学科，也涵盖诸多相关文科学科和交叉学科。它是用科学方法研究人类社会种种现象的学科，其研究对象包含人和人类社会，研究目的在于揭示人类社会的本质，研究目标是为了帮助人们树立正确的世界观、人生观、价值观，探索掌握社会发展规律和社会管理规律。哲学社会科学研究有其独有的特殊性，一是研究对象具有复杂性，正如自然界没有完全相同的两片树叶一样，社会中也没有完全相同的个人和群体；二是研究目标具有复杂性，虽然人类社会的个体众多，需求多种多样，无法深入到细节，无法取得统一行为方式，但是可以在宏观方面形成社会总体合作的局面；三是研究结构具有复杂性，研究对象和研究目标的复杂性使得研究过程不得不是多领域、多层次甚至交叉派生的，如哲学、美学及其派生的文学艺术可以引导人们的世界观、人生观、价值观，政治学、经济学及其派生的法律制度可以支配人们的思想、观念、行为。

在哲学社会科学研究中，研究过程的实施与成果的取得更多受到研究者个人因素的影响。一是研究者自身的知识积累、思维方式、兴趣爱好、观察能力等因素对哲学社会科学研究具有很大影响，二是研究者积累的社会阅历、社会经验和面对的社会环境等因素对哲学社会科学研究具有重要影响，三是研究者个人的情感、意识、思想、心理素质和价值观念等因素对哲学社会科学研究具有较大影响。因此，不同的研究者对于同一论题取得的研究结果不尽相同，其研究内容、研究方法、研究角度、研究结论、适用范围等均可能不一样，这也使得哲学社会科学研究及其成果是各色各样、五花八门的，具有较强的多样性、丰富性和独特性。

从第一届至第十七届获奖成果人数构成来看，四川省哲学社会科学优秀成果评奖获奖成果（总共有 5 616 件）的人数构成以个人为主（见图 10-9）。在所有获奖成果中，获奖人员为 1 人的有 2 844 件，占比达到 50.64%；获奖人员为 2 人的有 645 件，占比为 11.49%；获奖人员为 3 人的有 380 件，占比为 6.77%；获奖人员为 4 人的有 299 件，占比为 5.32%；获奖人员为 5 人的有 1 150 件，占比为 20.48%；获奖人员为 6 人及以上的有 298 件，占比为 5.31%。获奖成果的独著率高，即获奖人员为 1 人的占到五成，说明四川省哲学社会科学研究以个体自主研究为主。同时获奖成果的合著率达到 49.36%，即获奖人员为 2 人及以上的（一般为个人合作、课题组、调研组或编委会等研究团队）也占到了近五成，标示着四川省的哲学社会科学研究正在日益成为公共行为、公共活动和公共产品，只是这些群体的科研活动需要一定的组织架构，需要相互信任和相互配合，需要通过分工、协调、组织、管理、整合与优化来落实到具体，这样才能生产出对经济、政治、文化和社会建设有价值的高质量的科研成果。

从第十四届至第十七届获奖成果人数构成来看，四川省哲学社会科学优秀成果评奖获奖成果（总共有 1 630 件）的人数构成虽然仍然以个人为主，但是已经有新的改变和趋势（见表 10-7）。在近四届获奖成果中，获奖人员为 1 人的有 675 件，占比达到 41. 41%，与第一届至第十七届的总量占比比较，下降 9. 29 个百分点；获奖人员为 2 人的有 180 件，占比为 11. 04%，与第一届至第十七届的总量占比比较，下降 0. 44 个百分点；获奖人员为 3 人的有 120 件，占比为 7. 36%，与第一届至第十七届的总量占比比较，增加 0. 60 个百分点；获奖人员为 4 人的有 125 件，占比为 7. 67%，与第一届至第十七届的总量占比比较，增加 2. 34 个百分点；获奖人员为 5 人的有 429 件，占比为 26. 32%，与第一届至第十七届的总量占比比较，增加 5. 84 个百分点；获奖人员为 6 人及以上的有 101 件，占比为 6. 20%，与第一届至第十七届的总量占比比较，增加 0. 95 个百分点。

可见，四川省哲学社会科学优秀成果评奖获奖成果的人数构成以个人为主流，但在新阶段，以个体自主研究为主体的地位已经开始动摇，正在走向群体自主研究方向，正在形成研究队伍，同时反映出哲学社会科学研究活动不仅是个人的事情，更是团队、集体和组织的事情，需要合作、交流与互补。因而哲学社会科学研究正在由以个人活动为主向以组织活动为主转变，越来越多超越个体的狭小范围，日益渗透着更多的领域、力量和技术支撑。

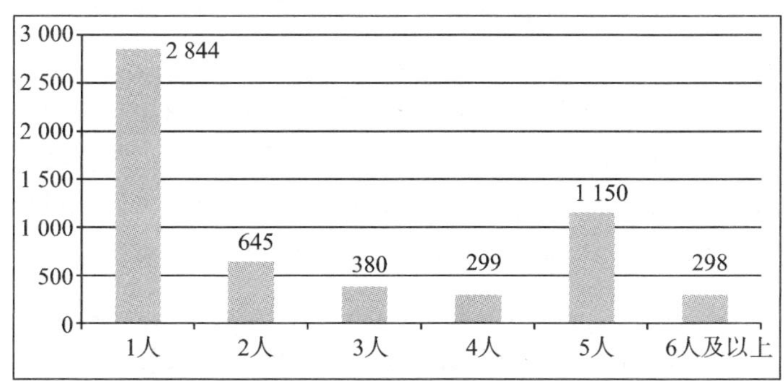

图 10-9　四川省哲学社会科学优秀成果评奖第一届至第十七届获奖成果的人数构成情况（单位：件）

数据来源：四川省社会科学界联合会、四川省哲学社会科学评奖委员会。

表 10-7　四川省哲学社会科学优秀成果评奖第十四届至第十七届获奖成果的人数构成情况

序号	人数构成	14 届（件）	当届占比（%）	15 届（件）	当届占比（%）	16 届（件）	当届占比（%）	17 届（件）	当届占比（%）	小计（件）	小计占比（%）	增加幅度（%）
1	1 人	182	44. 07	177	43. 17	154	38. 21	161	39. 85	675	41. 41	-9. 29
2	2 人	43	10. 41	39	9. 51	46	11. 41	52	12. 87	180	11. 04	-0. 44
3	3 人	32	7. 75	24	5. 85	32	7. 94	32	7. 92	120	7. 36	0. 60
4	4 人	33	7. 99	30	7. 32	23	5. 71	39	9. 65	125	7. 67	2. 34
5	5 人	91	22. 03	112	27. 32	120	29. 78	106	26. 24	429	26. 32	5. 84
6	6 人及以上	32	7. 75	28	6. 83	28	6. 95	14	3. 47	101	6. 20	0. 95
	合计	413	1	410	1	403	1	404	1	1630	100	—

数据来源：四川省社会科学界联合会、四川省哲学社会科学评奖委员会。

注：增加幅度是指获奖成果人数构成的第十四届至第十七届的小计占比与第一届至第十七届的总量占比的比较值。

10. 4. 4. 4　合作研究单位构成的主流为 2~3 个

合作研究是指高等院校、科研院所、政府部门、行业协会和企业等组织机构，为了克服研究困难、缩短研究周期、节约研究成本，以合作创新为目的，以共同利益为基础，以资源互补为前提，通过契约或者隐形契约约束联合行为而自愿形成的伙伴关系。合作研究有利于发挥合作各方各自的比较优势，共同完成研究项目，共同分享利益，是科技日益发展、社会日趋进步、交流日渐畅通的社会和地区中比较流行的一种研究模式。合作研究的意义不仅在于获取互补资源，规避不良风险，克服无效率行为，共同完成项目，还能从合作的知识交换过程中增强协作精神，提高研究能力，为未来研究打下良好基础。合作研究与科学发展本身是一个交互作用的“循环”过程，合作既是科研演化的结果，又是科研演化的动力①。合作研究单位可以是同类同行的协作，也可以是多领域多行业的互补。

从第一届至第十七届获奖成果合作单位构成来看，四川省哲学社会科学优秀成果评奖获奖成果的合作单位构成（总共有1 414 件）的主流为2~3 个（见图10-10）。在所有获奖成果中，获奖成果合作单位为2 个的有780 件，在获奖成果总数的占比为13. 89%；获奖成果合作单位为 3 个的有 365 件，在获奖成果总数的占比为6. 50%；获奖成果合作单位为4 个的有198 件，在获奖成果总数的占比为3. 53%；获奖成果合作单位为 5 个的有 67 件，在获奖成果总数的占比为 1. 19%；获奖成果合作单位为6 个及以上的有780 件，在获奖成果总数的占比为0. 07%。获奖成果合作单位构成的数量之所以大多为两三个，这与哲学社会科学的研究对象的性质有关，因为哲学社会科学的研究对象是一种特殊的社会事实或社会现象，他们具有“自为性”，其形成和演变离不开人类群体和个人有意识、有意向、有意志、有理性、有情感的活动，也就是说，打上了人伦道德的烙印，承附

① 吴彤，乔宏刚，汪立群. 论“科研合作研究”性质及其意义——一个科研合作与其对象相关性研究［J］. 大自然探索，1996，58（4）：93-97.

着社群价值的取向，凝结着人的意志，寄托着人的情感，携带着人的好恶。这就使得研究者之间有着各种各样的互动，包括相互对话、辩论、对抗、制约、妥协或顺应等，大大降低合作研究的效率，而合作单位少，有利于减少不确定性，使得合作组织与管理更加顺畅，取得更高的研究效率和成果。

从第十四届至第十七届获奖成果合作单位构成来看，四川省哲学社会科学优秀成果评奖获奖成果的合作单位构成（总共有 489 件）的主流仍然为两三个，并且逐届增强趋势明显（见表 10-8）。在近四届获奖成果中，合作单位为 2 个的有 274 件，占比达到 16.81%，与第一届至第十七届总占比比较，增加 2.92 个百分点；合作单位为 3 个的有 136 件，占比达到 8.34%，与第一届至第十七届总占比比较，增加 1.84 个百分点；合作单位为 4 个的有 64 件，占比达到 3.93%，与第一届至第十七届总占比比较，增加 0.40 个百分点；合作单位为 5 个的有 13 件，占比达到 0.80%，与第一届至第十七届总占比比较，下降 0.40 个百分点；合作单位为 6 个及以上的有 2 件，占比达到 0.12%，与第一届至第十七届总占比比较，增加 0.05 个百分点。这说明两三个单位合作的比例在不断增长，并且总体合作的规模在不断扩大。

可见，四川省哲学社会科学优秀成果评奖获奖成果的合作单位构成以两三个为主，说明在哲学社会科学研究中，开放交流的合作研究呈上升趋势，个人研究在不断减少。这是科学发展需要的结果，也是社会发展进步的潮流。虽然哲学社会科学当前的合作研究还处于一种动态演化过程之中，但是合作研究是一种趋势，也是一种时尚，其产生的智力、方法以及学科之间的互补是个人研究无法比拟的，必将会生产出更多更好的成果，进而推动科学和社会又好又快地发展与进步。

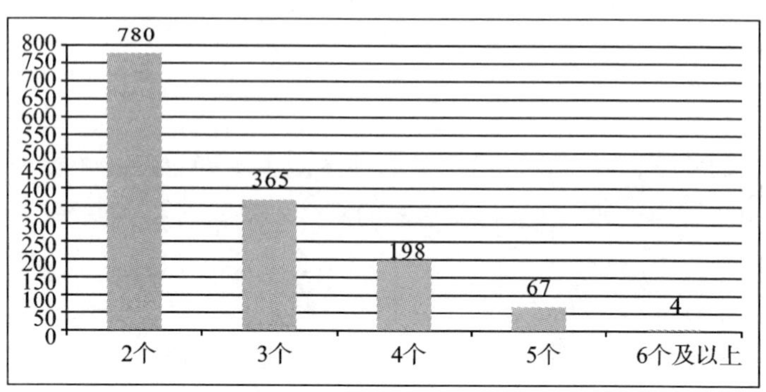

图 10-10　四川省哲学社会科学评奖第一届至第十七届获奖成果的合作单位构成（单位：件）

数据来源：四川省社会科学界联合会、四川省哲学社会科学评奖委员会。

表 10-8　四川省哲学社会科学优秀成果评奖第十四届至第十七届获奖成果的合作单位构成

序号	合作单位	14 届（件）	当届占比（%）	15 届（件）	当届占比（%）	16 届（件）	当届占比（%）	17 届（件）	当届占比（%）	小计（件）	小计占比（%）	增加幅度（%）
1	2 个	66	15. 98	63	15. 37	72	17. 87	73	18. 07	274	16. 81	2. 92
2	3 个	26	6. 30	34	8. 29	37	9. 18	39	9. 65	136	8. 34	1. 84
3	4 个	13	3. 15	16	3. 90	14	3. 47	21	5. 20	64	3. 93	0. 40
4	5 个	4	0. 97	5	1. 22	2	0. 50	2	0. 50	13	0. 80	-0. 40
5	6个及以上	0	0	0	0	0	0	2	0. 50	2	0. 12	0. 05
	合计	109	26. 39	117	28. 54	123	30. 52	131	32. 43	489	30. 00	—

数据来源：四川省社会科学界联合会、四川省哲学社会科学评奖委员会。

注：增加幅度是指合作单位构成的第十四届至第十七届的小计占比与第一届至第十七届的总量占比的比较值。

10. 4. 4. 5　四川大学在获奖单位中高居榜首

高等院校是人才、知识和智力高度密集的地方，在基础研究、学科建设、科研队伍、社会资源和情报信息等方面具有整体实力和综合优势，是哲学社会科学研究的主体力量和重要阵地，在一定程度上引领着哲学社会科学研究的方向。当前，我国经济社会发展中仍然存在着许多亟待解决的问题，需要高等院校在经济建设和改革开放服务中充分发挥作用，需要其坚持以人民为中心的发展思想，树立和贯彻落实新发展理念，把握引领经济发展新常态，推进供给侧结构性改革，促进经济平稳健康发展和社会和谐稳定，实现“两个一百年”奋斗目标。科学研究需要把发展作为第一要务，把经济建设作为中心任务，妥善解决各种矛盾和问题，继续推动四川和国家经济社会的发展。在四川省的高等院校中，四川大学是教育部直属全国重点大学，是国家布局在中国西部的重点建设的高水平研究型综合大学，学科门类齐全，人文底蕴深厚，科研实力雄厚，标志性成果不断涌现，是服务国家和区域经济社会发展的国家技术转移中心之一。

从第一届至第十七届获奖成果数量的学校分布情况来看，四川大学在四川省哲学社会科学优秀成果评奖获奖成果数量（总共有 5 616 件）的学校分布构成（含党校，下同，共 3 568 件）中具有绝对数量优势，属于获奖学校中的巨头。

在第一届至第十七届获奖成果中，获奖数量排位前五名的学校分别是：四川大学位居第一名，获奖 898 件，总占比 15. 99%，学校占比 25. 17%，至少是其他学校的两倍多（见图 10-11、表 10-9）；西南财经大学位居第二名，获奖 396 件，总占比 7. 05%，学校占比 11. 10%；四川师范大学位居第三名，获奖 342 件，总占比 6. 09%，学校占比 9. 59%；西南民族大学位居第四名，获奖 239 件，总占比 4. 26%，学校占比 6. 70%；西华师范大学位居第五名，获奖 211 件，总占比 3. 76%，学校占比 5. 91%。

在第十四届至第十七届获奖成果中，获奖数量排位前五名的学校位次在新阶段有一些变化，四川大学位居第一名，获奖

259 件，总占比 20.28%，与第一届至第十七届的总量占比比较，增加 4.28 个百分点（见表 10-10）；四川师范大学位居第二名，获奖 152 件，总占比 11.90%，与第一届至第十七届的总量占比比较，增加 5.81 个百分点，增加幅度最多；西南民族大学位居第三名，获奖 121 件，总占比 9.48%，与第一届至第十七届的总量占比比较，增加 5.22 个百分点，增加幅度第二多；西南财经大学第四名，获奖 117 件，总占比 9.16%，与第一届至第十七届的总量占比比较，增加 2.11 个百分点；西华师范大学第五名，获奖 74 件，总占比 5.79%，与第一届至第十七届的总量占比比较，增加 2.04 个百分点。

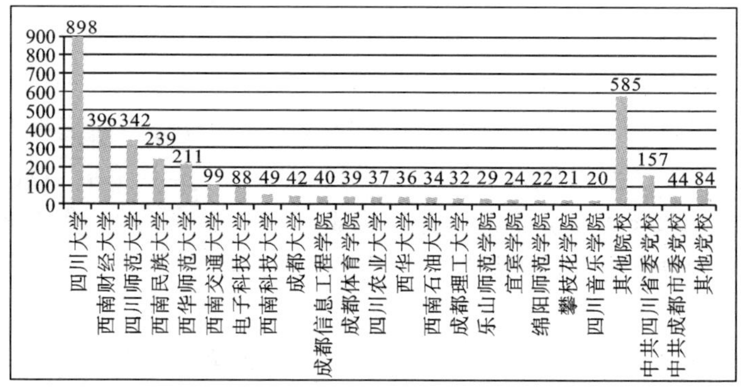

图 10-11　四川省哲学社会科学优秀成果评奖第一届至第十七届获奖成果数量的学校分布情况（单位：件）

数据来源：四川省社会科学界联合会、四川省哲学社会科学评奖委员会。

表 10-9　四川省哲学社会科学优秀成果评奖第一届至第十七届获奖成果数量的总量占比与学校占比

序号	学校	总数量（件）	总量占比（%）	学校占比（%）	相对倍数
1	四川大学	898	15.99	25.17	—

表10-9(续)

序号	学校	总数量(件)	总量占比(%)	学校占比(%)	相对倍数
2	西南财经大学	396	7.05	11.10	2.27
3	四川师范大学	342	6.09	9.59	2.63
4	西南民族大学	239	4.26	6.70	3.76
5	西华师范大学	211	3.76	5.91	4.26
6	西南交通大学	99	1.76	2.77	9.07
7	电子科技大学	88	1.57	2.47	10.20
8	西南科技大学	49	0.87	1.37	18.33
9	成都大学	42	0.75	1.18	21.38
10	成都信息工程学院	40	0.71	1.12	22.45
11	成都体育学院	39	0.69	1.09	23.03
12	四川农业大学	37	0.66	1.04	24.27
13	西华大学	36	0.64	1.01	24.94
14	西南石油大学	34	0.61	0.95	26.41
15	成都理工大学	32	0.57	0.90	28.06
16	乐山师范学院	29	0.52	0.81	30.97
17	宜宾学院	24	0.43	0.67	37.42
18	绵阳师范学院	22	0.39	0.62	40.82
19	攀枝花学院	21	0.37	0.59	42.76
20	四川音乐学院	20	0.36	0.56	44.90
21	其他院校	585	10.42	16.40	1.54
22	中共四川省委党校	157	2.80	4.40	5.72
23	中共成都市委党校	44	0.78	1.23	20.41
24	其他党校	84	1.50	2.35	10.69

数据来源：四川省社会科学界联合会、四川省哲学社会科学评奖委员会。

注：相对倍数是指获奖成果数量的第一位次的学校占比相对于其他位次的学校占比的倍数。

表 10-10　四川省哲学社会科学优秀成果评奖第十四届至第十七届获奖成果数量的学校分布情况

序号	高校党校	14 届（件）	当届占比（%）	15 届（件）	当届占比（%）	16 届（件）	当届占比（%）	17 届（件）	当届占比（%）	小计（件）	小计占比（%）	增加幅度（%）
1	四川大学	68	16. 46	69	16. 83	55	13. 65	67	16. 58	259	20. 28	4. 29
2	西南财经大学	33	7. 99	25	6. 10	29	7. 20	30	7. 43	117	9. 16	2. 11
3	四川师范大学	40	9. 69	45	10. 98	34	8. 44	33	8. 17	152	11. 90	5. 81
4	西南民族大学	26	6. 30	32	7. 80	31	7. 69	32	7. 92	121	9. 48	5. 22
5	西华师范大学	23	5. 57	16	3. 90	18	4. 47	17	4. 21	74	5. 79	2. 04
6	西南交通大学	16	3. 87	12	2. 93	9	2. 23	13	3. 22	50	3. 92	2. 15
7	电子科技大学	12	2. 91	11	2. 68	19	4. 71	11	2. 72	53	4. 15	2. 58
8	西南科技大学	7	1. 69	5	1. 22	6	1. 49	11	2. 72	29	2. 27	1. 40
9	成都大学	4	0. 97	5	1. 22	5	1. 24	6	1. 49	20	1. 57	0. 82
10	成都信息工程学院	8	1. 94	5	1. 22	7	1. 74	8	1. 98	28	2. 19	1. 48
11	成都体育学院	5	1. 21	5	1. 22	7	1. 74	7	1. 73	24	1. 88	1. 18
12	四川农业大学	6	1. 45	6	1. 46	5	1. 24	8	1. 98	25	1. 96	1. 30
13	西华大学	3	0. 73	9	2. 20	6	1. 49	7	1. 73	25	1. 96	1. 32
14	西南石油大学	5	1. 21	4	0. 98	5	1. 24	6	1. 49	20	1. 57	0. 96
15	成都理工大学	3	0. 73	6	1. 46	3	0. 74	6	1. 49	18	1. 41	0. 84
16	乐山师范学院	4	0. 97	6	1. 46	5	1. 24	6	1. 49	21	1. 64	1. 13
17	宜宾学院	3	0. 73	4	0. 98	5	1. 24	6	1. 49	18	1. 41	0. 98
18	绵阳师范学院	1	0. 24	5	1. 22	3	0. 74	1	0. 25	10	0. 78	0. 39
19	攀枝花学院	1	0. 24	2	0. 49	3	0. 74	4	0. 99	10	0. 78	0. 41
20	四川音乐学院	1	0. 24	3	0. 73	7	1. 74	4	0. 99	15	1. 17	0. 82
21	其他院校	27	6. 54	32	7. 80	31	7. 69	39	9. 65	129	10. 10	-0. 31
22	中共四川省委党校	10	2. 42	9	2. 20	11	2. 73	7	1. 73	37	2. 90	0. 10
23	中共成都市委党校	2	0. 48	1	0. 24	2	0. 50	1	0. 25	6	0. 47	-0. 31
24	其他党校	5	1. 21	2	0. 49	3	0. 74	6	1. 49	16	1. 25	-0. 24
	合计	313	75. 79	319	77. 80	309	76. 67	336	83. 17	1 277	100	—

数据来源：四川省社会科学界联合会、四川省哲学社会科学评奖委员会。

注：增加幅度是指所属单位获奖成果数量的第十四届至第十七届的小计占比与第一届至第十七届的总量占比的比较值。

可见，在获奖成果数量方面，无论是整个时期还是新阶段，四川大学在四川哲学社会科学优秀成果评奖中的获奖数量至少都是其他学校的两倍多，获奖优势明显，并且在新阶段的增加幅度明显，是四川省哲学社会科学研究中名副其实的翘楚。但是，在新阶段出现了一些新的变化，四川师范大学和西南民族大学的增加幅度高于其他学校，增加幅度达到5%以上，而西南财经大学的增加幅度仅比西华师范大学高0.07个百分点，已经由第二名退居为第四名。

从总体获奖成果权重分①的学校分布情况来看，四川大学在四川省哲学社会科学优秀成果评奖第一届至第十七届获奖成果权重分（总共有5 616件，12 428分）的学校分布构成（含党校，下同，共8 085分）中具有绝对质量优势，获奖成果的等次相对更高（见图10-12）。

在第一届至第十七届获奖成果中，权重分排位前五名的学校与数量排名前五名的学校的顺序没有变化，四川大学位居第一名，获奖成果权重分2 325分，总量占比18.71%，与数量占比比较，增加2.72个百分点，学校占比28.76%，与系统占比比较，增加3.59个百分点（见图10-13，表10-11）；西南财经大学位居第二名，获奖成果权重分981分，总量占比7.89%，与数量占比比较，增加0.84个百分点，学校占比12.13%，与系统占比比较，增加1.03个百分点；四川师范大学位居第三名，获奖成果权重分795分，总量占比6.40%，与数量占比比较，增加0.31个百分点，学校占比9.83%，与系统占比比较，增加0.25个百分点；西南民族大学位居第四名，获奖成果权重分525分，总量占比4.22%，与数量占比比较，减少0.03个百分点，学校占比6.49%，与系统占比比较，减少0.20个百分

① 权重分赋值：荣誉奖7分，一等奖6分，二等奖4分，三等奖2分，优秀奖（含四等奖）1分。

点；西华师范大学位居第五名，获奖成果权重分 464 分，总量占比 3.73%，与数量占比比较，减少 0.02 个百分点，学校占比 5.74%，与系统占比比较，减少 0.17 个百分点。

在第十四届至第十七届获奖成果中，权重分排位前五名的学校也有新的变化，四川大学位居第一名，获奖成果权重分 758 分，占比 23.93%，与第一届至第十七届的总量占比比较，增加 5.23 个百分点（见表 10-12）；四川师范大学位居第二名，获奖成果权重分 372 分，占比 11.75%，与第一届至第十七届总量的占比比较，增加 5.35 个百分点；西南财经大学位居第三名，获奖成果权重分 330 分，占比 10.42%，与第一届至第十七届的总量占比比较，增加 2.53 个百分点；西南民族大学位居第四名，获奖成果权重分 302 分，占比 9.54%，与第一届至第十七届的总量占比比较，增加 5.31 个百分点；西华师范大学位居第五名，获奖成果权重分 188 分，占比 5.94%，与第一届至第十七届的总量占比比较，增加 2.20 个百分点。

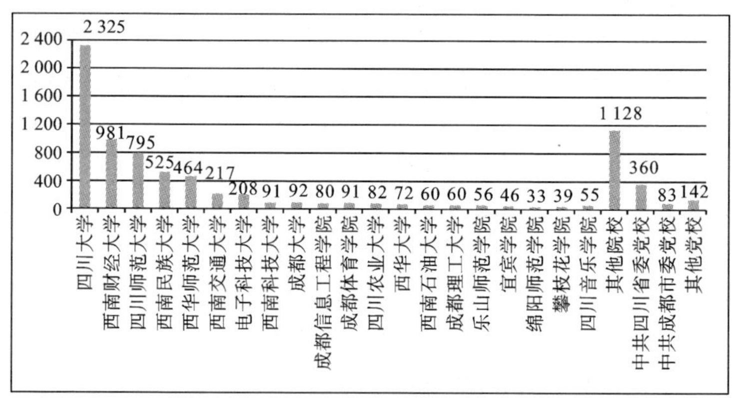

图 10-12　四川省哲学社会科学优秀成果评奖第一届至第十七届获奖成果权重分的学校分布情况

数据来源：四川省社会科学界联合会、四川省哲学社会科学评奖委员会。

注：获奖成果权重分赋分：荣誉奖 7 分，一等奖 6 分，二等奖 4 分，三等奖 2 分，优秀奖（含四等奖）1 分。

表 10-11　四川省哲学社会科学优秀成果评奖第一届至第十七届获奖成果权重分的学校分布的总量占比、系统占比及与数量占比比较的增加幅度

单位:%

序号	学校	权重分	权重占比	权重增加幅度	系统占比	系统增加幅度
1	四川大学	2 325	18.71	2.72	28.76	3.59
2	西南财经大学	981	7.89	0.84	12.13	1.03
3	四川师范大学	795	6.40	0.31	9.83	0.25
4	西南民族大学	525	4.22	−0.03	6.49	−0.20
5	西华师范大学	464	3.73	−0.02	5.74	−0.17
6	西南交通大学	217	1.75	−0.02	2.68	−0.09
7	电子科技大学	208	1.67	0.11	2.57	0.11
8	西南科技大学	91	0.73	−0.14	1.13	−0.25
9	成都大学	92	0.74	−0.01	1.14	−0.04
10	成都信息工程学院	80	0.64	−0.07	0.99	−0.13
11	成都体育学院	91	0.73	0.04	1.13	0.03
12	四川农业大学	82	0.66	0.00	1.01	−0.02
13	西华大学	72	0.58	−0.06	0.89	−0.12
14	西南石油大学	60	0.48	−0.12	0.74	−0.21
15	成都理工大学	60	0.48	−0.09	0.74	−0.15
16	乐山师范学院	56	0.45	−0.07	0.69	−0.12
17	宜宾学院	46	0.37	−0.06	0.57	−0.10
18	绵阳师范学院	33	0.27	−0.13	0.41	−0.21
19	攀枝花学院	39	0.31	−0.06	0.48	−0.11
20	四川音乐学院	55	0.44	0.09	0.68	0.12
21	其他院校	1 128	9.08	−1.34	13.95	−2.44
22	中共四川省委党校	360	2.90	0.10	4.45	0.05
23	中共成都市委党校	83	0.67	−0.12	1.03	−0.21

表10-11(续)

序号	学校	权重分	权重占比	权重增加幅度	系统占比	系统增加幅度
24	其他党校	142	1.14	-0.35	1.76	-0.60
	合计	8 085	65.05	1.52	—	—

数据来源：四川省社会科学界联合会、四川省哲学社会科学评奖委员会。

注：获奖成果权重分赋分：荣誉奖7分，一等奖6分，二等奖4分，三等奖2分，优秀奖（含四等奖）1分。权重增加幅度是指第一届至第十七届获奖成果的权重占比与数量占比的比较值。系统占比是指所属单位获奖成果的权重分在所属系统（高等院校）权重分总和中所占的比例。系统增加幅度是指所属单位获奖成果权重分的系统占比与数量占比的比较值。

表10-12　四川省哲学社会科学优秀成果评奖第十四届至第十七届获奖成果权重分的学校分布情况

序号	学校	14届（件）	当届占比（%）	15届（件）	当届占比（%）	16届（件）	当届占比（%）	17届（件）	当届占比（%）	小计（件）	小计占比（%）	增加幅度（%）
1	四川大学	191	19.92	193	19.90	177	16.71	197	18.48	758	23.93	5.23
2	西南财经大学	88	9.18	68	7.01	84	7.93	90	8.44	330	10.42	2.53
3	四川师范大学	93	9.70	101	10.41	92	8.69	86	8.07	372	11.75	5.35
4	西南民族大学	62	6.47	73	7.53	76	7.18	91	8.54	302	9.54	5.31
5	西华师范大学	45	4.69	42	4.33	50	4.72	51	4.78	188	5.94	2.20
6	西南交通大学	35	3.65	30	3.09	20	1.89	32	3.00	117	3.69	1.95
7	电子科技大学	35	3.65	32	3.30	46	4.34	28	2.63	141	4.45	2.78
8	西南科技大学	11	1.15	8	0.82	14	1.32	26	2.44	59	1.86	1.13
9	成都大学	8	0.83	7	0.72	12	1.13	18	1.69	45	1.42	0.68
10	成都信息工程学院	14	1.46	10	1.03	16	1.51	20	1.88	60	1.89	1.25
11	成都体育学院	12	1.25	16	1.65	16	1.51	16	1.50	60	1.89	1.16
12	四川农业大学	13	1.36	14	1.44	12	1.13	22	2.06	61	1.93	1.27
13	西华大学	5	0.52	19	1.96	14	1.32	16	1.50	54	1.71	1.13
14	西南石油大学	9	0.94	4	0.41	10	0.94	12	1.13	35	1.11	0.62
15	成都理工大学	6	0.63	14	1.44	6	0.57	12	1.13	38	1.20	0.72
16	乐山师范学院	6	0.63	12	1.24	12	1.13	12	1.13	42	1.33	0.88

表10-12(续)

序号	学校	14届（件）	当届占比（%）	15届（件）	当届占比（%）	16届（件）	当届占比（%）	17届（件）	当届占比（%）	小计（件）	小计占比（%）	增加幅度（%）
17	宜宾学院	5	0.52	10	1.03	12	1.13	12	1.13	39	1.23	0.86
18	绵阳师范学院	2	0.21	7	0.72	6	0.57	2	0.19	17	0.54	0.27
19	攀枝花学院	2	0.21	3	0.31	6	0.57	8	0.75	19	0.60	0.29
20	四川音乐学院	6	0.63	8	0.82	18	1.70	10	0.94	42	1.33	0.88
21	其他院校	39	4.07	51	5.26	66	6.23	90	8.44	246	7.77	-1.31
22	中共四川省委党校	26	2.71	22	2.27	26	2.46	20	1.88	94	2.97	0.07
23	中共成都市委党校	6	0.63	2	0.21	4	0.38	2	0.19	14	0.44	-0.23
24	其他党校	8	0.83	6	0.62	6	0.57	14	1.31	34	1.07	-0.07
	合计	727	75.81	752	77.53	801	75.64	887	83.21	3 167	100	—

数据来源：四川省社会科学界联合会、四川省哲学社会科学评奖委员会。

注：获奖成果权重分赋分：荣誉奖7分，一等奖6分，二等奖4分，三等奖2分，优秀奖（含四等奖）1分。增加幅度是指所属单位获奖成果权重分的第十四届至第十七届的小计占比与第一届至第十七届的总量占比的比较值。

可见，在获奖成果权重分方面，无论是整个时期还是新阶段，除四川大学一家独大，是四川省哲学社会科学研究当之无愧的领先集团之外，四川师范大学、西南财经大学、西南民族大学和西华师范大学四所学校位居前列，是四川省哲学社会科学研究集中的第二集团，其原因是这五所学校获奖成果的数量多、级别高，其他学校获奖成果的数量与级别均无法与之比较，也说明四川省哲学社会科学研究主要集中在这五所学校，他们在哲学社会科学研究方面的人才、资源、基础和实力出众，是四川省哲学社会科学研究水平和学术水平的主要代表。同时，值得注意的是，在新阶段，电子科技大学和西南交通大学的增加幅度均为两个百分点左右，他们可以算作是四川省哲学社会科学研究新兴集团的代表，也有希望成为四川省哲学社会科学研究值得关注和期待的新生力量。另外，党校、高校和科研院所一样，是我国哲学社会科学五路大军[①]中一支重要的方面军，其队伍庞大，人才富集，资源丰富，思想活跃，对于国家和地区中长期发展战略问题、重大现实问题、突出矛盾问题以及党情、政情、社情问题的研究具有较强的前瞻性、对策性和应用性，是四川省哲学社会科学研究的重要阵地。

10.4.4.6 四川省社会科学院在科研院所中名列前茅

科研院所是指为解决某些科学或实践问题而展开研究的专门科研机构，包括科学院、研究院、研究所、研究室等。四川省哲学社会科学方面的科研院所主要指社科院、社科所、研究院、研究所、研究中心、研究室、编委会、学会、协会以及其他科研单位等。他们是国际国内经济、政治、文化和社会发展等重大问题和对策的重要研究阵地，是社会主义事业推进的重要智库，也是四川省委、省政府与地方党委、政府的重要思想库和智囊团，对党和政府的科学决策、高端决策提供了有力的理论支持、智力帮助和咨询服务。四川省哲学社会科学优秀成果评奖获奖成果较多的科研院所主要有四川省社会科学院、成都市社会科学院和四川省民族研究所三家单位。

从总体获奖成果数量的科研院所分布情况来看，四川省社会科学院是科研院所中获奖成果数量最多的单位，远远多于其他科研机构。

在第一届至第十七届获奖成果中，科研院所总共获奖 979 件，占比 17.43%（期间总共奖项 5 616 件）。四川省社会科学院获奖 473 件，总量占比 8.42%，系统占比 48.31%，几乎占有科研院所获奖成果数量的一半，是科研院所中获奖成果数量最多的

---

① 习近平总书记在哲学社会科学工作座谈会重要讲话中指出，目前我国哲学社会科学有五路大军，包括高等院校、党校（行政学院）、部队院校、科研院所、党政部门研究机构。

单位（见图 10-13）；成都市社会科学院获奖 34 件，总量占比 0. 61%，系统占比 3. 47%，是科研院所中获奖成果数量位居第二的单位；四川省民族研究所获奖 27 件，总量占比 0. 48%，系统占比 2. 76%，是科研院所中获奖成果数量位居第三的单位；其他科研院所获奖 445 件，总量占比 7. 92%，系统占比 45. 45%。

在第十四届至第十七届获奖成果中，科研院所总共获奖 232 件，占比 18. 17%（期间奖项总计 1 277 件）。四川省社会科学院获奖 114 件，小计占比 8. 93%，系统占比 49. 14%，与第一届至第十七届总量占比比较，二者在新阶段均有小幅增加（见表 10-13）；成都市社会科学院获奖 11 件，小计占比 0. 86%，系统占比 4. 74%，二者在新阶段均小幅增加；四川省民族研究所获奖 6 件，小计占比 0. 47%，系统占比 2. 59%，二者在新阶段均有小幅减少；其他科研院所获奖 101 件，小计占比 7. 91%，系统占比 43. 53%，二者在新阶段均有小幅减少。

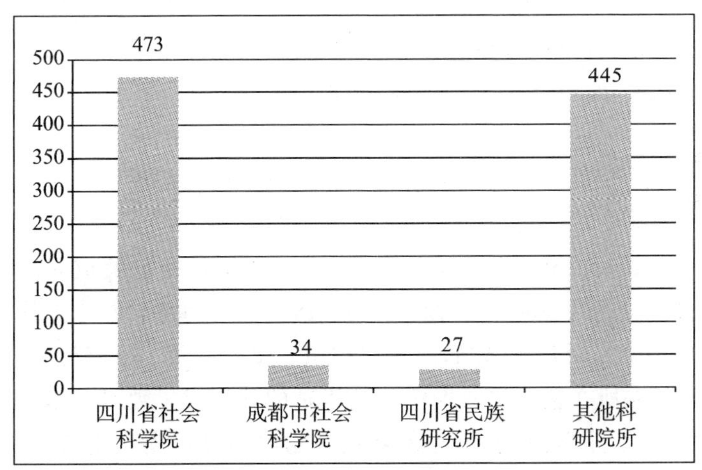

图 10-13　四川省哲学社会科学优秀成果评奖第一届至第十七届获奖成果数量的科研院所分布情况（单位：件）

数据来源：四川省社会科学界联合会、四川省哲学社会科学评奖委员会。

表 10-13　四川省哲学社会科学优秀成果评奖第十四届至第十七届获奖成果数量的科研院所分布情况

序号	科研院所	14 届（件）	当届占比（%）	15 届（件）	当届占比（%）	16 届（件）	当届占比（%）	17 届（件）	当届占比（%）	小计（件）	小计占比（%）	系统占比（%）
1	四川省社会科学院	24	5. 81	22	5. 37	34	8. 44	34	8. 42	114	8. 93	49. 14
2	成都市社会科学院	2	0. 48	3	0. 73	4	0. 99	2	0. 50	11	0. 86	4. 74
3	四川省民族研究所	1	0. 24	3	0. 73	1	0. 25	1	0. 25	6	0. 47	2. 59
4	其他科研院所	33	7. 99	25	6. 10	26	6. 45	17	4. 21	101	7. 91	43. 53
	合计	60	14. 53	53	12. 93	65	16. 13	54	13. 37	232	18. 17	100

数据来源：四川省社会科学界联合会、四川省哲学社会科学评奖委员会。

可见，科研院所是四川省哲学社会科学研究的重要力量，获奖成果数量约占总量的 18%，并在新阶段有小幅增加趋势。其中，四川省社会科学院是四川省哲学社会科学优秀成果评奖获奖成果数量最多也是质量最高的专门科研机构，是四川省哲学社会科学研究的中坚力量，为四川省实施多点多极支撑发展战略，推进区域经济社会发展，开创全面深化改革新局面，谱写中国梦四川篇章做出了巨大贡献。

从总体获奖成果权重分的科研院所分布情况来看，四川省社会科学院是科研院所中获奖成果权重分最高的单位，比其他科研机构的总分之和还多（见图 10-14）。

在第一届至第十七届获奖成果中，科研院所获奖成果总共的权重分为 2 256 分，总量占比 18. 15%（期间权重分总共 12 428 分），与数量方面的占比比较，提升 0. 72 个百分点，说明科研院所在整个评奖期间的高级别的获奖成果数量较多。四川省社会科学院的获奖成果权重分为 1 147 分，总量占比 9. 23%，系统占比 50. 84%，与数量方面的占比比较，分别提高 0. 81 和 2. 53 个百分点；成都市社会科学院的获奖成果权重分为 72 分，总量占比 0. 58%，系统占比 3. 19%，与数量方面的占比比较，均有些许减少；四川省民族研究所的获奖成果权重分为66分，总量占比0.53%，系统占比2.93%，与数量方面的占比比较，均有些许增加；其他科研院所的获奖成果权重分为971分，总量占比7.81%，系统占比43.04%，与数量方面的占比比较，均有小幅减少（见表10-14）。

在第十四届至第十七届获奖成果中，科研院所获奖成果总共的权重分为626分，当期占比15.44%（期间权重分总共4 054分），与第一届至第十七届权重分的总量占比比较，下降2.71个百分点，说明科研院所在新阶段的高级别等次的获奖成果数量有所减少。四川省社会科学院的获奖成果权重分为310分，总量占比7.65%，系统占比49.52%，与第一届至第十七届获得的权重分比较，分别减少1.58和1.32个百分点；成都市社会科学院的获奖成果权重分为31分，总量占比0.76%，系统占比4.95%，与第一届至第十七届获得的权重分比较，均有小幅增加；四川省民族研究所的获奖成果权重分为18分，总量占比0.44%，系统占比2.88%，与第一届至第十七届获得的权重分比较，几乎没有变化；其他科研院所的获奖成果权重分为267分，总量占比6.59%，系统占比42.65%，与第一届至第十七届获得的权重分比较，分别减少1.23和0.39个百分点（见表10-15）。

可见，科研院所是四川省哲学社会科学研究不可或缺的科研机构，虽然其获奖成果权重分在新阶段有所下滑，但是在振兴四川省哲学社会科学研究中承担着重要任务，在推进四川省社会经济发展中扮演着重要角色，特别是四川省社会科学院在四川省委、省政府思想库和智囊团建设中发挥着重要作用。

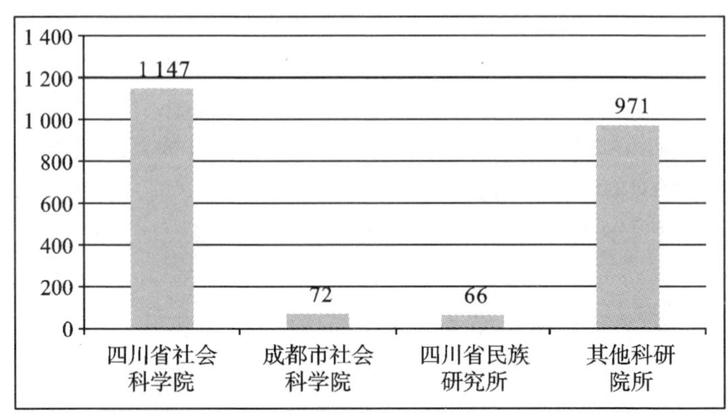

图 10-14　四川省哲学社会科学优秀成果评奖第一届至第十七届获奖成果权重分的科研院所分布情况

数据来源：四川省社会科学界联合会、四川省哲学社会科学评奖委员会。

注：获奖成果权重分赋分：荣誉奖 7 分，一等奖 6 分，二等奖 4 分，三等奖 2 分，优秀奖（含四等奖）1 分。

表 10-14　四川省哲学社会科学优秀成果评奖第一届至第十七届获奖成果权重分的科研院所分布的总量占比、系统占比及与数量占比比较的增加幅度

单位:%

序号	科研院所	权重分	总量占比	权重增加幅度	系统占比	系统增加幅度
1	四川省社会科学院	1 147	9. 23	0. 81	50. 84	2. 53
2	成都市社会科学院	72	0. 58	-0. 03	3. 19	-0. 28
3	四川省民族研究所	66	0. 53	0. 05	2. 93	0. 17
4	其他科研院所	971	7. 81	-0. 11	43. 04	-2. 41
	合计	2 256	18. 15	0. 72	—	—

数据来源：四川省社会科学界联合会、四川省哲学社会科学评奖委员会。

注：获奖成果权重分赋分：荣誉奖 7 分，一等奖 6 分，二等奖 4 分，三等奖 2 分，优秀奖（含四等奖）1 分。权重增加幅度是指第一届至第十七届获奖成果的权重占比与数量占比的比较值。系统占比是指所属单位获奖成果的权重分在所属系统（科研院所）权重分总和中所占的比例。系统增加幅度是指所属单位获奖成果权重分的系统占比与数量占比的比较值。

表 10-15　四川省哲学社会科学优秀成果评奖第十四届至第十七届获奖成果权重分的科研院所分布情况

序号	科研院所	14 届（件）	当届占比（%）	15 届（件）	当届占比（%）	16 届（件）	当届占比（%）	17 届（件）	当届占比（%）	小计（件）	小计占比（%）	系统占比（%）
25	四川省社会科学院	54	5.63	66	6.80	93	8.78	97	9.10	310	7.65	49.52
26	成都市社会科学院	5	0.52	8	0.82	14	1.32	4	0.38	31	0.76	4.95
27	四川省民族研究所	4	0.42	10	1.03	2	0.19	2	0.19	18	0.44	2.88
28	其他科研院所	90	9.38	58	5.98	75	7.08	44	4.13	267	6.59	42.65
	合计	153	15.95	142	14.64	184	17.37	147	13.79	626	15.44	100

数据来源：四川省社会科学界联合会、四川省哲学社会科学评奖委员会。

注：获奖成果权重分赋分：荣誉奖 7 分，一等奖 6 分，二等奖 4 分，三等奖 2 分，优秀奖（含四等奖）1 分。系统占比是指所属单位获奖成果权重分在所属系统（科研院所）权重分总和中所占的比例。

综上所述，四川省哲学社会科学评奖获奖成果的特点主要有六个：第一，获奖成果形式以著作和论文为主。著作获奖占比在六成左右，呈逐届上升趋势，并且获得高等级奖项的优势明显，与出版社的名称、类别和分级几乎没有关联；论文获奖占比在两成左右，呈逐届减少趋势，一般来说，刊物的级别越高，获奖的可能越大，获奖的等级就会较高；研究报告获奖占比在一成左右，总体较少，波动较大，这与研究报告的基金项目级别和采用证明级别息息相关，并且随着时间的推移，在报奖时可能已经转化为专著或者论文。第二，获奖单位以高校党校和科研院所为主导。高校党校和科研院所在哲学社会科学的人才、项目、经费、成果方面占有较大的比较优势和综合优势，二者获奖占比达到八成甚至九成多，并且高校党校的获奖占比继续呈现逐届上升趋势。第三，获奖人员构成以个人为主角。个人获奖占比达到五成多一点，但呈逐届减少趋势。虽然哲学社会科学研究成果以个体自主研究实现为主，更多是“千里走单骑”或者“孤独者的思考”的个性化研究方式，但是两人及以上的群体自主研究方向已经开启，呈逐届上升趋势。第四，获奖合作研究单位以两个为主体。合作研究呈上升趋势，合作单位以 2~3 个为主流，这既与资源互补和协作效率的取得有关，也与合作组织与研究绩效的管控有关。第五，获奖学校以四川大学为主领。四川大学的获奖优势明显，无论获奖成果数量还是获奖成果级别都是其他学校无法与之比较的，并在新阶段的增加幅度明显，是当之无愧的领先集团；四川师范大学、西南财经大学、西南民族大学和西华师范大学四所学校为第二集团；电子科技大学和西南交通大学是新兴集团的代表。第六，获奖科研院所以四川省社会科学院为主唱。四川省社会科学院是获奖成果数量最多和质量最高的专门科研机构，是四川省委、省政府重要的思想库和智囊团成员单位。

为全面贯彻落实中共中央《关于进一步繁荣发展哲学社会科学的意见》、四川省委《关于努力推进哲学社会科学事业繁荣发展的意见》和四川省人民政府《四川省社会科学优秀成果评奖办法》第 142 号令有关精神与规定，有效提升四川省哲学社会科学研究的水平，进一步发挥四川省哲学社会科学优秀成果评奖的激励作用与导向作用，促使产生更多更好的哲学社会科学优秀成果，四川应着力做好四个方面的工作。

一是进一步重视哲学社会科学的繁荣与发展。在 2004 年，中共中央发布《关于进一步繁荣发展哲学社会科学的意见》；在 2010 年，国务院将“哲学社会科学创新工程”纳入《中华人民共和国国民经济和社会发展第十二个五年规划纲要》；在 2011 年，党的十七届六中全会《决定》强调，坚持和发展中国特色社会主义，必须大力发展哲学社会科学，使之更好地发挥认识世界、传承文明、创新理论、咨政育人、服务社会的重要功能。这些均彰显出党和政府高度重视哲学社会科学，为哲学社会科学发展创造了难得的机遇，为哲学社会科学战线开辟了广阔的空间，为哲学社会科学事业增添了强大的动力。四川省的哲学社会科学研究已经进入一个新的发展阶段，哲学社会科学优秀成果评奖日益受到社会各界的广泛关注，其影响力越来越大，较好调动了四川省哲学社会科学工作人员的积极性，激励了哲学社会科学研究的创造性，推动了四川省哲学社会科学事业的繁荣与发展。因此，四川省委、省政府和社科联应抢抓哲学社会科学发展的历史机遇，切实加大对哲学社会科学研究的财政投入，继续采取有效措施，加强社会科学人才队伍建设，努力培养造就一批学术领军人物、学科带头人和中青年骨干，构建水平较高、结构合理的人才队伍体系，进一步推动省哲学社会科学的发展；四川省社会科学评奖委员会应进一步加大哲学社会科学成果的评价研究，建立健全哲学社会科学优秀成果的评价体系，以质量、创新和应用为导向，不断提升四川省哲学社会科学优秀成果评奖的学术影响力和社会影响力；四川省的哲学社会科学工作人员应潜心探索，认真钻研，努力推进学科体系、科研方法、学术观点和研究成果创新，为繁荣四川省的哲学社会科学事业做出更大的贡献。

二是进一步加大哲学社会科学优秀成果评奖的奖励力度。虽然党和政府高度重视哲学社会科学事业的发展，多次强调哲学社会科学研究的重要性，并明确提出哲学社会科学发展的要求，但是从哲学社会科学的实际地位来看，其奖励力度与自然科学奖、技术发明奖和科学技术进步奖存在较大的差距，需要进一步采取有效措施，继续提高重视程度，加大优秀成果评奖的奖励力度。从四川省的情况来看，虽然现行的哲学社会科学优秀成果评奖的各等次获奖成果由四川省人民政府颁发证书和奖金，获奖通知书存入获奖人员个人档案，并作为考核、晋级、职称评定、岗位聘用和有关待遇享受的重要依据，但是其所受重视程度、奖励力度和社会影响仍然需要进一步加强。首先，颁奖大会应该得到重视。与科学技术奖励大会一般有省委省政府主要领导出席、颁奖并进行重要讲话比较，社会科学优秀成果评奖颁奖大会则很难见到省委省政府主要领导参加，其宣传声势、社会影响及激励作用较小；其次，奖励力度应该大幅提高。虽然党和政府多层面反复强调哲学社会科学与自然科学同等重要，但是目前的社会科学优秀成果评奖的奖励力度仍然远远低于科学技术进步奖的重奖和大奖，同时与四川省的经济大省地位不相符合。这既不利于充分发挥四川省哲学社会科学优秀成果评奖的激励导向作用，以及有力调动哲学社会科学工作人员的积极性，也不利于有效增强社会科学工作人员的荣誉感。四川应继续加大重视和投入，特别应在资金方面保持一定的增长幅度，使之与四川省的综合经济实力（如地区生产总值、人均地区生产值、财政经常性收入、城乡居民收入等）相符合。

三是进一步加大哲学社会科学优秀成果评奖的宣传力度。为扩大四川省哲学社会科学优秀成果评奖的学术影响力和社会影响力，四川省人民政府应加大四川省哲学社会科学优秀成果评奖及其获奖成果的宣传力度，多种方式宣传获奖优秀成果，增强社科评奖的激励效应、转化效应和社会效应，充分利用哲学社会科学公共服务的独特功能，发挥优势，补齐短板，更好发挥出哲学社会科学在全省经济社会发展中的重要作用。四川省在获奖优秀成果宣传方面应制定出具体的宣传制度、工作方案和实施细则，通过报刊、官网、微信公众号等媒体，多层次、多渠道、多角度对四川省哲学社会科学优秀成果评奖的申报、组织、评审、公示、报批、颁奖以及获奖成果进行积极、科学、规范的报道，不断拓展宣传的覆盖面，大力提升四川省哲学社会科学优秀成果评奖的知名度和影响力。建议如下：第一，相关部门应在《四川日报》等新闻媒体上刊登获奖成果名单；第二，相关部门应在四川省人民政府网站等主流网站上公布获奖成果名单；第三，相关部门应在《重要成果专报》等权威媒体上重点介绍一等、二等获奖成果；第四，相关部门应鼓励并推荐获奖成果参加申报全国更高级别的成果奖；第五，相关部门应在各大图书馆设立历届获奖成果展示专柜以供查阅；第六，相关部门应利用四川学术成果分析与应用研究中心的获奖成果数据库为读者、研究者和用户提供便捷服务，从而更好宣传、展示和推介优秀成果评奖及其获奖成果，持续提升和扩大四川省哲学社会科学优秀成果评奖的学术影响力和社会影响力。随着四川省哲学社会科学优秀成果评奖宣传力度的逐步加大，近年来，四川省哲学社会科学优秀成果评奖宣传已经取得显著成效，以个人、集体或单位名义申报评奖的总件数明显增多。这说明四川省哲学社会科学优秀成果评奖的申报积极性明显提高，并且申报成果的质量大幅提升，进一步发挥出了哲学社会科学优秀成果评奖的激励引导作用。

四是进一步完善哲学社会科学优秀获奖成果的转化机制。获奖成果转化是指通过成果转让、技术合作、项目指导、对策咨询等方式将哲学社会科学优秀成果评奖获奖成果推介给实际部门采用并最终取得社会效益和经济效益的应用行为。当前，大量获奖成果束之高阁，得不到充分转化，没有真正实现哲学社会科学优秀成果评奖的目的，相关部门应进一步改进完善评奖工作，认真分析和筛选获奖成果，分行业分领域开展获奖成果与应用需求的精准对接活动，推动获奖成果的转化与应用，强化获奖成果转化应用的登记发布与深入宣传，逐步建立起科学、系统、长效的获奖成果转化应用与宣传推广机制。建议如下：第一，相关部门应制定哲学社会科学获奖成果转化应用的工作制度、奖励制度和实施办法，大力提升获奖成果的转化应用率；第二，相关部门应加大基础理论获奖成果的转化应用力度，充分发挥其推动人才培养、学科建设、文化传承与创新等方面的作用；第三，相关部门应加大水平高、前景好、潜力大的应用研究获奖成果的转化应用力度，特别是研究经济社会发展的重点、难点、热点问题的获奖成果的转化应用力度，更好服务四川省的社会经济发展；第四，相关部门应加大具有全局性、前瞻性的优秀获奖成果的转化应用力度，多途径多层面为党和政府的决策服务，从而加速推进获奖成果的转化应用，促使获奖成果向现实生产力转化，更好培育经济增长新动能和新优势，加快四川省社会经济的发展。

11　专题研究：大数据背景下档案数据开放探讨

自1990年数据仓库诞生以来，《自然》杂志于2008年推出"Big Data"特刊，大数据一词于2009年成为互联网领域最热门的词汇。世界著名咨询机构麦肯锡公司于2011年发表研究报告《大数据：下一个创新、竞争和生产力的前沿》；达沃斯世界经济论坛2012年发布主题报告《大数据大影响》；美国政府于2012年发布《大数据研究与发展计划》，将大数据提高到了国家战略层面，开启了大数据技术革命，形成了全体总动员的格局。随后，英国、法国、日本等国都相继将大数据计划作为国家战略型计划提上行动日程，我国政府也全面展开了大数据计划。因而，2013年被称为"大数据元年"。世界各国各地相继展开大数据行动，带来了人类社会的政治、经济、文化、生活等诸多领域的深刻变革。现在，大数据已经成为推动各行业、各领域变革的巨大力量，极大地促进了科技、产业和社会经济的发展与进步。虽然大数据研究还有很多方面有待拓展和深入，但是大数据引发的思维、技术、工具、方式和方法等多重变革是毋庸置疑的。档案工作在大数据背景下，同样与大数据分离不开，我们需要找到档案工作与大数据的契合点，做好档案数据开放工作，打破档案发展困局，积极应对大数据给档案工作带来的多重挑战，充分把握大数据环境下档案工作的机遇。

11.1 大数据背景下档案工作的挑战与机遇

大数据是科学技术进步的产物，是一种规模大到在获取、存储、管理、分析方面大大超出传统数据库软件工具能力范围的数据集合，具有数据规模海量、数据流转快速、数据类型多样、数据价值低密的特征。阿里巴巴创办人马云在世界互联网大会演讲时指出，未来时代不是 IT（Information Technology，信息技术）时代，而是 DT（Data Technology，数据技术）时代。他认为 IT 时代是以自我控制、自我管理的技术为主，而 DT 时代是以服务大众、激发生产力的技术为主。DT 时代是一个挑战与机遇并存的时代，其核心是数据，新的机遇就暗藏此中，谁能先挖掘出来，谁就能抢得先机。因此，如何把握大数据带来的便利与优势，才是成功的关键所在。我国政府于 2015 年 9 月印发了《促进大数据发展行动纲要》，系统部署了大数据发展工作，其中一项主要任务便是要大力推动政府部门数据共享，稳步推动公共数据资源开放，统筹规划大数据基础设施建设。对于档案工作来说，档案数据是构成大数据的组成部分之一，如何在大数据背景下迎接挑战，把握机遇，充分实现档案的新价值是一个值得探讨的现实问题。

11.1.1 大数据让档案工作面临的挑战

长期以来，档案工作处于较为封闭的状态，面临的困难重重，发展步伐十分缓慢。在大数据背景下，档案工作更是受到巨大冲击，思想观念和思维方式需要更新，管理技术和保藏设施需要升级，档案类型和信息保存需要改变，数据利用和数据安全需要突出。如此多的问题，使得档案工作的服务能力受到多重挑战，档案工作生存空间严重被压缩。

11.1.1.1 基础设施配置较差

大数据的数据规模庞大，类型多样，采集、存储、处理、传输速度快。在大数据背景下，数据量急剧增加，呈几何级数增长，计量单位从GB、TB向PB、EB甚至ZB发展。档案数据的数量同样快速增加，类型呈现多样化，对数据存储、处理所需的软硬件设施、管理技术和服务条件提出了更高的要求。但是，从整个档案行业来看，当前的档案管理部门总体处于弱势地位，档案工作大多有被弱化倾向，工作职能更多为传统纸质档案的收、管、用。而电子档案收集、数字档案收存范围拓展和数字档案馆建设基本处于起步阶段，档案信息化所需的基础设施简陋，档案管理所需软件配置低级，可拓展性能较差，难以达到档案数字化管理的要求，难以保障现代档案服务的条件。这既未紧跟知识社会创新2.0、“互联网+”、大数据的潮流，也不适应科学技术进步和时代发展步伐的要求，档案工作的价值受到严重束缚和低估。

11.1.1.2 档案人才配备较低

在大数据背景下，档案管理对档案管理人员有更多更高的要求，档案管理人员除做好基本的档案收集、保管和服务之外，还要为档案工作提供精确化管理、精准化研判和精细化服务；既要对原有纸质档案进行数字化，又要做好新增纸质档案和电子档案的收存，还要将繁杂的档案数据有序化，并在档案网站开放共享信息资源，为档案数据分析、处理、传输提供技术支持；既有效方便档案用户查阅资料，又有力支撑大数据挖掘有价值信息。这要求档案管理部门配备和培养一定数量的高素质人才，既要有档案管理知识，又要懂大数据技术。但是，从整个档案行业来看，当前的档案管理部门配备的档案工作人员的学历、学位、能力和素质大多较低。其中转岗人员、跨行人员、临退人员较多，他们的学历、学位一般较低，能力、素质普遍较差，并且年龄较大，档案管理知识较少，更谈不上知道较多的现代技术。档案管理缺少学位高、技能多、能力强的跨界的复合型人才，无法满足大数据工作的要求和需要，严重制约了档案工作的转型升级，严重影响了档案事业的繁荣发展。

11.1.1.3 信息安全风险较高

随着互联网、移动通信、物联网和社交网络等的迅速发展，社会、政治、经济不断进步，人们的隐私与信息安全意识得到不断加强。但在信息化环境下，隐私与信息安全问题日益凸显，仅 2015 年下半年到 2016 年上半年，国内 6.88 亿网民就有近千万公民个人信息被泄露，因垃圾短信、诈骗信息、个人信息泄露等造成的经济损失估算达 915 亿元。另据 360 互联网安全中心发布的《2016 年我国个人信息泄露风险报告》的数据显示，2011—2016 年，已有 11.27 亿的用户隐私信息被泄露，2016 年新收录的网站漏洞有 359 个，可能泄露个人信息 60.5 亿条，比 2015 年的 55.3 亿条增长了 9.4%。其中，账号与密码、实名信息、上网行为记录是主要的三种信息泄漏形式。在大数据背景下，网络环境开放，技术工具先进，人们对网络信息安全问题更加担忧。而档案作为具有保存价值的历史记录和重要的信息源，所蕴含信息是大数据中准确性、真实性、完整性、有效性和价值性较高的数据，更容易被网络攻击或者出现信息泄漏。随着数据交易、数据抓取、数据挖掘、数据分析等技术的进步，档案信息安全风险越来越高，容易出现个人隐私泄漏、敏感信息泄漏、档案数据被非正常获取分析、知识产权纠纷以及数据版权争议等问题。

11.1.1.4 档案生存空间较小

在传统工作方法中，档案管理更多是纸质档案和电子档案的收集、整理与保存，档案服务更多是简单意义上的收、管、用，并且存在收集不齐全、范围不全面、管理不灵活、利用不方便等问题。这既不能产生直接的经济收益，也不能形成良好的社会效益。因而档案管理往往得不到重视，部门地位比较低下，严重影响档案保存人类文化遗产、维护历史真实面貌、繁荣科研、发展经济、宣传教育等作用的发挥。在大数据背景下，数据获取、传输、整合、处理更加便利，档案用户的信息需求基本可以通过网络方式得到快速满足，这使得档案工作的不足被进一步放大，服务能力的提升被进一步束缚，部门地位的提高被进一步限制。档案管理与图书、文献、情报和信息咨询服务比较存在很多劣势，如图书和文献工作更为开放，特别是数字图书馆的蓬勃发展使得其移动网络服务更为亲民更为便捷；情报工作与信息咨询服务的信息源更广，工具更多，速度更快，其服务更有即时性、针对性和精准性；而档案工作受到较多的限制和影响，往往存在资源深度开发不足、服务方式单一、竞争力不强等问题。这使得档案工作在大数据背景下的生存空间更为狭小，用户不断减少、功能日渐萎缩、发展举步维艰，整个档案行业都处在困境之中，大有整体低迷的发展态势。

11.1.2　大数据带给档案工作的机遇

在大数据背景下，档案工作已经发生巨变，开始由纸质档案、电子档案的收、管、用转向以档案信息化为主的工作方向，档案管理人员既要做好档案案卷的保管和原有档案的数字化工作，又要做好新增电子档案的保管和档案信息的共享利用工作，还要做好数字档案馆、智慧档案馆的建设工作。这样才能为大数据分析做好数据资源基础，方便大数据分析快速便捷挖掘档案信息资源深层次的潜在价值，为经营和管理决策服务，从而产生看得见的效益。对于档案工作来说，档案是人类活动的真实记录，是人们认识和把握客观规律的重要依据。因此，档案服务的生命力就在于帮助人们认识客观世界、辅助决策、产生效益。虽然大数据分析不是档案管理人员的专长，但是可以为大数据分析提供良好的基础数据，这也是档案工作在信息时代的价值所在。所以，档案工作要善于抓住大数据的机遇，积极避免被边缘化，主动摆脱发展困境。

11.1.2.1 档案观念不断更新，管理方式更加高效

在大数据背景下，档案事业开始由“国家模式”向“社会模式”逐渐发展，这种档案观念的转变，既是档案部门内部主动变革的需要，更是社会进步外部环境驱动的结果。大数据分析的核心在于从海量数据中挖掘潜在价值，这为档案工作的创新发展提供了可能，也为档案数据价值的进一步发掘提供了新的方法，还为档案管理部门存在价值体现提供了新的平台。档案馆（室）馆藏的信息资源是大数据的重要组成部分之一，有利于大数据分析从庞大的高利用价值的档案数据资源中发掘出潜在的档案知识和信息，更好地为档案用户需求服务，这一过程既会扩展提升档案资源的价值，也会增添彰显档案工作的重要性和亲民性，从而使得档案的社会观念获得广泛的认可和推行。此外，随着信息技术的迅猛发展，新增电子文件大量生成，其数量几乎每年呈指数级倍增，如何有效保障电子文件的真实性一直是困扰电子文件管理的一大难题。传统的“直接鉴定法”已经无法适应新形势的要求，而大数据技术为电子文件真实性的保证提供新的工具，加强了档案管理中人与人、人与物以及物与物的互通互联，从而实现档案数据的自动识别与管理。这无疑为电子文件的有效管理开辟了新的途径，使得档案管理方式更加智能化，大大提升了电子文件管理的有效性，也能大大提高档案工作的水平和效率。

11.1.2.2 资源渠道不断拓宽，档案内容更加丰富

随着现代信息技术的不断发展与进步，档案馆（室）电子档案的存储数量快速增长，使得档案数据成为大数据的重要组成部分之一。在大数据理念下，档案与非档案的界限变得比较模糊，大有“一切归档”① 的趋向，这使得档案工作的数据来源进一步拓宽，数据类型进一步增多，数据内容进一步丰富，数据数量进一步扩大，数据共享程度也得到了显著提高，也使得档案“了解过去、把握现在、预见未来”的作用更加突出。在大数据思维下，档案信息的收集渠道不再局限于传统规定业务活动中直接形成的具有保存价值的文件材料，档案形成主体呈多样化发展势态，扩大到更多的团体组织和普通公众，档案内容日渐丰富，包含更多公众工作生活密切相关的信息。档案类型繁杂多样，包括纸质材料、电子文件、影像、照片、社交网络数据、数据整合分析信息等。这使得档案信息可以向更广的人类活动领域拓展，可以收集保存更多部门更多门类的档案材料，还可以通过互联网获取保存档案用户可能需要的信息资料，三方面信息的多向汇聚和有机整合为档案用户尽可能多地提供更细致更周到的档案服务。在大数据背景下，档案信息保管突破了一个或者几个单位的局限，可以通过特定的渠道和规则在更广阔的范围内实现互联、共存和共享，从而使得档案资源更加丰富，档案利用更加方便。

11.1.2.3 技术手段不断升级，档案服务更加便捷

在大数据背景下，互网络、物联网、云计算、数据挖掘、数据分析等信息技术和手段的发展与起步，使大数据分析从各类数据集中迅速获取有用信息成为可能，档案信息收集、整理、

---

① “一切归档”是奥地利著名作家弗兰茨·卡夫卡的名言。其内涵主要有两方面：一是归档范围涵盖所有事物，二是归档方式包括不同类型事物。

存储、传输和分析的能力大大提高，为档案工作的转变提供了良好的契机，也为档案知识管理、档案知识服务的实现提供了有利的条件。面对信息技术的迅猛发展、现代办公软件的频繁使用和电子文件的大量生成，加拿大档案学家特里·库克早在20世纪90年代就提出，档案工作者应从实体保管者向知识提供者过渡。西班牙国王胡安·卡洛斯在2000年召开的第十四届国际档案大会上指出，档案馆是保存人类记忆的各种表现形式，保存社会记忆、个人记忆的最权威场所。因此，为更好满足社会公众对档案信息的需求，档案工作应充分利用不断升级更新的现代信息技术，从档案管理基本环节着手和切入，向知识管理方向拓展与创新，多样化档案工作的服务手段，从而为档案信息管理由实体向知识转换、由显性知识向隐性知识转化、由实体管理向知识管理和知识服务转变打下良好的基础，进而促使档案服务更加便捷快速。

11.1.3　大数据背景下档案工作的要求

习近平同志指出，档案工作是一项非常重要的工作，经验得以总结，规律得以认识，历史得以延续，各项事业得以发展，都离不开档案，在全面建设小康社会进程中，档案工作显得越来越重要。在大数据背景下，大数据作为一种技术、理念和现象，必将引起管理方法变革、管理理念改进、管理技术创新。当前，各行各业在大数据的驱动下已经开始进行革命性改变，档案工作也不例外，传统的档案工作模式也将被颠覆，档案的收集、整理、保管、编研、利用、知识挖掘、服务方式等方面均将发生变化与创新，这对档案工作的开展具有重要的推动作用。

11.1.3.1　树立档案大数据意识

在大数据背景下，档案行业既不能过度“恐慌”，也不能

"漠然"以对。"恐慌"可能源于人们对大数据与档案工作关系的认识不够深刻，未能深入理解大数据的本质。"漠然"既不利于档案工作紧跟大数据发展的潮流，也不利于把握档案工作发展的机遇。大数据时代并不因为麦肯锡公司发布研究报告一蹴而就，而是大数据技术长时间发展积累的结果。虽然大数据具有数据海量的特征，但是并不意味所有数据均有价值，而档案工作对数据有取有舍，既保存了有价值数据，又符合当前数据存储条件，十分有利于大数据分析，这是大数据背景下档案工作重要性的有力体现。当然，对于档案数据的取舍可能由于人为或者其他原因，存在抛弃或者删除有价值数据的可能，最好的办法还是应另行全部保存原始数据，其是否有潜在价值留待大数据分析去分析、处理与提取。在当前，档案工作强调原有纸质档案数字化与新增电子档案收集常态化并重，这是阶段性可行办法，并且经过一段时间的数字化和常态化的积累，档案数据总量必将取得较大的成效和突破，这既解决了档案载体形式的应用问题，也促进了信息技术在档案管理中的应用。虽然这些工作和努力还不足以符合档案用户、公众用户和大数据分析对于数据共享的要求，但是档案信息形式的改变、现代信息技术的应用、档案数据总量的增长无疑有利于潜在档案价值的挖掘。随着大数据的发展，档案工作也将越来越进步，既能从信息载体形式深入到数据层面，也能从信息共享深入到信息价值共享，这是大数据技术框架下的档案工作模式，也是档案工作环境的大势所趋。因此，档案行业要树立档案大数据意识，做好档案数据的收集与共享工作，这对于大数据分析从海量档案数据中挖掘信息价值具有重要基础支撑作用。也只有树立档案大数据意识，档案管理者才能对档案数据收集、档案数据共享、档案信息价值共享产生更为敏感的"嗅觉"，有意识地做好档案服务工作。

11.1.3.2 革新档案管理技术

在传统的档案实体管理中，工作的直接对象是有保存价值的各种文字、图表、声像等不同载体的文件材料及实物资料，管理方式主要通过收集、征集、整理、分类、鉴定、保管、统计、利用等环节进行收管用，实施手段大多依靠手工或半手工进行档案的整理、编目、装订、查询等。在计算机广泛应用于档案管理之后，计算机辅助档案管理的作用越来越明显，档案管理水平和效率得到了大幅提升，但这只是计算机技术在档案管理领域的初级应用。随着现代信息技术的深入发展和现代办公软件的频繁使用，电子文件大量产生，相关技术和软件也不断引入档案管理，数字档案馆、智慧档案馆建设初见成效，均显示了现代信息技术与档案工作的密切关系，同时也说明档案管理技术的变革是现代科技进步驱动的结果。可见，现代信息技术的发展为档案工作实现网络信息服务的智能化、个性化、精品化提供了支持工具，也为档案信息转化为知识资源提供了支撑条件。在大数据环境下，档案工作应把大数据工作纳入信息化建设的整体规划，及时地有选择地把大数据领域的新技术、新工具引入到档案管理领域，借助云计算、云存储技术建立统一的档案云平台，实现档案一体化管理，从而实现档案信息的科学管理与高效组织，促使档案信息转化为知识资源，从而最大限度发挥出档案的多重价值，更好地满足档案用户的多样需求。因此，档案工作应解放思想，放宽视野，紧跟时代步伐，树立新理念、新思维，采用新技术、新工具，应迅速积极参与大数据发展，主动把大数据的先进理念和技术运用到档案工作之中，努力扩展大数据资源的边界，自觉实施大数据的大融合、大协作、大共享，这样才能促使档案工作取得新发展、新突破。

11.1.3.3 重塑档案业务环节

档案业务环节总体上包括“收”“管”“用”三个环节，但在大数据背景下，档案业务的收管用环节被赋予了更多的内容和事务。第一，自上而下建章立制，加强档案信息的组织管理。为适应大数据给档案工作造成的冲击，各级档案部门均应建立和完善档案管理的规章制度，用统一的工作标准规范档案人员和业务系统的管理，使之更加科学化、规范化，从而促使档案工作紧跟大数据的发展。第二，借力大数据发展良机，对档案业务环节进行有针对性的改造。在收的环节，各级档案部门应改变过往由各部门定期移交的方式，转变为档案管理系统实时接收或自动归集档案数据，达到全程控制、精细管理的要求；在管的方面，各级档案部门应改变以往人为手工管理的方式，转变为档案管理系统统一存储、处理、利用档案数据，达到全程技术支持、自动管理的标准；在用的方面，各级档案部门应改变过去被动提供档案查阅服务的方式，转变为档案管理系统主动挖掘信息价值、分析预测档案用户需求，为档案用户及社会提供高价值的档案服务，达到全程智能管理、智能服务的程度。这样就能更好促使档案工作朝着知识管理、知识服务的方向发展，提升档案业务在单位以及社会中的地位，这也是大数据发展赋予档案工作的新机遇。第三，创新档案数据保存策略，实现归档与备份良性互补。档案数据的归档与备份之间存在紧密联系。档案数据产生部门的档案意识与业务活动过程直接影响档案数据的归档质量，如果档案数据产生部门高度重视和保障产生数据的有效性、有序性，那么可以更好借助网络平台实现档案数据的同步备份和归档。具体来说，根据档案数据的完整备份或增量备份程度的不同，档案部门可以在完整归档模式的基础上进行增量归档。如周期短、关联性强的项目，档案部门可在项目结题之后进行完整归档与备份；而对于周期长、有序性好、数据采集量大的项目，档案部门可在项目实施过程中增量备份与归档，实现备份和归档同步，从而在项目结题时完成完整归档与备份。这样既能避免档案数据遗失，保障档案数据的完整性，又能降低成本，便于统一保管，还能减小档案产生与收集之间的时间差，提高档案数据备份与归档的及时性和有效性。第四，创新服务方式，实现档案大数据服务。随着社会的日益进步，大众对于信息的利用与需求呈现出多方面、多层次、多样化的特点。档案数据信息相对于网络中冗余杂乱的信息资源而言，具有其他信息资源无法企及的真实性和可靠性，其公信力更是其他信息资源无法比拟的。因此，档案管理部门和档案从业人员要转变工作思路，充分利用档案的特性和大众的需求，改变过去“有什么查阅什么”“我编研你利用”的传统思维，树立“数据即服务”的新理念，通过扩大档案收集范围、注重特色档案编研、提供便捷检索工具、实行数据开放共享、重视档案用户需求等多元活动，主动为社会大众提供便捷、优质、高效的利用服务，也为大数据深度挖掘档案数据潜在的价值与知识打好数据收集基础。

11.1.3.4 构建信息安全体系

在互联网环境中，档案数据信息管理面临着安全方面的新风险和新挑战，档案部门和从业人员应注意做好档案数据信息的安全保障工作。一是要做好档案数据采集的安全保障工作，主要包括纸质档案数字化和电子档案收集两部分，档案部门需要通过建立完善的管理制度，加强全程安全监控，确保在前期收集过程中的档案实体与档案内容的安全性、有效性和可用性以及在后期防护过程中的安全性、有效性和可用性。二是要做好档案信息系统管理的安全保障工作，这在很大程度上直接关系档案信息的安全性和可靠性，档案数据信息管理系统应具备档案收管用全流程的档案管理功能以及权限审核、系统维护、安全防护等技术功能，既要快速准确便捷为不同层次和多样需求用户提供查询通道和服务内容，又要有效保障档案数据和用户隐私的安全。三是要做好档案数据利用的安全保障工作。在大数据背景下，大数据技术必将会对档案信息的收管用带来颠覆性的变革，但并不能绝对保障档案数据的安全，并且信息安全涉及法规、技术等层面的问题。随着互联网的普及、档案数据资源的丰富、档案用户的增加，档案管理的数据保管、技术保密、权限保卫和隐私保障等方面均存在安全风险。因此，档案数据管理应依托可靠性较高的信息网络和技术，不断完善软硬件系统，力争将安全风险降到最低；应严格控制权限，特别在开放数据环境中要保障数据使用的安全性，对非法、恶意、篡改等使用行为进行智能监控和追踪；应划分档案数据等级，针对数据来源、密级和保密期限采取不同的策略，对于涉密档案信息应不上网，对于敏感档案数据应注意隐私保护，对于其他适宜公开档案信息应注意数据安全并主动开放共享，积极响应和参与大数据建设项目，形成数据庞大、价值密度高、商业价值多的档案数据资源库。

11.2 大数据背景下档案存储方式的选择

随着现代信息技术的深入发展，现代办公软件的使用越来越频繁，办公过程中产生的大量电子文件需要归档、存储和应用。在当前，电子文件已经逐步取代了传统的纸质文件，成为现代社会信息化的档案主体。电子文件是指在数字设备及环境中形成，以数码形式存储于磁带、磁盘、光盘等载体，依赖计算机等数字设备阅读、处理，并可在通信网络上传送的文件[①]。电子文件是数字化信息技术的产物，具有对设备和计算机软件的依赖性、载体的非直读性、结构的复杂性、信息与载体的相分离性、信息的共享性以及不安全性、易更改性等特征。在档案信息化[②]的实施过程中，档案部门需要不断采用现代信息技术装备，需要从以档案实体为重心向以档案信息为重心转变，需要大量收集、保管电子档案，从而极大提高档案管理和利用的现代化水平。但是，当前各级各类档案业务部门的档案设施无法正常满足大量电子档案存储的要求，而云存储技术能够很好解决档案信息化的存储问题，是适合档案信息化的一种存储方式选择。

云存储是指通过集群应用、网络技术、分布式文件系统等，将网络中大量各种不同类型的存储设备通过应用软件集合起来协同工作，共同对外提供数据存储和业务访问功能的系统。云存储是对云计算的一种延伸与发展，是一种新兴网络存储技术。云存储具有数据备份、数据归档和灾难恢复三个用途。其中，数据备份是云存储最容易获得的服务，据调查，50%的受访者使用云进行数据存储，63%的IT部门使用云进行数据备份，43%的用户用云进行数据归档。随着档案信息化的大力推进和发展，各级各类档案业务的信息化网络基本形成，信息化程度逐步得到提高，信息资源越来越丰富，档案工作方式由实物保管型转向信息服务型，管理重点由纸质档案为主转向数字化档案为主，档案利用由面对面服务转向网络化服务，这为云存储

---

① 中华人民共和国国家标准《电子文件归档与管理规范》（GB/T 18894-2002）。

② 档案信息化是指在国家档案行政管理部门的统一规划和组织下，档案部门在档案管理活动中全面应用现代信息技术，对档案信息资源进行处置、管理和为社会提供服务，加速实现档案管理现代化的进程。

应用于档案信息化提供了良好的基础和条件。

11.2.1 云存储技术应用于档案信息化的必要

为满足大量电子文件归档、备份和灾难恢复的需求，档案部门在档案信息化中采用云存储技术是必要的。云存储按部署方式和服务对象的不同，可分为公共云存储、内部云存储和混合云存储三种类型。档案系统可以根据自身需求配置内部云存储（私有云存储）的容量和控制权限。这样档案业务部门就可以按照档案密级和保密期限设定使用权限，有效避免云存储在数据安全、版权风险、个人隐私等方面的隐患，从而保障档案信息的安全性和分级保密性。

档案系统通过建立档案信息系统的私有云存储，可以让各个数据中心的档案数据上传到云端，为档案数据的归档、备份、灾难恢复以及利用服务提供了便利，既避免不必要的重复劳动，又增强档案信息的安全性。同时，档案系统可以通过统筹规划，形成庞大的档案私有云存储，将各级各类档案数据中心连接在一起，既能为各级各类档案业务部门提供大容量的存储服务、统一的维护服务和利用服务，又能为档案系统进行档案信息整合提供便利。这对于非数据中心的中小型规模档案馆（室）来说，可以将有限的经费投向客户端设备和网络方面，从而节约存储设备购置和维护等费用，大大减少档案信息化的运行成本。

因此，选择云存储技术应用于档案信息化十分必要，能够更好促进档案信息化的进程。

11.2.2 云存储技术应用于档案信息化的优势

云存储技术应用于档案信息化工作具有较多的优势，既可以节约运行成本，提高安全性能，增大存储容量，利于信息管控，便于异地备份，又可以拓宽档案智能终端的应用，增加档案用户利用信息的途径，从而大大提高档案服务的工作效率。

11.2.2.1　节约运行成本

无论从短期还是从长期来看，云存储均可以为各级各类档案馆减少档案信息化成本。因为档案馆要想将档案数据放在自己的服务器上存储，那就需要购买相关硬件和软件，这需要支付昂贵的费用，同时需要聘用专业人员管理、维护、更新这些硬件和软件，这需要支付大笔的费用。可见，云存储可以便捷实现存储容量的扩展，减少存储设施购置与维护的费用。档案部门只需支付服务费，就能大大节约档案信息化成本，档案业务部门就有更多时间、精力和费用投入档案信息的收管用，从而为单位和社会提供更好的精准的服务。

11.2.2.2　提高安全性能

档案信息具有原始性、典型性、唯一性、稀有性、保密性等特点，对于信息安全有着较高的要求。云存储服务商对于数据存储有严密的加密技术、传输技术、防御技术和严格的权限管理，特别在私有云存储中，所有信息均能得到安全管控。云存储技术能够为用户提供安全可靠的数据存储以及数据自动同步，有效免除了用户对于数据安全的担忧，加之，云存储服务商严密的统一的专业管理、资源分配与实时监测，更是使得数据丢失、数据损坏、数据中毒以及其他灾祸的可能性几乎为零。二者的协调配合，既能提高云存储技术数据备份的避灾能力，也能提高档案数据存储、备份和利用的容灾级别。

11.2.2.3　增大存储容量

云存储通过多个服务器的联合，使得存储容量十分巨大，几乎可以为用户提供无限扩容的存储空间。由于档案私有云存储的建立，无论是大型档案馆还是中小型档案机构均无须担心档案数据大幅增长带来的存储设施购置的压力，无须承担服务器繁复维护的责任，无须烦恼数据备份载体的选择，更无须担忧数据丢失的恢复。档案私有云存储有足够的存储空间供档案系统各级各类部门进行档案信息的归档、备份与整合，完全可以满足档案信息化的要求。另外，随着云存储在档案信息化中的推广，档案智能终端的应用将会越来越普及，档案服务机构的展览宣传、信息推送、需求调查、活动发起等将会越来越容易。

11.2.2.4 利于信息管控

在档案私有云存储中，存储空间的分配、使用权限的配置以及密级和保密期限的设定可以让各级各类档案馆和数据中心的信息与数据得到更好的存储、备份与整合，这不仅可以避免数据重复带来的重复劳动，还可以为档案信息管理与利用提供便捷的专用通道。档案私有云存储对于中小型档案馆十分方便，一是档案私有云存储的应用可以减少档案数据专门存储机构的设置，避免机构设置繁复；二是云存储公司统一的监测管理可以让档案部门免去人员配备和技术支持的烦恼；三是数据整合存储与统一管理可以便捷实现档案信息的存储与利用，有效避免重复数据带来的重复劳动；四是档案业务部门将有限人力、物力和费用投向基础设施配置上，能更好做好档案信息的收集、管理与利用工作。

11.2.2.5 便于异地备份

电子文件异地备份是档案信息安全保障的基本原则。在档案信息存储中，可能由于火灾、水灾、雷击、地震、操作时断电、意外电磁干扰等自然因素，电子档案出现计算机系统破坏、硬盘损坏、硬盘无法识别、磁盘读写错误、找不到所需文件、文件打不开、文件打开后乱码等情况；可能由于使用人员的误操作，如误格式化、误分区、误删除、误覆盖、环境潮湿、硬盘碰摔等人为因素，电子档案出现计算机系统破坏、系统无法正常启动、硬盘无法识别、磁盘读写错误、硬盘被强制格式化、找不到所需文件、文件打不开、文件打开后乱码等情况；可能由于存储介质老化、存储介质失效、磁盘划伤、磁头变形、磁头损坏、磁臂断裂、芯片损坏、其他元器件故障等硬件因素，电子档案出现硬盘损坏、硬盘无法识别、磁盘读写错误、电机不工作等情况；也可能由于病毒感染、零磁道损坏、硬盘逻辑锁、系统错误、系统瘫痪等软件因素，电子档案出现操作系统丢失、无法正常启动系统、磁盘读写错误、硬盘被锁、找不到所需文件、文件打不开、文件打开后乱码等情况。这些情况均可能造成存储的档案数据被破坏、完全丢失或者部分丢失。因此，档案信息与数据异地备份十分必要。档案私有云存储属于异地存储与备份，能够保障档案信息与数据的安全。在某种灾害情况下，虽然网络访问数据可能受到某些临时限制，但是数据信息的存储与备份依然存在云端之中，即便某个云存储服务器坏掉，数据也会自动迁移到别的存储服务器，不会造成数据丢失，这可以大大减轻管理人员的工作负担，让档案工作在恶劣条件下依然能保持正常工作。

11.2.3 云存储技术应用于档案信息化的构想

云存储技术的优势众多，发展潜力巨大，在档案信息化中采用云存储技术是解决当前数据异质备份、多套备份和多地备份问题的有效途径。档案部门可以将档案数据的备份方式从离线介质备份改为网络在线云端备份，从而大大提高档案数据存储、备份与利用的容灾能力。

11.2.3.1 建立档案系统的私有云存储

在云存储中建立档案系统的私有云，档案机构就完全拥有整个私有云的中心设施及其控制权，可以按照档案的密级和保密期限设定用户的相关权限，控制哪些应用程序在哪里运行，决定哪些用户允许使用云服务，从而保证档案信息的安全性和分级保密性，并容纳存储各级各类的档案信息。档案系统私有云存储可以通过向云存储运营商协议租赁，也可以自行建立专属的云存储。对于专属云存储的建立，应在中央政府或者省级政府统一管理指导下，先通过一个档案馆的领头或者几个档案馆的联合，使用云存储标准和技术，构建一个档案系统的私有云存储，再通过专门的光纤网络将分布在全国各地的数据存储中心连接在一起，每个数据中心除自行存储档案数据外，同时也将数据存储在档案系统私有云存储中，各个中心相互连接，形成全国档案系统的私有云或者档案云联盟。有了档案系统的私有云存储，大型企业档案馆就可以建立一个庞大的包含集团所有子公司档案信息的数据存储中心，大型社会档案馆可以建立多种类型的涵盖各级档案信息的数据存储中心。有了档案系统的私有云存储，各个数据中心的档案数据既是本地数据也是云端数据，可以彼此之间形成备份，免除存储设备、网络和维护等的资金投入，发挥出各数据中心设备的功能，有利于整合档案信息，大大节约运行成本，利于档案信息便捷利用，并且进一步加强档案信息的安全性。有了档案系统的私有云存储，各级各类的中小型档案馆可以不建立自己专门的数据中心或者数据分中心，完全可以按相关标准和要求，直接使用全国各省、各大区或各系统的数据中心的云存储服务，这样非数据中心的档案馆的经费就可以主要投向客户端设备和网络。因此，从全国范围来看，档案系统私有云存储的建立，不仅能满足大型档案馆云存储与备份的需要，也能满足中小型档案馆存储、备份数据的需要，甚至还能面向社会提供云服务。

11.2.3.2 构建档案云备份的基本架构

档案信息化的推进改变了档案原有的信息形态，大大增长档案信息的数据量，也使得档案信息的存储备份方式有许多特殊的要求，如存储介质、存储系统、备份条件、备份环境、利用途径等。云存储架构系统具有动态可扩展性，既支持并行调度，又保持负载均衡，能够处理广域网范围内的大规模用户所产生的海量备份数据，也能够满足未来档案数字资源备份的要求。因此，不论是自行建立云存储还是协议租用云存储，都是解决档案数据存储、备份和访问而导致硬件及维护费用高涨的有效途径。云备份是云存储的一个特殊运用，也是通过集群应用、网络技术或者分布式集群技术，将网络中大量的不同的存储设备集合协同起来，从而共同提供数据存储、备份和访问的功能服务，前者保存的是备份数据，后者保存的是原始数据。对于档案云备份架构的构建，云备份架构基于云存储架构，自下而上分为系统支撑层、数据存储层、应用基础层、应用服务层和用户访问层 5 个层次，支持系统的动态可扩展性，同时继承云平台提供的高效的并行调度和负载均衡策略，能够处理广域网大规模用户的海量备份数据，满足档案数据资源备份的要求。在系统支撑层，云备份主要运用存储虚拟化技术实现不同型号存储设备的兼容并成为一个有机整体，从而提供硬件、软件和网络支持，同时通过统一的管理逻辑和接口实现存储设备的集中管理、状态监控以及容量的动态扩展。在数据存储层，云备份主要利用虚拟化技术和集群技术提供统一备份管理服务，把各种档案数据统一备份存放在云备份系统中，从而形成海量数据池，实现海量数据的统一管理，并为系统支撑层提供数据支持。在应用基础层，云备份通过底层数据与上层应用的衔接，让多存储设备之间协同工作，实现副本管理、数据加密、负载均衡、内容分发等功能，以便能够更好提供多种多样的应用服务。在应用服务层，云备份可以提供档案数据备份和档案数据访问的基础核心服务，还可以根据用户需求开发不同的应用接口，提供数据存储、空间租赁、公共资源、多用户数据共享等可扩展的应用服务。在用户访问层，任何授权用户在任何地方任何时间均可以通过云平台终端设备，从标准入口登录云备份平台，实现档案备份数据的管理与访问。

11.2.3.3 实行“云存储+智能终端”的管理模式

“云存储+智能终端”模式管理档案信息和提供服务，可实现档案信息服务无处不在和无时无刻，从而大大提高档案信息的利用效率。从实体档案查找来看，由于现有档案信息系统的建设还不够完善，大部分的档案信息只能检索到索引，没有具体详细的档案内容，并且实体档案的入库查找费时费力，而“云存储+智能终端”管理模式可以通过实体档案代码的优化组合生成一种新型的编码或条码，只需在智能终端输入编码或者扫描条码便能迅速定位实体档案的位置，检索出实体档案所在档案柜或架的顺序号、行号和列号等信息，从而大幅提高实体档案查找的效率。从智能终端的结构来看，智能终端主要包括用户身份识别、档案信息动态、档案信息查找和用户使用记录四方面的内容。在用户身份识别方面，智能终端主要根据档案信息不同的密级和保密期限对注册实名用户进行身份确认与权限管理。首先是对注册用户的身份进行确认和分级，然后对注册用户授予不同的检索权限和操作权限，并且根据注册用户身份的变更情况及时修改使用权限，最大限度地保证档案信息的安全性。在档案信息动态方面，档案信息的密级和保密期限会随着时间的推移不断降级和解密，并且会有新的档案信息不断产生，因而档案信息是动态变化的。智能终端可以根据注册用户的历史偏好和利用需求推送新解密和新产生的档案信息，从而提高档案信息的利用率。在档案信息查找方面，智能终端与档案系统私有云存储的连接可以实现档案信息查找与利用的无所不在和无时无刻，这也是档案服务的核心要求。在用户使用记录方面，云存储可以对注册用户查找、浏览、利用等行为全部进行记录和备份。一是智能终端可以让注册用户在任意终端设备上登录账号，均可查阅检索过的档案信息，二是可以根据注册用户使用的历史记录向其推送新解密和新产生的档案信息，三是可以根据注册用户使用的历史记录追查涉密档案信息的泄露问题。通过智能终端，注册用户不仅能随时随地查阅档案信息，还能在档案系统私有云存储中实现个人知识管理。通过智能终端，档案部门不仅能让档案信息真正得到充分利用，给广大注册用户带来便捷的信息价值体验，还能降低档案信息泄密的危害，更能方便地把相关的档案信息、宣传、活动向特定的注册用户进行推送。

总之，随着计算机技术和网络技术的发展，档案信息化已经成为档案管理未来的发展方向。云存储技术为档案信息的存储、备份和利用提供了新的平台和发展机遇。因此，在档案信息化过程中，档案部门应注意加快档案信息数字化的进程，为档案数据潜在价值挖掘打下良好数据基础；应建立安全、有效、稳定的云存储环境，为档案数据开放共享提供有效支持条件；应大力培养档案信息化专门人才，为档案私有云存储管理保驾护航，做好档案信息系统的安全防护工作。

11.3　大数据背景下档案服务流程的重构

大数据作为一种新的思维方式和技术工具，开启了一次重大的时代转型，它正在改变我们的生活和理解世界的方式，成为新发明和新服务的源泉①。在档案领域，随着档案信息化的全方位深层次渗透，大数据日益成为档案服务改变的重要动因，

---

①　舍恩伯格，库克耶．大数据时代：生活、工作与思维的大变革［M］．盛杨燕，周涛，译．杭州：浙江人民出版社，2013：17-18.

不断冲击并解构着档案服务现有的流程，使得档案服务流程不得不顺势进行重构。

11.3.1　档案服务流程的制度重构

在大数据背景下，档案服务流程重构要顺利推进并确保新建流程取得有效运行，必须建立一套科学系统的管理制度。也只有基于新建流程的制度建设，才能更好规范所有主体的行为，才能加速流程重构的进度，才能保证新建流程运行的长效化、机制化和科学化。因此，在档案服务流程重构中，档案部门应把制度建设作为基本依托和重要抓手，充分考量档案服务在大数据环境中的核心内容，用大数据思维和技术对档案服务流程进行重组和改造。一是档案部门要界定好服务流程的宏观运行对象，应包括档案服务的功能地位、业务步骤、运行秩序等方面，目的在于保证档案服务流程的定位正确、路径畅通和步骤有序。二是要把握好服务流程的重构内容，档案部门应在深入广泛调查与研究的基础上，认知在大数据背景下档案服务的特点与需求，明晰新建流程的思路和方案，明确哪些现有流程应保留，哪些流程应撤销，哪些流程需要合并，哪些流程需要新建等，从而形成新的流程结构、组合方式和业务流程图。三是要规范好所有主体行为的方式与后果，既要有安全制度防范档案数据丢失、泄密的风险，有技术支持抵御黑客、病毒的威胁，有激励制度调动和激发各个主体的积极性和能动性，还要有评价反馈制度，了解存在问题，明确未来行动方向，从而降低档案服务流程重构的成本，提高档案服务流程重构的效率。

11.3.2　档案服务流程的环节重构

在大数据背景下，档案服务流程的业务活动环节将会在某些环节进行简化、增添或者复杂化。在流程环节简化方面，一是档案用户需求调研更加简化，在传统做法中，调研大多采用面谈、问卷、电话、网络等方式，既耗费时间和精力，又不能取得良好效果；而在大数据环境下，调研可以通过大数据技术，借助计算机、软件和网络，快速获取用户相关信息，并准确预测用户的需求可能；二是信息检索环节更加简化，在传统做法中，用户需要通过多个信息系统多种检索方式才能更好进行信息查询；而在大数据环境下，用户可以利用云计算、分布式平台的集成数据，将多重结构、多种类型的异构档案数据集中到一个应用平台上，将多个检索入口整合成一站式信息检索，从而使得档案信息检索更加便捷和高效。在流程环节增添方面，由于档案服务业务活动发生变化，档案服务流程的业务活动将会衍生出一些新的环节，一是档案用户数据的存储与管理，在传统做法中，档案数据存储与管理主要内容包括保存具有价值的档案资料，几乎很少涉及档案用户数据；而在大数据环境下，档案数据规模急剧扩张，数据类型五花八门，档案用户需求多种多样。因此，档案部门需要对用户信息及其搜索、浏览、访问、利用、评价信息甚至社交网络数据等信息进行存储与管理，以便在进行档案服务时取得更高的质量和效率。二是数据间相关关系的分析与挖掘，在传统做法中，档案服务主要提供档案目录、档案阅览、档案复印、档案证明、档案咨询、档案展览等简单初级的信息服务；而在大数据环境下，档案用户需求进一步多样和个性化，不仅需要档案查询服务，可能还需要档案查询、相关信息检索、对策方案建议等知识化服务。这就需要档案服务向更广更深的层面发展，由信息服务向知识服务方向转变，采用多种技术和手段对相关数据进行挖掘、分析与整合，从而更好更精准地为档案用户服务。在流程环节复杂化方面，随着大数据技术的发展，数据量越来越多，数据集越来越杂，数据类型越来越繁多，档案服务对于数据的收集、存储、整理、挖掘、分析以及结果的可视化呈现与推送将会越来越繁多。这需要档案部门运用数据仓库、分布式处理、云存储、云计算、机器学习、人工智能等信息技术手段进行档案服务。由于工作量、分析技术、处理能力的要求高，档案部门可能不得不通过业务外包方式借助第三方资源和力量进行档案服务，这势必会让档案服务的业务活动环节增添更多的触点和通道，使得档案服务流程的结构更加复杂。

11.3.3 档案服务流程的时序重构

在传统档案服务流程中，多数档案馆的基本服务流程是以档案资源为中心进行设计与运行的，只有档案用户提出明确需求之后，档案人员才会做出相应回复，才会真正开始档案服务流程的运行。在大数据背景下，这种档案服务流程顺序并不能很好满足档案用户的需求，将会发生重组与转变，因为大数据带来的不仅是超大规模的数据、更先进的数据处理技术，更关键的是从因果关系到相关关系的思维变革以及建立在相关关系分析基础上的预测。在大数据环境下，由于拥有了规模宏大的数据和技术先进的分析工具，人们考察、认识、理解世界的方式开始从关注事物的因果关系转向关注事物的相关关系，通过寻找数据间的关联性准确预测事物的发展趋势已成为各行各业努力的目标。这样的思维方式将会使得档案服务流程按照“收集数据—量化分析—找出相关关系—提出服务方案”的顺序运行。在时序发生变化后的服务流程设计中，档案服务在档案用户提出服务需求之前就已经提前介入，已经利用大数据技术主动探索分析出档案用户的可能需求、信息偏好和潜在利用点，从而有效提高档案服务的针对性和准确性。这种从数据中来，到服务中去，以信息技术引领服务的做法，有利于推动大数据理念进一步融入档案服务体系，也有利于提前分析预测档案用户的需求，更有利于为档案用户提供更加精准的服务。

11.3.4 档案服务流程的结构重构

在传统档案服务流程中，档案服务流程的结构大致呈线性串行形态，大多为用户需求信息陈述—档案查询登记—档案信息系统检索—档案材料查找—档案材料阅览、复制或开具证明。这种档案服务流程结构简单，内容单一，效率低下，并不能很好满足档案用户的多样需求。在大数据背景下，大数据技术可以打破档案服务流程中的信息阻隔和信息孤岛，可以将档案信息管理、咨询、开发、利用、对策建议与用户信息、社交信息等有效连接在一起，可以实现多方信息的共享与互动，从而形成纵横交错的非线性的信息流转网络，挖掘分析出有价值信息，提供更多更好的决策建议。因此，在大数据环境中，档案服务流程的结构更加复杂多样，可以是档案用户授权—数据捕获与收集—数据存储与组织—数据分析与发现—建议决策与服务的结构，即根据档案用户需求对档案数据进行捕获、收集、存储、组织、挖掘和分析，发现用户需求，确定服务策略，从而满足用户需求；可以是档案用户授权—数据捕获与收集—数据存储与组织—数据分析与发现—建议决策与服务—数据融合与可视化的结构，即根据档案用户需求对档案数据进行检索、分析之后，还需要进行数据融合与可视化处理，以便能将信息直接呈现给用户；由于数据存储与组织的价值较低，档案服务流程可以直接分析利用数据以辅助决策，档案服务流程的结构即为档案用户授权—数据捕获与收集—数据分析与发现—数据融合与可视；还可以为档案用户授权—数据捕获与收集—数据分析与发现—数据融合与可视—建议决策与服务—档案用户新授权；或者为其他形式的服务（见图 11-1）。

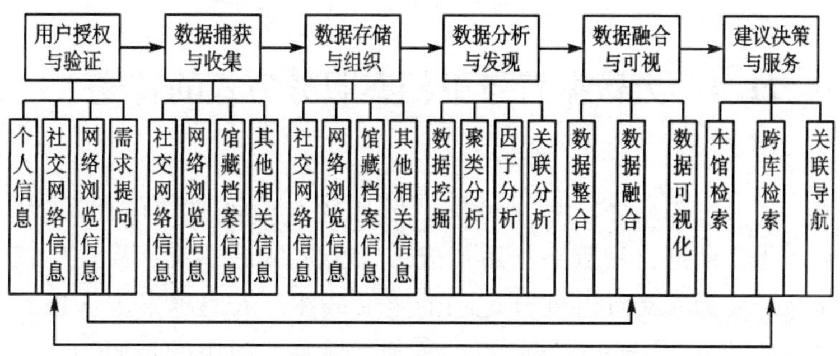

图 11-1　大数据背景下档案服务流程结构设想

总之，在大数据背景下，现有的档案服务流程需要重构。一是可以借助大数据技术，将传统的事后响应变成事前预测，实现对档案用户的预先了解与评估，多维度多方位预判档案用户多样化个性化的需要，真正体现以用户为中心，以需求为导向的服务理念，把档案服务做得更加贴近用户的需求；二是可以将大数据技术贯穿到整个服务流程，渗透到所有服务环节，融汇到全部服务活动，实现技术与业务的紧密结合，全程跟踪用户需求变化并及时做出服务响应与变化，切实提高档案服务的针对性和时效性；三是可以充分利用大数据技术，加大档案数据、业务数据和用户数据的全面分析与应用，实现档案数据的关联分析、元数据查询、档案数据查询等功能，使得档案服务流程更加交互化、智能化和科学化，充分实现档案数据价值的深层开发与挖掘；四是可以充分利用信息技术，加强档案用户与服务人员、管理人员和技术人员之间的深入交流与密切协作，获取快捷有效的信息，从而使得建议决策与服务更加具有可行性。

11.4 大数据背景下档案服务方式的转变

随着网络技术、数字技术、信息技术的迅速变革和发展，网络化、信息化和数字化逐步成为社会发展的主流，社会化媒体渐渐变为人类社会变迁记录的重要载体，人们越来越认识到对原始数据进行记录、收集、整理、保管、利用的重要性。在新媒体时代，只要有网络和终端就可以随时随地上网，没有时间和空间的局限。因此，档案服务方式也需要与时俱进，紧跟大数据发展的步伐，切实调整档案工作的深度和广度，进一步提高档案工作的管理水平和服务能力，努力把档案服务发展成为业界和学界数据查询与信息交流的重要平台。

11.4.1 档案服务方式中存在的问题

服务是档案工作的本质属性和目的。档案工作只有不断改进档案服务的内容和方式，持续提高档案服务的质量和水平，才能有效提高档案工作的社会认可度，才能更好体现档案工作的社会价值。

11.4.1.1 服务手续繁杂

在我国，档案事业实行“统一领导、分级管理”的集中式管理体制，加之档案的保密性和工作的封闭性，使得档案利用者在利用相关档案信息时，需要先向档案部门提交申请，等待批准后才能查询。即便可以查询的，也只能获得馆藏现有保管的档案，无法获取查询内容相关的信息。这样繁杂的手续和有限的服务严重影响了档案信息的及时获取，也大大消磨了档案利用者的积极性。其原因主要在于档案部门受到管理体制的制约，大多只在既定框架范围内制定和实施档案管理制度，档案管理内容没有根本性突破，利用程序没有实质性简化，这使得档案管理和服务受到种种限制，档案利用得不到及时便捷的回应，既影响档案工作的社会认可度，也影响档案利用者的使用热情，从而造成档案资源被闲置和浪费，进而阻碍档案事业的发展。

11.4.1.2　*服务内容简单*

在我国，档案服务在很大程度上受到档案保管范围的局限，馆藏收集保管的档案材料十分有限，其所能提供的档案利用服务的内容比较简单有限，主要是原始档案材料（实体档案和电子档案）的检索、阅览、复印、复制和证明开具等单一性和定式化的利用服务，加之大多数档案部门忽视档案信息的拓宽收集与深层次开发，很难满足信息社会条件下档案利用者多层次和个性化的需求。其原因主要在于档案部门的服务理念比较滞后，多数档案部门“重管理，轻利用”，缺乏“以人为本”主动服务的观念，在日常档案工作中把重点放在档案材料的收集、整理和保管上，主要开展业务指导、检查监督、咨询培训等活动，而对于档案信息深度发掘、档案服务内容拓展、档案服务范围扩大和档案服务方式创新等薄弱环节缺少研究和探索。因而在档案利用中大多只有被动提供程式化服务，不能最大限度满足档案利用者的多样性需求。

11.4.1.3　*服务模式落后*

在我国，多数档案部门仍然沿用传统的服务模式，大多采用到现场进行电脑检索条目和人工用排架编号提取档案材料的形式进行档案利用服务。这不仅需要档案利用者亲自到档案部门查阅相关信息，而且还需要进行档案利用者信息登记和档案信息查阅申请，既不便捷也不效率。由于档案部门受到观念、技术、资金等方面制约，计算机、网络等现代化设备和手段在档案管理与服务中的应用比较少，网络环境下的软硬件设施不完备，档案网站建设不完善，档案管理现代化水平难以大幅提升。加之原有实体档案的数字化进程比较缓慢，新增电子档案由于档案信息系统与办公系统没有实时对接，只能延时手工归档，因而档案服务在很大程度上仍然停留在档案利用者与档案工作人员“面对面”交流的状态，档案检索方式以手工为主，档案信息利用以复制为主，并且受时间、空间、保密、期限等因素的影响，这使得档案利用效率更加低下。可见，档案部门的档案资源基本处于封闭休眠状态，没有实现档案信息的开放与共享，造成了人力、物力、财力及资源的巨大浪费。

11.4.2 档案服务方式的转变途径

随着现代办公过程中电子文件的大量生成，档案信息的数据量越来越多，档案信息的利用需求也越来越广泛。而传统的档案服务方式已经不能适应和满足档案利用者对信息与数据的多样需求，档案部门需要转变档案服务方式，加大数据挖掘力度，优化数据查询性能，提高档案服务质量，才能更好方便档案利用者自主查询所需要的信息。

11.4.2.1 更新档案管理规章

在大数据背景下，原有的档案管理规章制度应当得到适时修订更新，制定出适应社会发展的科学的、有效的、完善的档案管理规范，才能更好促使档案收集以纸质档案为主转向以数字化档案为主，促使传统档案工作向信息化档案工作方向发展。档案部门要充分借助于现代信息技术，有效实现档案信息系统对接办公系统，以“一切归档”的理念全程管控档案信息、档案数据的生成过程，切实全面丰富档案资源库。档案部门要及时做好档案存储的申报时间、存储路径、条目生成、加密服务等工作，切实保障新档案入库的时效性和完整率。档案部门要借助管理制度促使广大档案工作人员爱岗敬业，进一步保障档案工作顺畅，档案服务便捷。

11.4.2.2　增进档案业务水平

在大数据背景下，快速、便捷、多样、主动是档案服务的基本要素，这也给档案管理人员的工作素养和业务水平带来了更高的要求。因此，进一步优化档案管理人员的教育和培训内容，转变档案管理人员的工作态度，提升档案管理人员的能力和素质是必不可少的环节。一是档案部门要优化档案管理人员的结构，在年龄上招录更多的年青档案人员，在学历上提高文化层次的要求，增加信息技术方面的人员。这样才能为档案管理队伍增添新鲜的血液，培养更多有理想、有能力、有创新意识的档案管理人才。二是档案部门要加大现有档案管理人员继续教育和培训的力度，把教育培训作为一种常态化的工作内容，不断提升他们应用现代信息技术的技能和素质，不断提升他们的档案从业理念，不断增强他们的档案管理意识，这样才能更好适应大数据发展日新月异的要求，为档案工作发展奠定扎实的基础。三是档案部门要经常组织档案管理人员到档案管理发展较好的档案馆进行参观考察和业务交流，实地学习先进的理念和做法。这样才能更好增进档案业务水平，整合档案信息资源，优化档案利用方式，提高档案服务能力，从而不断推进档案工作再上新台阶。

11.4.2.3　加大数据挖掘力度

随着信息技术在现代办公过程中的广泛应用，档案数据大量生成。面对大批量的数据集合，人们根本无法在短时间内运用常规工具和方法进行处理和利用。那么如何从这些海量原始数据中筛选出有应用价值的信息提供给档案利用者作为决策参考呢？数据挖掘技术是一种能够解决此问题的高效方法。数据挖掘（Data mining）是指通过统计、在线分析处理、情报检索、机器学习、专家系统和模式识别等方法，从海量数据中搜索隐藏信息的过程。也就是说，通过计算机按照某种算法就可以从体量巨大、类型繁多、价值密度低、实时性高的数据集合中提取出具有潜在价值的信息与知识。数据挖掘的种类较多，其中文本数据挖掘比较适用于海量档案数据信息的筛选。文本数据挖掘是数据挖掘的基本构成部分，适用于处理和分析办公文档、文本、图片、XML、HTML、各类报表、图像、音频和视频信息等格式的非结构化数据，从而获取有价值的信息和知识。文本数据挖掘在有价值信息提取过程中一般有分类与预测两个步骤，首先对非结构化数据进行二维逻辑表达提取，加上某些衍生语言特征或者消除某些冗杂信息，形成结构化数据插入到存储数据库中，然后对结构化数据进行关联性、独特性与实用性分析和发现，融合生成可视化的实用信息。文本数据挖掘既易于进行文本信息筛选、文本划分、文本聚类、文本数据压缩和文本数据处理，又易于进行信息搜索、信息浏览、信息过滤、信息报告、数据预测、数据分析和知识发现，因而在众多基础领域广泛应用于数据提取。在大数据背景下，信息资源就是生产力，档案工作应不断强化服务思维，将网络化与智能化相结合起来，把劳动工具变成自动化、智能化的机器体系。这样就能大大加快信息资源查询、传输和获取的速度，从而增强档案利用的客服体验，提升档案资源的利用效率。因此，在档案业务中应用数据挖掘技术，既能减少人工繁重的体力劳动，提高档案调阅查询的效率，又能简化档案信息的提取程序，从而大大提高档案利用的服务效率。

11.4.2.4 搭建数据应用平台

随着智能手机的普及，档案部门完全可以利用 App 客户端加强档案工作，打造档案社区，宣传档案管理，推送档案信息，提供档案服务。在档案利用 App 客户端的推行中，搭建档案信息资源整合的数据应用平台是十分重要的基础工作。档案数据应用平台以专业分析为导向，以数据挖掘为基础，以可视化技术为手段，把数据挖掘和智能处理结果显示出来，为档案利用者提供多角度、多层次、多维度的在线分析功能，让档案利用者在 App 客户端就能轻松实现从数据查询、数据分析到数据可视的一站式操作。档案数据应用平台的搭建，既不需要在固定的时间和空间获 取资源也不需要在个人终端上安装各种各样的软件，不仅有利于档案部门充分利用档案信息资源，迅速提取具有重要价值的信息，还能为档案利用者提供不同的分析思路与方法，多方面满足档案利用者的多样需求。在档案数据应用平台搭建中档案部门需要注意有机整合档案信息资源，一是要以全程控制为理念对接档案信息系统和办公自动化系统，形成完善的现代信息管理网络，全部适时收集归档办公文件；二是要以数据网络为支撑搭建档案管理系统，通过建立统一的归档标准和操作规程，全面收集各业务环节的所有文件，规范管理所有的归档文件；三是要以档案服务为中心构建档案信息资源共享系统，既支持档案收集、档案保管和档案利用全过程的信息化处理，又为档案利用者提供便捷的网络查询功能。

11.4.2.5 做好档案安全保障

档案信息资源是重要的物质和精神财富。按照《中华人民共和国档案法》和《中华人民共和国档案法实施办法》的规定，不同的档案需要有不同的密级和保密期限。在网络时代，涉密信息极易受到网络攻击和入侵，造成信息泄漏或者数据丢失，使得档案部门遭受经济损失或者给档案部门带来一些负面影响。出现档案安全漏洞的原因很多，主要有安全制度不全、安全意识不强、安全管理不善、安全监督不力等。因此，档案部门在档案信息化建设过程中，需要高度重视信息安全工作，预防档案信息资源破坏和丢失。档案部门只有建立完善的档案安全体系，才能堵住各种安全漏洞，消除各种安全隐患，确保档案信息安全。档案部门要做到以下几点：一是要提高思想认识，为档案安全构筑坚固的思想防线；二是要加强安全管理，为档案安全提供健全的制度保障；三是要加强基础设施建设，为档案安全创造良好的技术条件；四是要备份档案信息，为档案安全预设更高的容灾等级；五是要建立档案开放利用审核机制，为档案安全增添有效的运行途径。也只有努力构筑档案信息化安全和谐的发展环境，全面建成确保档案信息资源安全保密的保障体系，档案部门才能实现档案保真、保密、保读、保存的安全目标。

总而言之，在大数据背景下，档案工作面临着多方面的挑战，也迎来了新的发展机遇。大数据是一种思维，也是一种工具，虽然它不能直接解释信息，但是它可以显示相关关系，可以发掘出更多的隐藏在数据中的潜在价值。因此，档案工作在新时期应以数据挖掘和智能处理为基础，建立档案数据应用平台，不断分析档案数据的内在关联，挖掘档案数据的潜在价值，通过 App 客户端满足不同客户个性化的需求。这样，档案数据才能进一步发挥出现实作用和价值，档案管理才能不断提高水平和效率，档案工作才能沿着社会化、科学化、人性化、服务化、多元化的方向持续发展，档案事业才能得到全面、协调、持续发展。

参考文献

[1] 涂子沛. 数据之巅：大数据革命，历史、现实与未来[M]. 北京：中信出版社，2014.

[2] 徐闽斌，田勇，王书程. 大数据安全问题的几点思考[J]. 信息安全与技术，2014（12）：6-7.

[3] 维克托·迈尔-舍恩伯格，肯尼思·库克耶. 大数据时代：生活、工作与思维的大变革［M］. 盛杨燕，周涛，译. 杭州：浙江人民出版社，2013.

[4] 涂子沛. 大数据及其成因［J］. 科学与社会，2014（1）：14-26.

[5] 彭国莉，吕先竞，刘文君. DCI 社会科学数据分析研究[J]. 西南民族大学学报（人文社会科学版），2015（3）：231-233.

[6] 张晓林. 科学家提出数据共享的 Panton 原则［J］. 图书情报工作动态，2010（7）：14-15.

[7] 李兴国. 管理信息系统案例［M］. 北京：清华大学出版社，2010.

[8] 孙九林. 科学数据资源与共享［J］. 中国基础科学，2003（1）：30-33.

[9] 张莉. 中国农业科学数据共享发展研究［D］. 北京：

中国农业科学院，2006.

[10] 张计龙，殷沈琴，张用，等. 社会科学数据的共享与服务——以复旦大学社会科学数据共享平台为例 [J]. 大学图书馆学报，2015 (1)：74-79.

[11] 陈传夫. 中国科学数据公共获取机制：特点、障碍与优化的建议 [J]. 中国软科学，2004 (2)：8-13.

[12] 黄永文，张建勇，黄金霞，等. 国外开放科学数据研究综述 [J]. 现代图书情报技术，2013 (5)：21-27.

[13] 严冬梅，尚翔. 论科技创新的基石——科学数据共享 [J]. 科学管理研究，2005 (1)：20-22.

[14] 沈亚平，许博雅. "大数据"时代政府数据开放制度建设路径研究 [J]. 四川大学学报（哲学社会科学版），2014 (5)：111-118.

[15] 陈运雄，蔡梅娥. 论政府信息公开的法理基础 [J]. 求索，2008 (12)：137-139.

[16] 孙枢. 地球数据是地球科学创新的重要源泉——从地球科学谈科学数据共享 [J]. 中国基础科学，2003 (3)：334-337.

[17] 何琳，常颖聪. 国内外科学数据出版研究进展 [J]. 图书情报工作，2014 (5)：104-110.

[18] 高金虎. 论情报的定义 [J]. 情报杂志，2014 (3)：1-5.

[19] 周文泓. 加拿大联邦政府开放数据分析及其对我国的启示 [J]. 图书情报知识，2015 (2)：106-114.

[20] 王伟玲. 大数据产业的战略价值研究与思考 [J]. 技术经济与管理研究，2015 (1)：117-120.

[21] MCKINSEY GLOBAL INSTITUTE. Big data: the next frontier for innovation, competition, and productivity [EB/OL].

(2012-07-03) [2017-07-30]. http://www.mckinsey.com/insights/ business_technology/big_data_the_next_frontier_for_innovation.

[22] 张铭睿, 谢安. 美国政府开放数据的实践及启示 [J]. 中国统计, 2015 (5): 24-26.

[23] 谢国庆. 协调发展大数据产业 [J]. 通信企业管理, 2015 (2): 26-27.

[24] 冼君. 开放科学数据 实现共同发展 [EB/OL]. (2014-04-17) [2017-07-30]. http://news.xinhuanet.com/photo/2014-04/17/c_126403800_2.htm.

[25] 马羚, 刘丽岩. 黑龙江省社科数据共享中心建设的思考 [J]. 边疆经济与文化, 2009 (10): 8-10.

[26] 吴新丽, 闫明, 刘建勇. 如何结合政务公开与档案开放 [J]. 中小企业管理与科技, 2014 (4): 122-122.

[27] 陆健英, 郑磊, SHARON S DAWES. 美国的政府数据开放: 历史、进展与启示 [J]. 电子政务, 2013 (6): 26-32.

[28] 金琇. 奥巴马"透明开放政府"的做法及启示 [J]. 特区实践与理论, 2013 (1): 23-25.

[29] 谭健. 开放数据及其应用现状 [J]. 图书与情报, 2011 (4): 42-48.

[30] 岳丽欣, 刘文云. 我国政府数据开放保障机制的建设研究 [J]. 图书与情报, 2016 (16): 40-48, 39.

[31] DAWES S S. Stewardship and usefulness: policy principles for information-based transparency [J]. Government Information Quarterly, 2010 (3).

[32] 刘杰. 论日本信息公开与个人信息保护的救济制度 [J]. 太平洋学报, 2009 (4): 15-21.

[33] 李志新. 新西兰政府数据开放机制及对我国的启示

[J]. 图书与情报.2016 (4): 123-129.

[34] 陆颖隽. 日本政府信息公开与开发利用对我国的启示 [J]. 图书与情报, 2010 (6): 9-13, 28.

[35] LUNA-REYESA L F, CHUNB S A. Open government and public participation: issues and challenges in creating public value [J]. Information Polity, 2012 (1).

[36] HOFFMANN L. Data mining meets city hall [J]. Communications of the ACM 55, 2012 (6).

[37] 徐慧娜, 郑磊. 国外政府数据开放研究综述: 公共管理的视角 [J]. 电子政务, 2013 (6): 2-7.

[38] 迪莉娅. 国外政府数据开放研究 [J]. 图书馆论坛, 2014 (9): 86-93.

[39] 李燕, 张淑林, 陈伟. 英国政府数据开放的实践、经验与启示 [J]. 情报科学, 2016 (8): 148-152.

[40] DAWES S S, PARDO T A, CRESSWELL A M. Designing electronic government information access programs: a holistic approach [J]. Government Information Quarterly, 2004 (1).

[41] BANNISTER F. The curse of the benchmark: an assessment of the validity and value of e-government comparisons [J]. International Review of Administrative Sciences, 2007, 73 (2): 171-188.

[42] KARR A F. Citizen access to government statistical information [M]. New York: Springer, 2008.

[43] NOOR HUIJBOOM, TIJS VAN DEN BROEK. Open data: an international comparison of strategies [J]. European Journal of Practice, 2011 (12): 4-16.

[44] JANSSEN K. The influence of the psi directive on open government data: an overview of recent developments [J].

Government Information Quarterly, 2011 (4).

[45] 杨东谋，罗晋，王慧茹，等. 国际政府数据开放实施现况初探 [J]. 电子政务，2013 (6)：16-25.

[46] YANG TUNG-MOU, LO JIN, SHIANG JING. To open or not to open? Determinants of open government data [J]. Journal of Information Science, 2015 (5)：596-612.

[47] HARRISON T M, PARDO T A, COOK M. Creating open government ecosystems：a research and development agenda [J]. Future Internet, 2012 (4).

[48] 周健，赖茂生. 政府信息开放立法研究与公民知情权 [J]. 情报学报，2001 (1)：280-282.

[49] 刘恒. 政府信息公开制度 [M]. 北京：中国社会科学出版社，2004：12.

[50] 周晓英. 政府网站的政府信息公开：内涵、经验、问题和对策 [J]. 电子政务，2008 (5)：41-48.

[51] 原光，王艺. 我国政府信息资源增值利用模式的创新 [J]. 统计与决策，2009 (16)：70-72.

[52] 陈传夫，冉从敬. 法律信息增值利用的制度需求与对策建议 [J]. 图书与情报，2010 (6)：23-28.

[53] 胡小明. 从政府信息公开到政府数据开放 [J]. 电子政务. 2015 (1)：67-72.

[54] 吴旻. 开放数据在英、美政府中的应用及启示 [J]. 图书与情报，2012 (1)：127-130.

[55] 周志峰，黄如花. 国外政府开放数据门户服务功能探析 [J]. 情报杂志，2013 (3)：144-147.

[56] 周军杰. 需求导向的中国政府数据开放研究 [J]. 电子政务，2014 (12)：61-67.

[57] 付熙雯，郑磊. 政府数据开放国内研究综述 [J]. 电

子政务，2013（6）：8-15.

［58］过言之. 我国政府信息增值服务研究［D］. 苏州：苏州大学，2007.

［59］陈传夫，黄璇. 政府信息资源增值利用研究［J］. 情报科学，2008（7）：961-966.

［60］曹凌. 大数据创新：欧盟开放数据战略研究［J］. 情报理论与实践，2013（4）：118-122.

［61］顾磊，王艺. 基于政府数据开放的智慧城市构建［J］. 智慧城市 .2014（7）：38-43.

［62］杜振华，茶洪旺. 政府数据开放问题探析［J］. 首都师范大学学报（社会科学版），2016（5）：74-80.

［63］谭必勇. 政府信息资源再利用问题初探［J］. 档案学研究，2007（4）：23-26.

［64］邵熠星，王薇. 政府信息资源再利用比较研究［J］. 图书情报工作，2010（8）：125-129.

［65］陈传夫，黄璇，吴钢. 我国应制定公共部门信息资源增值利用法［J］. 情报资料工作，2011（1）：6-10.

［66］刘莉. 欧美政府信息资源公益性开发利用研究［J］. 档案管理，2011（3）：66-69.

［67］丁光勋. 电子政务环境下政府信息资源再利用的尴尬及其对策［J］. 图书·情报·知识，2007（4）：85-88.

［68］牛琳琳，黄洁清. 政府信息资源公共获取研究［J］. 现代情报，2007（9）：144-146.

［69］陈能华，王晓敏. 政府参与下的我国政府信息资源再利用机制探讨［J］. 图书与情报，2012（1）：67-70.

［70］谢笑. 欧美公共部门信息增值利用面临的问题与反思［J］. 情报理论与实践，2012（5）：120-124.

［71］霍娜. 政府数据开放要掂量［N］. 中国计算机报，

2014-09-15（6）.

［72］高华丽，闫建. 政府大数据战略：政府治理实现的强力助推器［J］. 探索，2015（1）：104-107.

［73］魏吉华. 探讨我国政府信息资源开发利用策略［J］. 图书情报论坛，2006（4）：53-56.

［74］周大铭. 我国政府数据开放现状和保障机制［J］. 大数据，2015（2）：19-30.

［75］黄如花，李楠. 国外政府数据开放许可协议采用情况的调查与分析［J］. 图书情报工作，2016（13）：5-12.

［76］侯人华，徐少同. 美国政府开放数据的管理和利用分析——以 www.data.gov 为例［J］. 图书情报工作，2011（4）：119-122，142.

［77］刘增明，贾一苇. 美国政府 Data.gov 和 Apps.gov 的经验与启示［J］. 电子政务，2011（4）：90-95.

［78］郑磊，高丰. 中国开放政府数据平台研究：框架、现状与建议［J］. 电子政务，2015（7）：8-16.

［79］陈涛，李明阳. 数据开放平台建设策略研究——以武汉市政府数据开放平台建设为例［J］. 电子政务，2015（7）：46-52.

［80］杨芳. 李克强：政府掌握的数据要尽可能公开［EB/OL］.（2015-03-06）［2017-07-30］. http://news.sohu.com/20150306/n409408797.shtml.

［81］朱雪忠，徐先东. 浅析我国科学数据共享与知识产权保护的冲突与协调［J］. 管理学报，2007（4）：477-482，487.

［82］徐冠华. 实施科学数据共享增强国家科技竞争力［J］. 中国基础科学，2003（1）：7-11.

［83］NATIONAL SCIENCE FOUNDATION. NSF's cyber frastructure vision for 21st century' discovery（Version5.0）［EB/OL］.

(2006-01-20) [2017-07-30]. http://www.nsf.gov/od/oci/ci-v5.pdf.

[84] STEPHEN E FIENBERG, MARGARET E MARTIN, MIRON L STRAF. Sharing research data [M]. Washington DC: National Academy Press, 1985.

[85] STEPHEN E FIENBERG. Sharing statistical data in the biomedical and health sciences: Ethical, institutional, legal, and professional dimensions [J]. Annual Review of Public Health, 1994, 15 (1): 1-18.

[86] ESTABROOKS C A, ROMYN D M. Data sharing in nursing research: Advantages and challenges [J]. Canadian Journal of Nursing Research, 1995, 27 (1): 77-88.

[87] ROCKWELL R C, ABELES R P. Sharing and archiving data is fundamental to scientific progress [J]. The Journals of Gerontology, 1998, 53 (1): 5-8.

[88] HEATHER A PIWOWAR, et al. Towards a data sharing culture: Recommendations for leadership from academic health centers [J]. PLos Medicine, 2008, 5 (9): 1315-1319.

[89] TORONTO 2009 DATA RELEASE WORKSHOP AUTHORS. Benefits and best practices of rapid pre-publication data release [J]. Nature, 2009, 461 (7261): 168-170.

[90] Bryn Nelson. Data sharing: Empty archives [J]. Nature, 2009, 461 (7261): 160-163.

[91] DAVE A CHOKSHI, MICHAEL PARKER, DOMINIC P KWIATKOWSKI. Data sharing and intellectual property in a genomic epidemiology network: Policies for large scale research collaboration [J]. Bulletin of the World Health Organization, 2006, 84 (5): 382-387.

[92] GUTTMACHER A E, NABEL E G, COLLINS F S. Why data sharing policies matter [J]. Proceedings of the National Academy of Sciences, 2009, 106 (40): 16894.

[93] THE OECD WORKING GROUP ON NEUROINFORMATICS. Neuroscience data and tool sharing: A legal and policy framework for Neuroinformatics [J]. Neuroinformatics, 2003, 1 (2): 149-165.

[94] HENRY RODRIGUEZ. Recommendations from the 2008 international summit on proteomics—data release and sharing policy: The Amsterdam principles [J]. Journal of Proteome Research, 2009 (8): 3689-3692.

[95] 孙枢. 美国科学数据共享政策考察报告 [J]. 中国基础科学, 2002 (5): 37-39.

[96] 傅小锋, 李俊, 黎建辉. 国际科学数据的发展与共享 [J]. 中国基础科学, 2007 (2): 30-35.

[97] 谢艳秋, 钱鹏. 国外科学数据共享政策的发展研究 [J]. 新世纪图书馆, 2014 (1): 67-71.

[98] 黄鼎成. 科学数据共享的理论基础与共享机制 [J]. 中国基础科学, 2003 (2): 22-27.

[99] 路鹏, 苗良田, 莫纪宏, 等. 我国科学数据共享现状 [J]. 国际地震动态. 2007 (6): 26-32.

[100] 杨兰. 开放科学数据实现共同发展 [N]. 科技日报, 2014-04-24 (12).

[101] 黄如花, 王斌, 周志峰. 促进我国科学数据共享的对策 [J]. 图书馆, 2014 (3): 7-13.

[102] 白如江, 冷伏海. "大数据" 时代科学数据整合研究 [J]. 情报理论与实践, 2014 (1): 94-99.

[103] 司莉, 邢文明. 国外科学数据管理与共享政策调查

及对我国的启示［J］. 情报资料工作，2013（1）：61-66.

［104］张英俊. 科学数据共享问题与对策［J］. 山西科技，2009（1）：84-85.

［105］刘润达，彭洁. 我国科学数据共享政策法规建设现状与展望［J］. 科技管理研究，2010，30（13）：40-43.

［106］唐源，吴丹. 国外医学科学数据共享政策调查及对我国的启示［J］. 图书情报工作，2015，59（18）：6-13.

［107］NATIONAL INSTITUTES OF HEALTH. Final NIH statement on sharing research data［EB/OL］.（2015-05-20）［2017-07-30］. http://grants.nih.gov/grants/guide/notice-files/NOTOL-03-032.html.

［108］NATIONAL INSTITUTES OF HEALTH. NIH data sharing policy and implementation guidance［EB/OL］.（2015-07-18）［2017-07-30］. https://grants. nih. gov/grants/policy/data_sharing/data_sharing_guidance.htm.

［109］OECD. DECD principles and guidelines for access to research data from public funding［EB/OL］.（2011-11-24）［2017-07-30］. http://www.oecd.org/sti/sci-tech/38500813.pdf.

［110］李娟，刘德洪，江洪. 国际科学数据共享原则和政策研究［J］. 图书情报工作，2008，52（12）：77-80.

［111］王祎，华夏，王建梅. 国内外科学数据管理与共享研究［J］. 科技进步与对策，2013，30（14）：126-129.

［112］覃丹. 英美社会科学数据管理与共享服务平台调查分析［J］. 图书情报工作，2014（8）：67-75.

［113］司莉，华小琴. 我国科学数据共享平台的服务效能分析［J］. 图书馆工作与研究，2014，218（4）：24-26.

［114］汪俊. 美国科学数据共享的经验借鉴及其对我国科学基金启示：以 NSF 和 NIH 为例［J］. 中国科学基金，2016，

30（1）：69-75.

［115］张新兴. 科学数据共享平台的建设与服务探讨［J］. 现代情报，2016，36（11）：109-113.

［116］陈军，王春卿. 关于科学数据共享机制的思考［J］. 中国基础科学，2003（1）：40-43.

［117］李娟，刘德洪，江洪. 国际科学数据共享现状研究［J］. 图书馆建设，2009（2）：19-25.

［118］杨友清，陈雅. 科学大数据共享研究：基于国际科学数据服务平台［J］. 新世纪图书馆，2014（3）：24-28.

［119］张静蓓，吕俊生，田野. 国外数据共享行为影响因素研究综述［J］. 图书情报工作，2014（4）：136-142.

［120］刘闯. 我国科学数据共享机制建设研究［J］. 信息化论坛 . 2004（1）：5-7.

［121］王培正. 科学数据共享方式研究［J］. 科技管理研究，2010（17）：201-204.

［122］左建安，陈雅. 基于大数据环境的科学数据共享模式研究［J］. 情报杂志，2013（12）：151-154.

［123］王晴. 论科学数据开放共享的运行模式、保障机制及优化策略［J］. 图书馆与科学数据，2014（1）：3-9.

［124］潘燕桃，程焕文. 迈向人文社科信息资源共享的新时代——《北京宣言》解读［J］. 大学图书馆学报，2009（1）：3-7.

［125］CARETH KNIGHT. Funder requirements for data management and sharing［EB/OL］.（2013-01-14）［2017-07-30］. http://researchonline.lshtm.ac.uk. 208596.

［126］张计龙，朱勤，殷沈琴. 美国社会科学数据的共享与服务［J］. 新视野，2013.（5）：13-17.

［127］完颜邓邓. 澳大利亚高校科学数据管理与共享政策

研究 [J]. 信息资源管理学报, 2016 (1): 30-37.

[128] ALSHEIKH-ALI A A, QURESHI W, AL-MALLAH M H, et al. Public availability of published research data in high impact journals [J]. PLos ONE, 2011, 6 (9): e24357.

[129] STEPHANIE OM DYKE, TIM J P HUBBARD. Developing and implementing an institute wide data sharing policy [J]. Genome Medicine, 2011, 3 (9): 60.

[130] 黄如花, 邱春艳. 国外科学数据共享研究综述 [J]. 情报资料工作, 2013 (4): 24-30.

[131] 杜伟, 张静. 科学研究数据的出版与获取 [J]. 出版科学, 2013, 21 (6): 86-89.

[132] 袁曦临. E-science 环境下学术规范的新领域: 科学数据 [J]. 甘肃社会科学, 2014 (3): 85-88.

[133] 何琳, 常颖聪. 科研人员数据共享意愿研究 [J]. 图书与情报, 2014 (5): 125-131.

[134] 邱春艳, 黄如花. 近 3 年国际科学数据共享领域新进展 [J]. 图书情报工作, 2016 (3): 6-14.

[135] 胡艳英. 网络经济下的新稀缺资源 [J]. 森林工程, 2008 (3): 94-96.

[136] 马中. 环境与自然资源经济学概论 [M]. 北京: 高等教育出版社, 2013.

[137] 汤兆云. "科学技术是第一生产力" 含义辨析 [J]. 怀化师专学报, 1999 (6): 5-9.

[138] 王阳, 刘云, 刘亚, 等. 投入产出法及其应用问题探析 [J]. 集团经济研究, 2007 (9): 264-266.

[139] 刘闯. 我国科学数据共享机制建设研究 [J]. 国土资源信息化, 2004 (1) 5-7.

[140] 向峻青. 以人为本的宪法文化之省思与构建 [D].

成都：四川师范大学，2010.

［141］杨小军. 政府信息公开的三个依据［J］. 公共管理研究，2012（3）：9-11.

［142］李玉茹. 公民权与人权的关系及其完善——从知情权的宪法保障浅谈公民权及人权完善［J］. 科技信息，2009（35）：156-156.

［143］高立忠. 知情权概念评析［J］. 黑龙江社会科学，2008（3）：162-164.

［144］魏凯. 各国政府积极制定推进政策数据开放运动席卷全球［J］. 世界电信，2014（1）：49-54.

［145］钱晓红，胡芒谷. 政府开放数据平台的构建及技术特征［J］. 图书情报知识，2014（3）：124-129.

［146］陆健英，郑磊. 美国的政府数据开放：历史、进展与启示［J］. 电子政务，2013（6）：26-32.

［147］张毅菁. 从信息公开到数据开放的全球实践——兼对上海建设“政府数据服务网”的启示［J］. 情报杂志，2014（10）：175-178.

［148］万鹏飞，饶诗韵. 美国联邦政府政务公开制度的实践及启示［J］. 经济社会体制比较，2006（2）：81-89.

［149］陈明奇. 大数据国家发展战略呼之欲出——中美两国大数据发展战略对比分析［J］. 人民论坛，2013（5）：28-29.

［150］文洋. 美国的“大数据”发展战略新动向［N/OL］. 学习时报，2014-10-27［2017-07-30］. http://www.360doc.com/content/14/1027/14/7544182_420309190.shtml.

［151］刘可静. 欧美保障科学数据共享法制探究［J］. 科技与法律，2006（3）：1-6.

［152］王巧玲，钟永恒，江洪. 英国科学数据共享政策法

规研究［J］. 图书馆杂志，2010（3）：63-66.

［153］王正兴，刘闯. 英国的信息自由法与政府信息共享［J］. 科学学研究，2006（10）：688-695.

［154］李苑. 全球政府开放数据的四大特点［EB/OL］.（2014-02-20）［2017-07-30］. http://intl.ce.cn/specials/zxgjzh/201402/20/t20140220_2343380.shtml.

［155］罗博. 国外开放政府数据计划：进展与启示［J］. 情报理论与实践，2014（12）：138-144.

［156］窦玉根，文洋. 英国开启大数据时代［N/OL］. 学习时报，2014-11-19［2017-07-30］. http://www.qstheory.cn/international/2014-11/19/c_1113320596.htm.

［157］刘叶婷. 盘点全球前五的数据开放国［J］. 环球风采，2014（4）：54-55.

［158］周晓瑛，王玮. 大数据时代的“人、信息和技术”——加拿大档案工作见闻［EB/OL］.（2015-04-09）［2017-07-30］. http://www.archives.sh.cn/zxsd/201504/t20150409_42098.html.

［159］闫霏. 国内外政府信息公开法律体系比较研究［J］. 情报科学，2012（3）：450-454.

［160］贾一苇. 澳大利亚的公共服务大数据战略［J］. 中国贸易救济，2014（3）：17-20.

［161］刘兰，闫永君. 澳大利亚公共服务大数据战略研究［J］. 图书馆学研究，2014（5）：47-51.

［162］赵辉. 新加坡经验：大数据时代政府的角色信息系统工程［EB/OL］.（2013-09-29）［2017-07-30］. http://www.iceo.com.cn/com2013/2013/0929/271366.shtml.

［163］蔡舒. 国外先进信息技术应用实例［J］. 杭州科技，2014（4）：51-56.

[164] MAHIZHNAN A. Smart Cities: The Singapore Case [J]. Cities, 1999 (1).

[165] 卞怡. 大数据时代下的政府作为 [J]. 信息化建设, 2014 (8): 18-19.

[166] 马亮. 大数据技术何以创新公共治理——新加坡智慧国案例研究 [J]. 电子政务, 2015 (5): 2-9.

[167] 丁灿剑. 国外政府数据开放经验探究 [J]. 考试周刊, 2015 (32): 192-193.

[168] 孙艳艳, 吕志坚. 中国开放政府数据发展策略浅析 [J]. 电子政务, 2015 (5): 18-24.

[169] 政府拥抱大数据, 开放是把双刃剑 [N/OL]. 中国电子报, 2014-02-25 [2017-07-30]. http://epaper.cena.com.cn/content/2014-02/25/ content_182443.htm.

[170] 胡筱秋. 地方科技基础条件平台建设的思考 [J]. 中国科技资源导刊, 2008 (2): 66-69.

[171] 王玮. 大型仪器共享服务工作的研究与探索 [J]. 科技成果纵横, 2009 (5): 42-43.

[172] 袁力. 政府门户网站在公关危机事件中的舆论引导 [J]. 中国管理信息化, 2012 (18): 101-102.

[173] 杨楚. 开放数据+众包监测=危险地图 [J]. 中国社会组织, 2015 (8): 34-35.

[174] 杨鸿光. 全国政府网站大“体检”正式启动 [J]. 电子政务, 2015 (5): 1-1.

[175] 徐继华, 冯启娜, 陈贞汝. 智慧政府大数据治国时代的来临 [M]. 北京: 中信出版社, 2014.

[176] 郭浩. 地方政府数据开放时代已悄然来临 [EB/OL]. (2014-12-02) [2017-07-30]. http://cio.it168.com/a2014/1202/1687/000001687036.shtml.

[177] 陈松. 省政府网站“信息公开”专项评估连续五年名列全国第一 [N]. 四川日报, 2013-11-29 (1).

[178] 四川省人民政府办公厅. 四川省 2014 年政府信息公开工作年度报告 [EB/OL]. (2015-08-17) [2017-07-30]. http://www.sc.gov.cn/10954/11064/2015/8/17/10348850.shtml.

[179] 刘力熠. 四川省数据中心产业联盟正式成立 [J]. 通信与信息技术, 2013 (6): 14.

[180] 四川省政府办公厅. 四川省人民政府关于印发支持成都高新技术产业开发区创建国家自主创新示范区十条政策的通知 [EB/OL]. (2014-09-05) [2017-07-30]. http://www.sc.gov.cn/10462/10883/11066/2014/9/5/10312135.shtml.

[181] 成都市政府办公厅. 打造基础数据库,成都将尝试大数据决策 [EB/OL]. (2014-06-06) [2017-07-30]. http://125.64.4.186/t.aspx? i=20140606104227-884685-00-000.

[182] 成都市政府办公厅. 大数据成“香馍馍”巨头企业抢滩成都 [EB/OL]. (2014-06-05) [2017-07-30]. http://125.64.4.186/t.aspx? i=20140605101049-529122-00-000.

[183] 科学数据共享调研组. 科学数据共享工程的总体框架 [J]. 中国基础科学, 2003 (1): 63-68.

[184] 宁家骏. 大数据时代的政府数据开放 [J]. 中国建设信息, 2015 (5): 18-19.

[185] 刘绿茵. 国家创新体系的科技信息资源共享机制研究 [D]. 北京: 北京大学, 2004.

[186] 瑞英. 社科数据实现共享: 北京推出哲学社会科学开放式数据库 [N]. 光明日报, 2003-04-08 (4).

[187] 曾驿涵. 谈档案的整理工作 [J]. 赤子, 2012 (8): 143-143.

[188] 张娟, 李加才. 事由原则与来源原则在本质理念上

的统一——工程项目档案整理引发的思考［J］. 档案学通讯，2011（2）：84-87.

［189］伍振华，关小川，郭鹏. 案卷是档案的典型微观存在形态——档案整理理论框架重构初探［J］. 档案学通讯，2007（6）：25-31.

［190］韩秋黎. 谈修订后的《高等学校档案管理办法》［J］. 中国档案，2008（12）：31-32.

［191］汪洁. 高校科研档案管理存在问题及对策研究［J］. 浙江海洋学院学报（人文科学版），2011（2）：94-96.

［192］杨霞. 专门档案利用服务的问题与对策分析［J］. 档案学研究，2012（2）：43-46.

［193］范园园. 档案开放利用研究——以中山市档案馆为例［D］. 广州：中山大学，2010.

［194］胡燕. 关注利用者——接受理论及其对档案利用工作的启示［J］. 档案学通讯，2012（6）：38-41.

［195］纪慧梅. 论档案信息资源开发的基本规律［D］. 上海：上海大学，2007.

［196］郑文涛. 哲学社会科学成果转化机制对策研究［J］. 科技管理研究，2008（12）：509-510.

［197］武立. 科技档案管理存在问题分析与对策［J］. 档案学通讯，2009（4）：88-91.

［198］石长顺. 大数据时代的媒介变革与重塑［J］. 南方电视学刊，2014（2）：25-26.

［199］苗晋诚. 大数据背景下图书出版面临的机遇与挑战［J］. 传播与版权，2014（9）：43-44.

［200］中央政府门户网站. 国务院印发《促进大数据发展行动纲要》［EB/OL］.（2015-09-05）［2017-07-30］. http://www.gov.cn/xinwen/2015-09/05/content_2925284.htm.

[201] 张立肖. 如何做好新时期的档案管理工作 [J]. 大江周刊：论坛，2012 (5)：36-36.

[202] 中国互联网协会. 网络空间安全蓝皮书：中国网络空间安全发展报告（2016）[EB/OL].（2016-11-28）[2017-07-30]. http://www.sh.xinhuanet.com/2016-11/28/c_135863370.htm.

[203] 360 互联网安全中心. 2016 年我国个人信息泄露风险报告 [EB/OL].（2017-01-07）[2017-07-30]. http://www.askci.com/news/hlw/20170107/11494786773.shtml.

[204] 殷晓丽. 进一步加强档案馆功能建设之浅见 [J]. 档案天地，2012 (6)：49-50.

[205] 王秀芳. 浅议信息化条件下如何做好档案管理工作 [J]. 治黄科技信息，2014 (5)：30-32.

[206] 王瑞博. 关于大数据背景下档案信息安全和工作的思考 [J]. 兰台世界，2014 (S4)：70-71.

[207] 蒋巨峰. 蒋巨峰同志在全省档案工作会议上的讲话 [J]. 四川档案，2007 (3)：7-8.

[208] 陈明洁. 大数据时代对档案现代化影响和要求 [J]. 档案管理，2013 (6)：50-51.

[209] 王建亚. 大数据背景下档案工作的机遇、趋势与挑战 [J]. 北京档案，2014 (5)：27-29.

[210] 宁燕子. 大数据对高校档案工作的影响分析及对策研究 [J]. 科技视界，2015 (1)：41-42.

[211] 付建忠. 大数据时代档案工作的机遇和挑战 [J]. 机电兵船档案，2014 (4)：19-22.

[212] 杨冬权. 在学习习近平同志考察浙江省档案局（馆）时讲话座谈会上的发言 [J]. 中国档案，2014 (10)：16-18.

[213] 于浩. 大数据时代政府数据管理的机遇、挑战与对

策［J］. 中国行政管理，2015（3）：127-130.

［214］贺军. 试论政府上网工程及其对档案事业的影响［J］. 广西民族学院学报（哲学社会科学版），2000（3）：138-140.

［215］黄立中，盛晓明. 大数据时代下档案管理的应对策略研究［J］. 黑龙江档案，1996（5）：14-14.

［216］黄佳慧. 档案资源建设中云计算安全问题及对策研究综述［J］. 当代教育理论与实践，2014（6）：187-188.

［217］彭良鹏，孙端端. 浅议档案管理的信息化建设之路［J］. 中国科技博览，2014（33）：320-320.

［218］李志军. 电子文件法律凭证效力的可采性［J］. 天津档案，2006（6）：15-16.

［219］赵淑红. 浅谈档案信息化人才培养模式的建设［J］. 兰台世界，2013（S5）：132-133.

［220］段雅丽. 云存储时代：在探索中前进［J］. 物流技术（装备版），2012（4）：20-22.

［221］李维娜，任民锋. 对军队档案信息化建设的思考［J］. 档案学通讯，2010（5）：61-63.

［222］曾赛峰，朱立谷，李强，等. 企业级私有云中的虚拟化实现［J］. 计算机工程与应用，2010（36）：74-77.

［223］尚珊，王岩."云存储+智能终端"的档案管理模式初探［J］. 山西档案，2013（6）：53-56.

［224］陈素军. 云存储在电子文件中心中的应用初探［J］. 中国档案，2012（7）：72-73.

［225］项菲. 面向环境可靠和体系可靠的云存储关键技术研究［D］. 北京：北京邮电大学，2015.

［226］岳明. 浅析硬盘数据恢复［J］. 大众科技，2008（4）：62-64.

［227］韦小凤．云存储技术优势及其发展趋势的探讨［J］．科学时代，2013（3）：1-2.

［228］谢童柱．档案数字资源云备份策略的 SWOT 分析［J］．兰台世界，2014（14）：25-27.

［229］朱近之．智慧的云计算［M］．北京：电子工业出版社，2010：61-62.

［230］黄新荣，谢光锋．云存储环境下的档案异地备份［J］．档案学通讯，2011（6）：69-72.

［231］陶水龙．档案数字资源云备份策略的分析与研究［J］．档案学通讯，2012（4）：12-16.

［232］刘贝，汤斌．云存储原理及发展趋势［J］．科技信息，2011（5）：50-51.

［233］王庆波，何乐．虚拟化与云计算［M］．北京：电子工业出版社，2009.

［234］刘建军．基于集成管理的档案信息资源共享研究［D］．内蒙古：内蒙古大学，2011.

［235］王天泥．知识咨询：大数据时代图书馆的知识服务增长点［J］．图书与情报，2013（2）：74-77.

［236］胡文静，沙勇忠，郭玮．"大数据"时代图书馆生态系统的解构与重构［J］．图书馆理论与实践，2013（9）：1-5.

［237］于施洋，杨道玲，王璟璇，等．基于大数据的智慧政府门户：从理念到实践［J］．电子政务，2013（5）：70-79.

［238］公小云．浅析档案服务创新的实践意义与侧重点［J］．黑龙江档案，2014，205（4）：113.

［239］张海敏．我国档案服务现状及对策分析［J］．云南档案，2010（1）：42-43

［240］高茂科．对档案大数据关键环节的认识［J］．中国档案，2013（10）：67-68.

[241] 吴薇. 面向智慧时代的档案信息公共服务方式研究 [J]. 兰台世界, 2014 (S5): 21-24.

[242] 刘长刚. 依托新兴技术, 改进档案管理 [J]. 办公室业务, 2013 (16): 63-64.

[243] 贾力. 对档案安全体系建设的几点思考 [J]. 兰台内外, 2012 (1): 25-25.

附录：课题评审意见

林红对《四川社会科学数据开放与共享机制研究》的评审意见

在大数据背景下，社会科学数据的开放共享对于国家、研究机构和研究个体具有重要的意义，有利于减少研究数据收集与管理的人力、物力、财力以及时间等的巨大成本耗费，有利于促使社会科学数据得到最大化利用，有利于最大程度发掘数据中的潜在价值，产生更多更好的研究成果。社会科学数据不同于一般意义上研究成果或者汇总信息的开放共享，需要国家出台相应的支持政策，建立适用的共享平台，制定科学的标准规范，构建有效的促进机制，才能更好实现社会科学数据潜在价值信息的深入发现与揭示。档案数据作为大数据的重要构成部分之一，同样需要积极面对大数据发展带来的诸多挑战，需要善于抢抓新常态下的种种机遇，充分实现档案数据新价值的发掘。因此，编写《四川社会科学数据开放与共享机制研究》十分必要，也具有重要现实意义。

该书针对四川社会科学数据开放与共享的现状，结合国内社会科学数据开放与共享的实践，在探讨、国外发展经验的基础上，分析了四川社会科学数据开放与共享中存在的问题及制约因素，提出了构建四川社会科学数据开放与共享机制的建议，并对四川社会科学获奖成果档案开放以及大数据背景下的档案工作进行了专题探讨。该研究切合现实热点问题，对四川社会科学数据的开放共享和大数据背景下档案管理的实际工作具有较强的促进作用和参考价值。

该书认为，在大数据时代，社会科学数据是一种重要信息资源，通过充分共享、广泛使用和相关关系分析，用户可以最大程度发挥出其潜在价值，对科学、社会、政治和经济的发展具有重要推动作用，其中数据开放共享的程度和深度是关键点。该书认为，四川省当前的政府数据和社会科学数据开放取得了较多的进展，但在顶层设计、数据资源、维护资金、部门职能等方面仍然存在一些问题，传统观念、政策法规、管理制度、资金投入、共享平台、数据质量、管理人才等制约因素，严重束缚了四川社会科学数据的开放共享，严重影响了社会科学数据的利用。该书认为，四川省应在贯彻落实中央精神的基础上，大力借鉴国外经验，切实构建四川社会科学数据开放与共享的政策法规支持、管理制度保障、共享平台互联、共享技术支撑、运行资金投入、资源协同建设、资源利用服务七大体系，着力做好开放法规制定、开放主体选择、开放范围确定、开放平台建设、开放模式构建、文化环境培育、数据利用激励七项工作，并努力倡导政府部门、高等院校、科研机构等单位和个人共同参与，从而形成各要素相互促进、良性循环的开放共享机制，齐力推进社会科学数据开放共享机制的构建与完善，不断推进社会科学研究的进步，不断驱动四川省社会经济保持长久活力。该书结论与建议紧密联系实际，对推进四川社会科学数据开放与共享的进程具有较强的指导意义和启示作用。

经仔细阅读和认真评审，本人认为该书思路清晰、内容丰富、逻辑严谨、观点明确、结论正确、建议具有较强的针对性和可操作性，是一项水平良好的研究论著。

四川省档案局经济科技档案业务指导处处长

林　红

2016 年 8 月 19 日

党跃武对《四川社会科学数据开放与共享机制研究》的评审意见

在大数据时代，科学数据是一种重要信息资源，通过充分共享、广泛使用和相关关系分析，用户可以最大程度发挥出其潜在价值，对科学、社会、政治和经济发展具有重要推动作用。正由于社会科学数据对于社会科学发展具有强大的驱动作用，所以社会科学数据开放利用是社会科学可持续发展的关键点，关乎国家科技创新和产业发展，关乎社会进步和民众生活。在国家发布《促进大数据发展行动纲要》的基础上，在多个省级行政区和城市已经进行政府数据开放的背景下，编写《四川社会科学数据开放与共享机制研究》在政治上具有重要意义，在科技上具有推进作用，在社会经济发展上具有现实指导价值。

该书既立足于理论与法理基础的探究，又注重国外先进经验的借鉴，并且面向政府数据开放的全局。该书整体内涵丰富，既有创新思维和理念，也有务实措施与实践，是一项有助于政府部门构建社会科学数据开放与共享机制的成果。

该书在简明概述国内社会科学数据开放与共享实践的基础上，总结了四川社会科学数据开放与共享的现实状况，分析了四川社会科学数据开放与共享存在的问题和制约因素，有针对性地从政策法规支持、管理制度保障、共享平台互联、共享技术支撑、运行资金投入、资源协同建设和资源利用服务七方面提出了建立健全四川社会科学数据开放与共享机制的建议。该书指出，社会科学数据的开放与共享是一个系统工程，需要有相关政策法规和运行机制等规则与程序来促使各个要素之间相互作用、合理制约。因此，该书具有较强的针对性、系统性和可操作性。

总体来看，该书整体水平良好，其中关于推进政府数据开放的观点和建议对促进政府信息公开向政府数据开放的转变具有影响作用，特别是有关政策法规支持、管理制度保障、共享平台互联、共享技术支撑、运行资金投入、资源协同建设、资源利用服务等方面的建议，对于地方政府部门贯彻落实中央的政策文件精神、开展数据开放共享的服务工作、构建数据开放共享的管理体系、形成各要素相互促进的协调机制具有参考价值，可用于指导不涉及国家安全和个人隐私，社会公众又迫切需要的教育、社保、住房、交通、政务、司法、商业、天气、环保、人口、能源、统计、医疗健康和科学研究等领域的数据开放工作。在后续研究中，我们应进一步加强大数据背景下四川省社会科学数据开放与共享体系的技术支撑与平台保障的研究，以期取得更好的研究实效。

四川省高校档案工作协会理事长
四川大学档案馆馆长
四川大学公共管理学院教授
党跃武
2016 年 8 月 16 日

饶永对《四川社会科学数据开放与共享机制研究》的评审意见

数据资源只有被充分共享和广泛使用，才能最大化实现其科学、社会和经济价值。社会科学数据特别是政府数据开放与共享有利于进一步打破信息壁垒，消除信息孤岛，激活数据价值，从而实现数据资源的自助查询、拓展利用和广泛应用，进而提升整个国家的创新能力，获得最大限度的社会效益。因此，编写《四川社会科学数据开放与共享机制研究》具有非常重要的现实意义。

该书围绕社会科学数据开放与共享这个主题，系统阐述了社会科学数据开放与共享的意义及依据，介绍了国际社会科学数据开放与共享的经验，概述了国内社会科学数据开放与共享的实践，总结了四川社会科学数据开放与共享的现状，分析了四川社会科学数据开放与共享的问题和制约因素，并提出了建立健全四川社会科学数据开放与共享机制的建议。该书的选题切合当前社会科学发展的热点问题，研究紧密联系四川的实际，提出的对策建议具有现实性和可操作性，对于加快社会科学数据的开放与共享具有一定的促进作用，对于政府部门开展数据开放与共享的服务工作具有较强的参考价值。

该书认为社会科学数据是一种非常重要的非常规战略资源，具有科学、社会、政治和经济等多重价值。该书还认为四川近年来在社会科学数据开放与共享相关的政策文件出台、法律法规制定和开放平台建设等方面取得了较大进步，但是仍然存在顶层设计缺乏、数据价值发掘不充分、数据资源分散、数据获取渠道不通畅、维护资金不足、公开数据更新不及时、部门职能不清、开放共享动力不强盛等问题，并受传统观念、政策法规、管理制度、资金投入、共享平台、数据质量、管理人才等因素的制约。四川应在贯彻落实中央精神基础上，大力借鉴国外经验，从政策法规支持、管理制度保障、共享平台互联、共享技术支撑、运行资金投入、资源协同建设和资源利用服务七大体系着手，形成各要素相互促进、良性循环的开放共享机制；同时需要做好开放法规制定、开放主体选择、开放范围确定、开放平台建设、开放模式构建、文化环境培育和数据利用激励七方面工作，并大力倡导政府部门、高等院校、科研机构及社会科学研究者等单位和个人共同参与，共同推进社会科学数据开放共享机制的构建与完善，不断驱动四川的社会经济保持长久活力。这样的研究结论和政策建议，对于推进四川社会科学数据开放与共享的进程具有现实指导意义和启示作用。

综合来看，该研究的内容比较扎实，结构比较完整，资料利用比较充分，反映问题比较客观，整体上是一项水平良好的研究成果，具有较强的针对性和应用价值，同时希望作者能继续加强四川社会科学数据应用方面的研究。

四川省高校档案工作协会副理事长

电子科技大学档案馆馆长、研究馆员

饶　永

2016 年 8 月 20 日

后　记

随着互联网、移动通信、物联网、云计算、云存储等新兴网络技术的迅速发展，大量智能终端广泛应用，大大推动了大数据的发展，特别是社交网络和移动互联网产生了大量的数据。在当今，全球信息数量如雨后春笋般快速增长，数据处理技术突飞猛进，数据就是资源，数据意味着价值。自 2013 年被称为“大数据元年”以来，整个世界已经步入了大数据时代。在巨量的、异构的、多态的数据集中，隐含着大量的前所未知的新知识，可以通过云计算等新兴技术途径挖掘分析海量数据，发现隐藏在数据中的有用信息，进而获得更加精准的决策，激发出更多更新的产品和服务。虽然人们对大数据价值的认识已经大有提升，并且中国的很多 IT 巨头和地方政府也在建设云计算服务项目，但是云计算赖以生存的基础服务——数据开放共享机制并没有完全构建起来，特别是数量多、价值大、应用广、影响深的政府数据没有形成全面开放共享的局面，严重束缚了大数据的分析和处理，更会制约人工智能技术的发展与应用。云计算和人工智能与大数据息息关联，其中大数据是核心。可以这么说，没有数据开放共享，就没有好用的大数据；没有大数据，云计算就失去了存在基础；没有大数据，就没有真正的人工智能。只有大数据、云计算、人工智能三位一体，才能更好追求新科技和新商业。正如百度创始人、董事长兼CEO李彦宏所说的“其实百度从一开始就是一家做云的公司，搜索是一个非常典型的云计算的应用，所有的东西都是在云上的”。因此，研究构建社会科学数据开放与共享的促进机制，对于推动社会科学研究创新，促进区域产业发展，驱动我国和四川省的社会经济繁荣昌盛有着十分重要的意义。

本书是四川省哲学社会科学研究“十二五”规划项目“大数据背景下四川社会科学数据开放与共享机制研究”（项目编号：SC14B078）和四川省社会科学重点研究基地——四川学术成果分析与应用研究中心重点项目“四川省哲学社会科学评奖获奖成果档案管理研究”（项目编号：SCAA14A01）的研究成果，是一部理论与实践相结合的著作，也是作者着力探究的一个重要方向。希望本书的出版能为推进我国和四川省社会科学数据开放与共享的进程起到有效的促进作用，为提升我国和四川省社会科学研究的创新发展做出贡献，也希望本书的出版能引起更多学者关注我国和四川省的社会科学数据的开放、共享和应用问题，引发出更多更好的研究成果。

本书由西华大学朱庆华老师负责策划和总撰，在项目研究过程中，西华大学的雷淑义老师、许越鸥老师、彭国莉教授和张华教授参与了框架构建、资料收集、资料整理、资料分析、文献综述与成果校对等环节的座谈与讨论。

本书在调查和研究的相关过程中，得到了四川省社科联、四川省档案局、四川天府新区眉山管理委员会、广汉市人民政府办公室、四川学术成果分析与应用研究中心等单位和领导的关心和大力支持，并提供了一些书面资料，在此表示衷心感谢。同时，在写作过程中借用了一些其他单位和个人的资料和研究成果，但没有在参考文献中一一列出，在此诚请各位予以谅解。

在本书的相关调查、研究、撰写中，凝聚了众多专家与教授的艰辛与汗水，在此一并表示最诚挚的谢意。感谢西华大学图书馆和档案馆所有领导及同事的关心和支持。感谢四川省档案局经济科技档案业务指导处林红处长、四川大学档案馆馆长党跃武教授、电子科技大学档案馆馆长饶永研究馆员的帮助和评审。感谢西华大学科技处有关领导和朋友的关心和帮助。感谢西南财经大学出版社编辑的支持和帮助。

虽然本书是在资料调查和实践操作基础上撰写形成的研究成果，但是由于研究者水平、视野及资料收集的局限性，难免存在局限、商榷、斟酌、罅漏和不完善的地方，切望理解并批评指正。本书主要存在以下不足：一是由于资料获取和研究条件的限制，本书对于社会科学数据开放共享存在问题和制约因素的分析不够全面；二是本书强调政府在数据开放共享中的主体责任和作用，而对于高等院校、科研机构以及社科研究者等的参与作用有所忽略；三是本书对于社会科学数据开放共享的技术支撑与平台保障的研究不够深入；四是本书对于如何进一步推进社会科学数据应用的研究不够周密；五是社会科学数据开放共享促进机制的构建是一个复杂的系统工程，影响因素众多，互动关系复杂，本书应向更广泛的领域进行拓展。以上问题期待在后续研究中继续探讨。

朱庆华

2017 年 7 月于成都